basp profil Band 4

It's Team Time
Ein Teamtraining für Schüler – ein Praxisbuch für Lehrer

Robert Stein

It's Team Time

Ein Teamtraining für Schüler –
ein Praxisbuch für Lehrer

2006
Bayerische Akademie für Schullandheimpädagogik
Röthenbach a.d. Pegnitz

Für Jule, Simon und Petra

Das Modellprojekt „It's Team Time" wurde gefördert vom Bayerischen Staatsministerium für Unterricht und Kultus, von der Hermann Gutmann Stiftung und vom Verein Lehrerheim Nürnberg e.V. Es wurde in Kooperation mit der Akademie für Lehrerfortbildung und Personalführung Dillingen durchgeführt.

Impressum

Copyright	© by Bayerische Akademie für Schullandheimpädagogik Röthenbach a.d. Pegnitz, 3. Auflage 2006
Printed	in the Federal Republic of Germany
Verlag	Hans Meyer Verlag, Scheinfeld
Redaktion	Dr. Jürgen Stammberger
Illustrationen	Thomas Kugelmeier, Robert Stein
Fotos	Angela Renner, Christine Hoffmann und weitere Mitwirkende im Projekt
StarOffice Icons	Sun Microsystems
Gesamtherstellung	Druck + Papier Meyer GmbH, 91443 Scheinfeld
Herausgeber	Bayerische Akademie für Schullandheimpädagogik

ISBN: 3-89014-195-1

Inhaltsverzeichnis

Teil 2
Phasen, Bausteine und Übungen

Geleitwort

Christopher Kolumbus hätte Amerika nie entdeckt, wenn nicht seine Schiffsbesatzung die gefährliche Überfahrt gemeistert hätte. Apollo 11 hätte den Mond nie erreicht, wenn Neil Armstrong alleine geflogen wäre. Reinhold Messner hätte die Achttausender niemals ohne Helfer besteigen können. Hinter vielen Entdeckungen und Fortschritten der Menschheit steckt die Leistung einer ganzen Gruppe. Schon deshalb steht das Motto des Modellprojekts „It's Team Time" für Erfolg.

Tagtäglich sind wir auf die Zusammenarbeit mit anderen Menschen angewiesen: Bereits das Miteinander in der Familie erfordert nicht selten ein hohes Maß an Teamfähigkeit. Eine erfüllte Freizeit findet man beim Mannschaftssport oder im Verein. Auch der Erfolg in der Arbeitswelt hängt immer häufiger von der Leistung einer ganzen Gruppe ab. Ein Einzelner kann mit dem technischen Wandel und der Globalisierung nicht Schritt halten. Auch in Berufen, die früher mit körperlicher Kraft und handwerklichem Geschick zu meistern waren, ist heute die Fähigkeit zur Kooperation eine Schlüsselqualifikation.

Der Erfolg des Teams hängt aber entscheidend von der sozialen Kompetenz der Teilnehmer ab: Wie groß ist ihre Motivation zur Zusammenarbeit? Können sie ihre eigene Person zurücknehmen? Welche Regeln gelten im Team? Erkennt der Einzelne die Lücke in der Gruppe, die er ausfüllen soll? Erfolgreiche Kooperation und Kommunikation sind nicht selbstverständlich, sondern müssen bereits in der Schule erlernt und trainiert werden. Der Lehrplan für die bayerische Hauptschule fördert deshalb gerade im Lernfeld Arbeitslehre das Arbeiten im Team. Auch an Realschule und Gymnasium bildet Teamfähigkeit einen wichtigen Bildungs- und Erziehungsschwerpunkt. Die Schüler sollen die Vorteile von Gruppenarbeit erkennen und verschiedene Formen der Kooperation bewusst erleben und einüben.

Die vorliegende Veröffentlichung ist ein erstes Ergebnis des Modellprojekts „It's Team Time". Sie läßt deutlich werden, wie ein Teamtraining im Schullandheim den Unterricht der Schulen wirksam ergänzen kann. Durch spielerische Übungen im Wechsel mit ernsthafter

Reflexion werden die Schülerinnen und Schüler für Interaktionsprozesse sensibilisiert und motiviert, lernen sie die Voraussetzungen
kooperativen Handelns kennen. Sie erarbeiten Gruppenregeln und
erproben diese im Rollenspiel. Für eine positive Teamatmosphäre sorgt
die besondere Umgebung der Schullandheime. Lehrer und Schüler
arbeiten hier ohne zeitliche und fächergebundene Vorgaben in einer
fast familienähnlichen Situation. Für diese wertvolle Unterstützung
danke ich der Bayerischen Akademie für Schullandheimpädagogik und
den Betreuern und Mitarbeitern des Modellprojekts, allen voran Robert Stein, dem Autor der Veröffentlichung. Mein Dank gilt auch den
Lehrerinnen und Lehrern, die das Pilotvorhaben in der ersten Phase
unterstützten und dadurch die Erfahrungswerte für diese Veröffentlichung lieferten. Sie haben wertvolle Pionierarbeit geleistet, die große Anerkennung verdient!

„It's Team Time" kann aber nur gelingen, wenn künftig möglichst
viele Lehrkräfte das Projekt unterstützen und - aufbauend auf den
bisherigen Ergebnissen - eigene Erkenntnisse und Anregungen einbringen. Während des Aufenthalts im Schullandheim leisten Lehrerinnen und Lehrer einen freiwilligen Einsatz über die dienstliche Ver-
pflichtung hinaus. Die erworbenen Fertigkeiten der Schüler müssen
im Schulalltag regelmäßig wiederholt und eingeübt werden. Dies erfordert von den Pädagogen ein hohes Maß an Flexibilität und persönlicher Einsatzbereitschaft.

Die Bildungsoffensive der Bayerischen Staatsregierung fördert die
zeitgemäße und praxisorientierte Bildung an den Hauptschulen. Gerne habe ich deshalb die Schirmherrschaft für das Modellvorhaben
„It's Team Time" übernommen. Ich wünsche dem Pilotprojekt weiterhin gute Ergebnisse, praktische Durchführung und Weiterentwicklung durch zahlreiche Lehrkräfte an Hauptschule, Realschule und
Gymnasium sowie eine positive Aufnahme und Wirkung bei Schülern.

Karl Freller

Staatssekretär
im Bayerischen Staatsministerium
für Unterricht und Kultus

Vorwort

Die fast 40 bayerischen Schullandheime erfreuen sich regen Zuspruchs - allerdings in letzter Zeit hauptsächlich seitens der Grundschulen. Aber gerade auch für Hauptschüler, Schüler aus Gymnasien und Realschulen bietet der Schullandheimaufenthalt eine Reihe von Chancen, die im Klassenunterricht nur sehr rudimentär erreichbar sind: Erleben einer Lern- und Erlebnisgemeinschaft über Tage hinweg, Projektarbeit kompakt und unmittelbar an der Sache, Erfahrungen mit Natur und Menschen in heimatlicher Umgebung ...

Wir ahnten, dass wir mit dem Angebot „It's Team Time" auf positive Resonanz stoßen würden; und tatsächlich, die für das Versuchsstadium vorgesehenen Termine in den Schullandheimen reichten bei weitem nicht aus. Außerdem kamen außerschulische Interessenten hinzu: Betriebe, der Jugendstrafvollzug, Jugendsozialarbeit.

Mit der Vorstellung des Programms rannten wir offene Türen ein: Das Bayerische Staatsministerium für Unterricht und Kultus begrüßte unser Anliegen, allen voran Herr Staatssekretär Karl Freller, der die Schirmherrschaft übernahm. Ein Kreis von Personalleitern verschiedener Betriebe machte uns Mut, dazu auch Herr Dipl. Kfm. Hans Novotny für die Hermann-Gutmann-Stiftung und der Vorstand des Vereins Lehrerheim Nürnberg e.V. Ich habe dafür zu danken – auch, dass das geäußerte Interesse zu materieller Unterstützung führte, ohne die das Vorhaben gar nicht hätte begonnen werden können.

Aus heutiger Sicht ist „It's Team Time" ein Trainingsprogramm, das aus vielerlei Gründen gerne angenommen wird. Zum einen verlangen all die didaktischen Hochformen schulischen Arbeitens (Projektarbeit, Rollenspiel, Planspiel, Gruppenarbeit ...) umfassende Übung der Teilvollzüge: neben der Einsicht, dass vieles in der Gruppe weniger belastend und effektiver abläuft, die Fähigkeit, aufeinander zu hören und den anderen zu respektieren, beim Thema zu bleiben, seine Meinung zum Ausdruck zu bringen ... Zum anderen sind intensive praktische Konfrontation sowie jeweils anschließende Reflexion eindrucksvoll und lösen eine Gruppendynamik aus, die im Klassenunterricht nicht zu erreichen ist. Das Trainingsprogramm hat zudem therapeutische Effekte: Die Gruppe wächst enger zusammen, es werden Verhaltensmuster bewusst gemacht und reflektiert und ihre Wirkungen auf das Ergebnis hin projiziert. Lehrerinnen und Lehrer, Schülerinnen und Schüler profitieren aus dieser Woche heraus für den Umgang miteinander und für den anschließenden Unterricht in der heimatlichen Schule.

Lehrkräfte im Hauptschulbereich wissen heute, dass die Fähigkeit, sich in der Gruppe zu bewegen und zu benehmen, von entscheidender Bedeutung für den Beruf ist. Sie erfahren, dass das angebotene Teamtraining darauf abzielt, den Einstieg in das Berufsleben leichter zu machen. Nicht wenige Schulen wollen das Team-Trainingsprogramm regelmäßig und konsequent weiterführen, um damit - ganz im Sinne der Bildungsoffensive der Bayerischen Staatsregierung - das eigene Schulprofil zu akzentuieren. Selbstverständlich spielt bei der Teilnahme-Entscheidung auch eine Rolle, dass das Schullandheim während des Projektzeitraums einen Begleiter, einen „Trainer" zur Verfügung stellt.

Es wird die Aufgabe des zweiten Jahres von „It's Team Time" sein, das Programm zu vervollkommnen, auf die jeweiligen Gruppen hin zu variieren, damit einen umfassenden Erfolg zu sichern. Man wird auch die Frage untersuchen müssen, ob ein solches Vorhaben ohne das Hinzukommen eines Trainers, d.h. also von der Lehrkraft oder vom Gruppenleiter, allein durchgeführt werden kann und wie es in diesem Falle über Aus- und Fortbildung vermittelt werden kann. Dazu ist ein klares Konzept notwendig, das die Bayerische Akademie für Schullandheimpädagogik hiermit in Buchform vorlegt.

Ich danke dem Autor, Herrn Robert Stein, und allen bisherigen Mitwirkenden, den Lehrerinnen und Lehrern, den Trainern und besonders auch den Damen und Herren des Wissenschaftlichen Beirates der BASP für ihr Engagement in der Sache und wünsche dem beschriebenen Anliegen gutes Vorankommen und lebhafte Diskussion, dem Trainingsprogramm damit die erforderliche praktische Evaluation.

Wilhelm Kleiß
Bayerisches Schullandheimwerk
Bayerische Akademie für Schullandheimpädagogik

Einführung

Teamfähigkeit wird heute als notwendige Voraussetzung effektiver moderner Arbeitsorganisationen reklamiert. Teamgeist zählt im Mannschaftssport als wichtiger Garant für den Erfolg. Teamkompetenz gilt als Schlüsselqualifikation mit hohem Stellenwert in unserer heutigen Gesellschaft.

Im Gegensatz hierzu werden Mängel im Sozialverhalten vieler Kinder und Jugendlicher in unserer heutigen Gesellschaft beklagt. Die Ursachen hierfür sind vielfältiger Natur: Die Erziehungsleistung der Familie für das Sozialverhalten der Kinder geht zurück. Der Wandel der Familie bedingt eine Verringerung von Interaktionsmöglichkeiten und Sozialerfahrungen in dieser primären Sozialisationsinstanz. Die Beeinflussung der Unterhaltungsmedien führt zu Umgangsformen im Sozialverhalten, wo Gewaltanwendung zur Konfliktlösung oft als normal empfunden wird. Aktuelle Untersuchungsergebnisse des Freizeitforschers Opaschowski konstatieren ein Nachlassen von Mitmenschlichkeit und Hilfsbereitschaft, von Engagement in Gruppen, Gemeinschaften und Vereinen. Gesellschaftliche Verantwortung verliert an Attraktivität.

Im Rahmen ihres Erziehungsauftrages müssen Schulen für das „Nachlernen" sozialen Verhaltens Sorge tragen. Aktuell wird die „Team-Kultur" in Schulentwicklungsprogrammen thematisiert. Ein sozialer Verhaltenskodex in den Schulen kann zwar Richtlinien formulieren, aber damit noch keineswegs gegenseitige Rücksichtnahme, soziale Verantwortung und Teamfähigkeit realisieren. Dazu braucht es ein jugendspezifisches Sozialkompetenztraining, welches Basisqualifikationen grundzulegen imstande ist, die im Unterrichts- und Schulalltag aufgegriffen, angewendet, vervollständigt, internalisiert und reflektiert werden. So lässt sich eine Schulkultur entwickeln, die über die Schule hinaus positive Wirkungen zu prosozialem Verhalten im Alltag zu zeitigen vermag.

Mit großem Engagement und in fundierter theoretischer Auseinandersetzung hat Robert Stein im Rahmen seiner schriftlichen Examensarbeit zum Lehramtsstudium an der Universität Bamberg ein kreatives jugendspezifisches, erfolgreiches und bereits vielfach bewährtes Sozialkompetenztraining entwickelt unter der Betreuung von Dr. Andreas Gmelch (Didaktik der Arbeitslehre). Impulse und Motivation hierzu kamen aus der Beschäftigung mit den Erwartungen, Anforderungen und Qualifikationen in der heutigen Arbeitswelt und der adäquaten handlungsorientierten Kompetenzvermittlung im Rahmen der vorberuflichen Bildung des Lernbereiches Arbeitslehre: Die in Lehrplänen hierfür vorgesehenen komplexen Lernmethoden (wie z. B. das Projekt) können aber nur erfolgreich durchgeführt werden, wenn spezifische Basisqualifikationen auf Seiten der Schüler bereits vorhanden sind. Davon kann jedoch im Sozialkompetenzbereich keineswegs ausgegangen werden. Also ist pädagogischer Handlungsbedarf geboten.

Neue Formen der Arbeitsstrukturierung und Arbeitsorganisation verlangen soziale Schlüsselqualifikationen für heutige berufliche Qualifikationsprofile. Sozialkompetenz bekommt zentrale Relevanz, will man den Anforderungen einer kunden- und marktorientierten, mitarbeiter- und teamorientierten „lernenden" Unternehmung gerecht werden. Mit Gruppenarbeit wird versucht, ökonomische Effizienz – gute Teams sind leistungsstärker – und invididuelles Wohlbefinden der Erwerbstätigen durch Beteiligung an der Gestaltung von Arbeitsprozessen und von sozial-kommunikativen Arbeitsbeziehungen zu verbinden. Die Funktionsfähigkeit benötigt soziale Kompetenzen, zu deren Entwicklung Arbeitgeberverbände und Unternehmen die Bildungsinstitutionen in die Pflicht nehmen. Unternehmen beklagen einen Verbesserungsbedarf bei Schulabgängern im Bereich sozialer Schlüsselqualifikationen. Aber auch in anderen Lebenssituationen unserer Gesellschaft werden Dialogfähigkeit, Kooperations- und Kommunikationsfähigkeit, Konfliktlösungsfähigkeit und Sozialverantwortlichkeit heute dringender denn je benötigt.

Wie sich diese Sozialkompetenzen anbahnen, grundlegen und vermitteln lassen, hierfür legt Robert Stein ein geeignetes Konzept vor.

Dr. Andreas Gmelch
Universität Bamberg

Zum Buch

Als geeignete Lernformen zur Anbahnung sozialer Kompetenzen gelten in der Bildungspraxis der Gruppenunterricht sowie handlungsorientierte, ganzheitliche Methoden, insbesondere die Projektarbeit. Allerdings handelt es sich dabei um Lernarrangements, die nicht automatisch „gleichsam wie durch Zauberhand" einen positiven Beitrag zum sozialen wie fachlichen Lernen leisten. Denn das spontane Kooperationsverhalten von Lernenden erweist sich vielfach als defizitär, es werden oft nicht die Verhaltensweisen gezeigt, deren Auftreten kooperatives Lernen effektiv macht. Die Ursache liegt häufig begründet in fehlenden kooperativen Fertigkeiten sowie der mangelnden Bereitschaft zur Kooperation.* „It's Team Time" will einen Beitrag leisten, diese kooperativen Defizite zu vermindern unter der Zielsetzung, die fachliche und schlüsselqualifikatorische Lernwirksamkeit des Gruppenunterrichts sowie der Projektarbeit zu erhöhen.

Im ersten Teil des Buches werden neben einigen Begründungsansätzen für die Durchführung eines Teamtrainings auch die Grundvoraussetzungen für effizientes Arbeiten in schulischen Kleingruppen skizziert. Dieser Teil des Buches bildet zum einen das theoretische Fundament für die Übungen des Praxisteils; zum anderen liefert er organisatorische Hinweise für die Durchführung des Trainings und zeigt notwendiges Hintergrundwissen auf, um gemeinsam mit den Schülern die Übungen angemessen reflektieren zu können.

Im zweiten Teil des Buches finden sich zahlreiche Übungen zur Gestaltung eines Teamtrainings mit Schülern während eines Schullandheimaufenthaltes, aber auch in der Schule. Der Aufbau des Praxisteils orientiert sich an den sieben Phasen der im Schullandheim erprobten Projektwochen.

Die erste Phase des Trainings beinhaltet unter dem Motto „Einstimmen" verschiedene Bausteine zum Kennenlernen sowie Warming ups. Ein Einstieg mit Kennenlernspielen bietet sich vor allem dann an, wenn

---

* vgl. Renkl A./Mandl. H. (1995): Kooperatives Lernen: Die Frage nach dem Notwendigen und dem Ersetzbaren, München, S. 6-7

sich die Klasse noch nicht so gut kennt oder Lehrkräfte an der Trainingsdurchführung beteiligt sind, denen die Schüler nicht namentlich bekannt sind. Um einen Kaltstart zu vermeiden, sollte auf die Durchführung von Warming ups in der Anfangsphase (und auch zu Beginn späterer Arbeitsphasen) keinesfalls verzichtet werden, da die Schüler in der Regel zu Trainingsbeginn durch emotionale Barrieren gehemmt sind. Warming ups helfen, eine positive Arbeitsatmosphäre zu schaffen sowie Ängste und Abwehrtendenzen zu vermindern.

Die zweite Phase „Für Gruppenarbeit motivieren" soll beim Schüler auf handlungsorientierte Weise die Einsicht fördern, dass eine konstruktive Gruppenarbeit viele Vorteile mit sich bringt. Diese Einsicht soll eine positive Einstellung gegenüber der Teamarbeit grundlegen und einen motivationalen Anreiz für ein konstruktives Arbeiten in Gruppen schaffen.

Die dritte Phase steht unter dem Motto „Aufbruch zur Veränderung" ganz im Zeichen der Erlebnispädagogik. Die Schüler brechen auf zu einer „Expedition ins Land der Kooperation", um Aufgaben zu lösen, die nur im Team bewältigt werden können. Dabei üben sie den kooperativen Umgang miteinander. Gleichzeitig werden in dieser Phase teamrelevante Störungen offenbar, die in den nachfolgenden Trainingsphasen aufgegriffen werden können.

Ein Hauptgrund für das Scheitern eines effektiven Gruppenunterrichts ist häufig die fehlende Kommunikationsbereitschaft bzw. -fähigkeit. Die Übungen der vierten und fünften Phase des Trainings zielen vor allem darauf ab, die Schüler für Kommunikationsprozesse zu sensibilisieren, die eigene Gesprächskultur zu analysieren und eingeschliffene Interaktionsmuster zu reflektieren.

Um Gruppenarbeitsergebnisse in der Schule ansprechend und lernwirksam vortragen zu können, erhalten die Schüler in der sechsten Trainingsphase eine grundlegende Einführung in das Gebiet der Präsentations- und Visualisierungstechniken. Dabei setzen sich die Schüler mit folgenden Inhalten auseinander: Arbeitsschritte bei der Erarbeitung einer Präsentation, Vortragstechniken, Visualisieren und Redeangst.

In der siebten und letzten Phase können die Schüler im Rahmen eines Kleinprojekts die während des Trainings erworbenen Fähigkeiten erproben, üben und festigen sowie ihr gruppeninternes Leistungspotential ausloten.

Die durchgeführten Trainingswochen im Schullandheim wurden individuell in Zusammenarbeit mit den Klassenleitern auf die einzelnen Klassen zurechtgeschnitten. Entsprechend finden sich in den jeweiligen Phasen unter dem Stichwort „Baukasten" eine Vielzahl an Übungen, aus denen die verantwortliche Lehrkraft bzw. der Trainer die mit Blick auf die eigene Klasse geeigneten auswählen kann. Das Raster der Übungen ist weitgehend einheitlich gegliedert. Zu jeder Übung bzw. Übungssequenz finden sich Angaben zu den Zielen, zur Durchführung, zur Auswertung und zu den benötigten Materialien. Die Übungsarrangements aus dem Bereich der Erlebnispädagogik sind folgendermaßen strukturiert: Ziele, Übungsaufbau, Durchführung, Regeln und Regelverletzungen, Materialien, Lösungsansätze, Varianten, Hinweise und Sicherheitshinweise sowie Stichworte zur Auswertung.

Die Veröffentlichung bietet Lehrkräften sowie Aktiven in der Jugendarbeit vielfältige Übungsbausteine, um ein effizientes Teamentwicklungsprogramm zusammenzustellen. Konzipiert wurde das Training ursprünglich für Hauptschulklassen der Jahrgangsstufen 7 bis 10. Darüber hinaus wurden jedoch viele Bausteine in modifizierter Form in der Förderschule, im Gymnasium, in der Fachoberschule, in der betrieblichen Ausbildung sowie im industriellen Management erfolgreich erprobt. Mit Blick auf die jeweiligen Adressaten ist die Lehrkraft bzw. der Trainer gefordert, eine didaktische wie methodische Passung vorzunehmen. Beispielsweise eignen sich viele Übungsbausteine auch für die Erwachsenenbildung, erfordern jedoch eine anspruchsvollere Reflexion. Die Verantwortung für die Durchführung der Übungen, Ideen und Bewegungsformen bleibt immer beim verantwortlichen Lehrer/ Trainer. Dieser muss mit Blick auf die jeweiligen Adressaten bei jeder Übung entscheiden, ob und wie sie durchführbar ist.

Darüber hinaus sei angemerkt, dass in den folgenden Ausführungen die Verwendung der männlichen Form rein schreib- und lesetechnische Gründe hat und sich die Schülerin, Lehrerin und Trainerin gleichwohl gemeint und hoffentlich angesprochen fühlen.

Teil 1
Rahmenbedingungen und theoretische Grundlagen

Modellprojekt „It's Team Time"

„It's Team Time" war zunächst eine Examensarbeit für das Lehramtsstudium, die von Robert Stein unter der Betreuung von Dr. Andreas Gmelch an der Otto-Friedrich-Universität Bamberg erarbeitet wurde. Aufgrund der Initiative von Wilhelm Kleiß und Dr. Jürgen Stammberger wurde aus der Examensarbeit ein dreijähriges Modellprojekt unter der Federführung der Bayerischen Akademie für Schullandheimpädagogik und der hauptamtlichen Projektleitung von Robert Stein.

Ziele des Modellversuchs

- Praktische Erprobung und Evaluation des Trainingsmanuals vorrangig mit Hauptschulklassen der Jahrgangsstufen 7 bis 10 (Regelklassen, Praxisklassen und M-Züge) in bayerischen Schullandheimen, in einem zweiten Schritt aber auch mit Schulklassen anderer Schularten und Gruppen aus der Wirtschaft
- Qualifizierung von Lehrkräften in Zusammenarbeit mit der Akademie für Lehrerfortbildung und Personalführung Dillingen
- Dokumentation und Veröffentlichung der Projektergebnisse in zwei Bänden*

Das Projektteam

Christine Hoffmann, Wilhelm Kleiß, Gerald Sailmann, Dr. Jürgen Stammberger, Robert Stein, Stefan Wolfsteiner

Schirmherrschaft und Finanzierung

Die Schirmherrschaft für das Modellprojekt übernahm MdL Karl Freller, Staatssekretär im Bayerischen Staatsministerium für Unterricht und Kultus. Finanziell gefördert wurde das Projektvorhaben vom Bayerischen Staatsministerium für Unterricht und Kultus, von der Hermann-Gutmann-Stiftung und dem Verein Lehrerheim Nürnberg e.V.

---

* Band 2 „It's Team Time – Erfahrungen und Anregungen"

Kooperationspartner im schulischen Bereich

Als Kooperationspartner im schulischen Bereich konnten die Akademie für Lehrerfortbildung und Personalführung Dillingen sowie zahlreiche Schulämter, Schulen, Lehrer und Lehrerinnen gewonnen werden. Nachhaltig unterstützt wurde das Vorhaben auch von den Schulabteilungen der Bezirksregierungen. „It's Team Time" blieb in der Folgezeit nicht nur auf Bayern beschränkt, sondern wurde auch von den Schullandheim-Landesverbänden in Thüringen und Mecklenburg-Vorpommern übernommen.

Kooperationspartner in der Wirtschaft

Bereits in der Anfangsphase des Projekts zeichnete sich eine enge Zusammenarbeit von Schule und Wirtschaft ab. Kontakte ergaben sich mit der Industrie- und Handelskammer und der Handwerkskammer von Mittelfranken. Überdies fand ein reger Erfahrungsaustausch mit zahlreichen Firmen und Konzernen statt, u.a. mit der Alcatel Sel AG, der Siemens AG, Schwan Stabilo und der Mannesmann VDO AG. Die Einladung der Unternehmensberatung Dr. Müller und Partner aus München ermöglichte es, das Training auf dem Münchener Impuls-Forum „Teamerfolg und Teamentwicklung in der Praxis" Vertretern aus unterschiedlichsten Wirtschaftsbereichen vorzustellen.

Dauer des Modellprojekts

Das Modellprojekt begann im Januar 2000 und wird bis Dezember 2002 dauern. Das erste Halbjahr war gekennzeichnet von Vorbereitungs- und Planungstätigkeiten. Parallel galt es in dieser Anlaufphase, Lehrer und Lehrerinnen für das Vorhaben zu gewinnen. Diese wurden in Kooperation mit der Akademie für Lehrerfortbildung und Personalführung Dillingen in einwöchigen Fortbildungsveranstaltungen auf den Schullandheimaufenthalt vorbereitet. In der ersten Erprobungsphase fanden zahlreiche einwöchige Trainingsdurchführungen mit Hauptschülern statt. Gleichzeitig wurde das Trainingsmanual in modifizierter Form mit kaufmännischen und gewerblichen Auszubildenden erprobt. Die erste Phase wurde mit der vorliegenden Veröffentlichung abgeschlossen. Die zweite Phase der Erprobung fokussiert verstärkt die konzeptionelle Ausweitung auf andere Schularten und die Erarbeitung weiterführender Strategien für den alltäglichen Unterricht der Schule. Die Ergebnisse dieser Phase sowie die Dokumentation der Evaluation bilden den Inhalt eines zweiten Bandes.

Durchführung des Trainings in Schule und Wirtschaft

Insgesamt wurde das Trainingsmanual mit circa 600 Schülern ab der 7. Jahrgangsstufe erprobt und optimiert. Den Schwerpunkt der Trainingsdurchführungen bildete die Hauptschule. Gleichzeitig fanden Schullandheimaufenthalte in modifizierter Form mit Klassen aus der Förderschule, dem Gymnasium und der Fachoberschule statt. Darüber hinaus wurden variierte Trainings mit kaufmännischen und gewerblich-technischen Auszubildenden der Firmen Alcatel SEL AG, Siemens AG und Schwan Stabilo durchgeführt. Die Mannesmann VDO AG erprobte modifizierte Bausteine im industriellen Management.

Begründungsansätze für die Durchführung des Teamtrainings

Aufgrund des Wandels der modernen Gesellschaft gewinnt der Faktor einer stabilen Persönlichkeit immer mehr an Bedeutung. Im Zuge dieser gesellschaftlichen Veränderungen richtet sich das Augenmerk vor allem auf die soziale Kompetenz „Teamfähigkeit". Warum diese Schlüsselqualifikation einen derart gewichtigen Stellenwert einnimmt und warum es Sinn macht, mit Schülern ein Teamtraining durchzuführen, soll in den nachfolgenden Ausführungen eingehend beleuchtet werden.

1. Teamfähigkeit – eine zentrale Schlüsselqualifikation in der Arbeits- und Berufswelt

Seit Beginn der 90er Jahre erfährt die Diskussion um Gruppen- bzw. Teamarbeit u.a. im Zuge des Lean Production- bzw. Lean Management-Konzepts eine Renaissance in vielen industriellen Unternehmen. In diesem Konzept gilt die Einführung von Gruppenarbeit als eine der zentralen Strategien, um die Wettbewerbsfähigkeit und somit die betrieblichen Leistungen und Prozesse sowie die Bewältigung komplexer Aufgaben zu verbessern.[1] Durch den Trend „Lean durch Team" versprechen sich nicht nur Industriebetriebe, sondern auch klein- und mittelständisch strukturierte Betriebe wie beispielsweise der Maschinenbau Vorteile, um u.a. auf die hohen Flexibilitätsanforderungen kundenspezifischer Fertigung in Kleinserien besser reagieren zu können.[2] Infolge dieser Entwicklung ist es nicht verwunderlich, dass soziale Schlüsselqualifikationen in der Arbeitswelt zunehmend an Bedeutung gewinnen. So lautete kürzlich eine Schlagzeile des Bundesinstituts für Berufsbildung (BIBB) im Internet: „Sozialkompetenz steht für Betriebe ganz oben!"[3] Unter der Zielsetzung, ein Früherkennungssystem für Qualifikationsentwicklungen aufzubauen, wurden vom BIBB bundesweit knapp 4000 Stellenanzeigen ausgewertet, die alle Berufs- und Tätigkeitsfelder umfassen. Dabei zeigte sich, dass in 72% der Stellenanzeigen besonderer Wert auf soziale Kompetenzen gelegt und spezielle Erwartungen an die Persönlichkeit formuliert werden. Die Rangfolge der Nennungen lässt sich im Einzelnen der nachfolgenden Tabelle entnehmen.

Tabelle[4] :   Nachfrage nach sozialen Qualifikationen
              und persönlichkeitsbezogenen Fähigkeiten

Soziale Kompetenz und persönlichkeitsbezogene Fähigkeiten	Anteil in % bezogen auf die Gesamtheit der Stellenanzeigen
Teamfähigkeit	31
Belastbarkeit/Motivation	31
Selbständige Arbeitsweise, Zielstrebigkeit (Handlungsfähigkeit)	24
Flexibilität	13
Kommunikationsfähigkeit	13
Verantwortungsbewusstsein	12
Lernbereitschaft, innere Mobilität	12
Durchsetzungsvermögen	10
Kreativität, Innovativität	10
Organisationstalent	6
Sicheres Auftreten	6

Wie aus dieser Aufstellung ersichtlich wird, steht Teamfähigkeit heute bei der Besetzung freier Stellen hoch im Kurs. Im Gegenzug hält aber nur jedes vierte Unternehmen Schulabgänger für teamfähig, kooperativ und kommunikativ. Dieses Ergebnis wurde im Rahmen einer Befragung von 800 Ausbildungsbetrieben zum Leistungsprofil der Schulabgänger ermittelt, die 1996 vom Institut der Wirtschaft Köln (IW) im Auftrag des Bundesministeriums für Bildung, Wissenschaft, Forschung und Technik durchgeführt wurde.[5] Bedenklich stimmt, dass bei Hauptschülern hinsichtlich der Anbahnung der Kompetenz „Teamfähigkeit" sogar jedes zweite Unternehmen (Befragung des IW von 400 westdeutschen Unternehmen 1991) einen Verbesserungsbedarf sieht. Die Problematik wird noch verstärkt durch den Fakt, dass die Betriebe fachliche Leistungsdefizite eher tolerieren als Mängel bei den Schlüsselqualifikationen, da sich mathematische Schwächen leichter ausmerzen lassen als Defizite in der Persönlichkeitsentwicklung.[6]

Kritische Anmerkungen

Seitens der Wirtschaft wird aufgrund des oben skizzierten wirtschaftlichen Wandels mit Nachdruck der „schlüsselfähige" Schulabgänger gefordert, der insbesondere fähig ist, sich problemlos in Arbeitsteams zu integrieren. Und ohne Zweifel ist es eine wichtige Aufgabe der Schule, die Schüler auf zukünftige Anforderungen der Arbeitswelt vorzubereiten, indem verstärkt Kompetenzen wie „Teamfähigkeit" angebahnt werden. Doch sollen in diesem Zusammenhang auch einige kritische Anmerkungen gestattet sein. Tillmann[7] mahnt an, dass es sich bei den Forderungen nach „mehr »Kooperationsfähigkeit«, »Teamgeist«, »Kreativität« [und] »Innovationsfähigkeit« ... um *rein formale* Kategorien handelt, die sich für ganz unterschiedliche *inhaltliche* Zielsetzungen einsetzen lassen. Dass sie in einem Wirtschaftsbetrieb dem ökonomischen Zweck zu dienen haben (früher nannte man das »Profitmaximierung«), steht außer Frage. Dass darin Konfliktpotentiale liegen, die in der »allgemeinbildenden« Schule auch anzusprechen sind, wird nirgendwo erwähnt." Ferner ist festzuhalten, dass sich die seitens der Wirtschaft formulierten Forderungen an die Schule einseitig am gegenwärtigen und zukünftigen betrieblichen Qualifikationsbedarf orientieren. Die Notwendigkeit von sozialen Kompetenzen wie Kooperationsbereitschaft in anderen Lebensbereichen (Familie, Politik usw.) bleibt unberücksichtigt.[8] Folglich ist ein derartig einseitiger, nur an beruflicher Verwertung orientierter Begründungsansatz hinsichtlich der Anbahnung und Vermittlung von Teamkompetenz im schulischen Rahmen unzureichend. Nach Klippert[9] „wäre es falsch und fatal zugleich, würde die Bedeutung der Teamarbeit allein auf ökonomische Umstände und Sachzwänge zurückgeführt. Die Forderung nach Gruppenarbeit ist letztlich eine zutiefst pädagogische Forderung, die sich zwingend aus der Option für ganzheitliche Bildungsarbeit und soziales Lernen ergibt, wie sie von reformpädagogischer Seite seit Jahrzehnten vertreten wird." „Die Pädagogik", so Beck[10], „darf sich ihre Ziele nicht (nur) von der Qualifikationsentwicklung vorschreiben und sich zum Erziehungsgehilfen des wirtschaftlichen und technischen Wandels herabwürdigen lassen. Sie hat die Aufgabe, notfalls als Korrektiv zu wirken und muss diese Funktion aus dem gesellschaftlichen Leitbild des »mündigen Bürgers« ableiten."

2. Lernen in Gruppen in einer demokratischen und humanen Schule

Wir leben in einer demokratischen Gesellschaftsform, in der angestrebt wird, dass diese von einer Mehrheit „mündiger Bürger" durch Mitbestimmung und Mitverantwortung getragen wird. Demokratische Fähigkeiten wie Eigeninitiative, die Fähigkeit, eigene Interessen zu formulieren, Kompromissbereitschaft, Kooperations-, Kritik- und Kommunikationsfähigkeit müssen jedoch durch Lernprozesse angestoßen und durch ständige Übung verfestigt werden. Gudjons[11] sieht in der schulischen Gruppenarbeit eine *„Chance zum Lernen von Demokratie* im Kleinen, Schüler werden in die Verantwortung einbezogen, müssen sich mit unterschiedlichen Interessen auseinandersetzen, demokratische, humane Haltungen und Umgangsformen können gelernt werden, Mündigkeit ist das Ziel und die Methode zugleich".

Für Klafki[12] ist eine Schule human und demokratisch, „die die Aneignung von Erkenntnissen, Kenntnissen und Fähigkeiten und Fertigkeiten in ihrem jeweiligen Sachgehalt ... mit *sozialem Lernen* verbindet, d. h. mit dem Erlernen von Beziehungsformen zwischen Menschen, also Formen des Miteinander-Kommunizierens, des Austausches von Informationen, Erkenntnissen und Verfahrensweisen, aber auch von Gefühlen und Einstellungen, des Aushandelns von Regeln, des Kooperierens bei der Bewältigung gemeinsamer Aufgaben, des Streitens über unterschiedliche Grundeinstellungen, Sichtweisen, Interpretationen, der Suche nach Lösungen für auftretende Spannungen und Konflikte".

Die Grundform sozialer Beziehungen ist in vielen gesellschaftlichen Lebensbereichen z. B. in der Familie, im Verein, im Freundeskreis die Kleingruppe, insofern ist sie „... auch im Bereich von Schulleben und

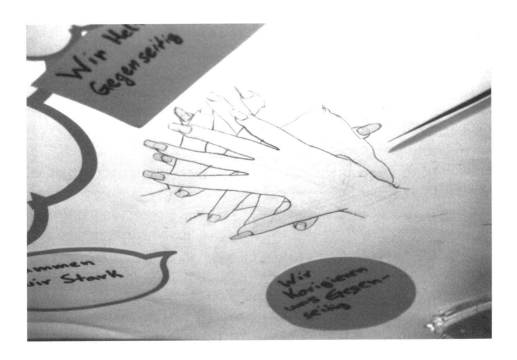

Unterricht ein unverzichtbares Erfahrungs- und Übungsfeld, in dem junge Menschen Hilfen zur Entwicklung ihrer sozialen Fähigkeiten, ihrer Sozialkompetenz erhalten können und erhalten müssen".[13] Gerade mit Blick auf die Mängel im Sozialverhalten vieler Schüler kommt sozialem Lernen in Kleingruppen ein besonderer Stellenwert zu. Denn im Sozialverhalten vieler Jugendlicher scheinen individualistische Selbstbestimmung, egoistisches Durchsetzungsvermögen, Gewaltbereitschaft und Gewaltanwendung zur Durchsetzung eigener, individueller Vorstellungen und zur Konfliktlösung sowie vielfach fehlendes Engagement zum Einsatz für Schwächere in einer „Wegschaumentalität" Ausdruck einer „Werteverschiebung" zu sein.[14] Zunehmende Defizite finden sich vor allem auch im sprachlichen Bereich und eine „geringere sprachliche Kommunikationsfähigkeit sei dabei keineswegs mehr schichtspezifisch fixiert"[15]. „It's Team Time" zielt u.a. darauf ab, die schulische Gruppenarbeit zu intensivieren, die Kooperations- bzw. Kommunikationsbereitschaft der Schüler zu fördern, Verhaltensregeln auszuhandeln sowie grundlegende Vertrauensprozesse zu fördern. Damit leistet es einen wesentlichen Beitrag, das Sozialverhalten der Schüler zu trainieren und den kooperativen Umgang untereinander zu fördern.

3. Mobbing und zunehmende Gewaltbereitschaft in der Schule

Mit Gewalt unter Schülern werden in der Regel tätliche Übergriffe assoziiert. Jedoch haben wir in zahlreichen Trainingsdurchführungen beobachten können, dass die Gewaltanwendung häufig auf der verbalen Ebene stattfindet. Und kürzlich konnte man diesbezüglich im Fränkischen Tag in einem Artikel über Mobbing an Schulen lesen: „Eine 13-jährige ... Schülerin muss eine Zahnspange tragen. Jedes Mal wenn sie zur Bushaltestelle kommt, wiehern einige Mitschüler laut."[16] Viele Schüler gehen nicht gerade zimperlich miteinander um. „Mobbing gehört an unseren Schulen - von der Grundschule bis zum Gymnasium – ... genauso zum Alltag wie Hausaufgaben und Zensuren. Der englische Begriff ist vielschichtig und beschreibt das Bedrängen, Belästigen, Anpöbeln, Schikanieren ..."[17]. Sicherlich ist nicht jede Schulhofhänselei mit Mobbing gleichzusetzen. Werden aber einzelne Schüler bzw. Schülergruppen systematisch und immer wieder ausgesuchte Opfer von Versuchen ihrer Mitschüler, sie lächerlich zu machen oder gar auszugrenzen, kann mit weitreichenden Folgen wie psychosomatischen Symptomen, Verlust des Selbstwertgefühls, Lernunlust und Schulangst bis hin zur Depression oder in tragischer Konsequenz gar mit Selbstmord gerechnet werden. Mobbingversuche in der Klasse sind auch ein deutlicher Hinweis, dass mit dem Klassenklima etwas nicht stimmt.[18] Das vorliegende Teamentwicklungsprogramm thematisiert die Wirkung sogenannter „put-downs" und zielt darauf ab, die Klassengemeinschaft bzw. das Wir-Gefühl in der Klasse zu verbessern. Daher kann es in der Verzahnung mit Streit-Schlichter-Programmen und weiterführenden Anti-Mobbing-Strategien ein erster Schritt in Richtung Prävention sein.

4. Teamentwicklung als Voraussetzung für effizienten Gruppen- und Projektunterricht

In der gegenwärtigen Bildungspraxis gelten Gruppenunterricht und handlungsorientierte, ganzheitliche Methoden, insbesondere die Projektarbeit, als geeignete Lernformen zur Anbahnung sozialer Kompetenzen. Und unbestritten sind diese Lernformen adäquate Mittel,

um selbständiges Lernen und soziale Schlüsselqualifikationen einzu-
üben. Gleichwohl darf nicht übersehen werden, dass die „verheißungs-
vollen pädagogischen Potentiale"[19] dieser auf Selbständigkeit und
Handeln in der Gemeinschaft aufbauenden Lernformen erst dann wirklich schlüsselqualifikatorisch lernwirksam werden, wenn die Schüler
im Vorfeld befähigt wurden, konstruktiv und effizient in Gruppen
zusammenzuarbeiten. Nach Frey[20] lebt die Projektmethode gerade-
zu von guter Verständigung, ausgehender Arbeitsteilung und kooperativer Betätigung, und das Scheitern von Projekten liegt vor allem in
der mangelnden Erfahrung mit Gruppenunterricht begründet. Rosenbusch[21] sieht im Gruppenunterricht die störanfälligste Sozialform von

allen – „und ihre erfolgreiche Praxis setzt das Erziehungsziel der Selbständigkeit, der Selbstverantwortlichkeit (bzw. Gruppenverantwort-
lichkeit), Solidarität, der Kenntnis von Regeln im kommunikativen
Prozess in Wahrheit schon voraus". Diese von Rosenbusch geforder-
ten Voraussetzungen, welche die Basis für eine störungsreduzierte
Kooperation und Kommunikation bilden, können durch das vorliegende Training grundgelegt werden. Durch die intensive Auseinandersetzung mit nutzbringenden Gruppennormen, die Reflexion klassen-
spezifischen Störverhaltens wie Pseudoaktivitäten sowie die spielerische Erprobung und Reflexion effektiven, selbständigen Arbeitens in
Gruppen versteht sich das Sockeltraining als ein wichtiger Beitrag in
Richtung einer effizienteren schulischen Gruppen- und Projektarbeit
und deren schlüsselqualifikatorischer Lernwirksamkeit. Huber[22] geht
davon aus, dass in schulischen Kleingruppen, „die nicht explizit auf
die Zusammenarbeit vorbereitet worden sind, alles andere als wünschenswerte kooperative Interaktionen auftreten."

Gleichwohl muss zwei naheliegenden Missverständnissen vorgebeugt
werden.

1. Das Trainingsprogramm „It's Team Time" zielt nicht darauf ab, die
   Trainingsteilnehmer zu einer vollendeten Teamfähigkeit zu führen. Denn Sozialkompetenzen, insbesondere Team- und Kommunikationsfähigkeit, lassen sich nicht in einem einwöchigen Intensiv-
   training als Handlungskompetenz verinnerlichen. Team- und
   Kommunikationsentwicklung muss daher als langfristiger Prozess
   verstanden werden, der einen zweiten wichtigen Schritt erforderlich macht: Im alltäglichen schulischen Unterricht, in regelmäßiger
   Projektarbeit, ja in der ganzen Schulkultur müssen die im Training
   erworbenen (Er-)Kenntnisse systematisch aufgegriffen und durch
   kooperatives Lernen vertieft und verinnerlicht werden.
   Kooperatives Lernen ist jedoch mehr als das regelmäßige Prakti-
   zieren der Sozialform Gruppenunterricht und die Durchführung von
   Projekten.[23] Kooperatives Lernen muss als komplexes Maßnahmen-
   bündel innerhalb des Gruppen- und Projektunterrichts verstanden
   und schrittweise und systematisch ein- bzw. fortgeführt werden.
   Eine umfassende Beschreibung kann hier allerdings nicht geleistet
   werden, da sie den gegebenen Rahmen sprengen würde.

Für die nachhaltige Vermittlung sozialer Kompetenzen ist im Anschluss an das Training die konsequente Wiederholung und Weiterentwicklung der Inhalte des Trainingsprogrammes „It's Team Time" im alltäglichen Unterricht erforderlich. Neben der Vermittlung kognitiver Lernziele ist im schulischen Gruppenunterricht und bei der Projektarbeit sozialen Lernzielen verstärkt Beachtung zu schenken. Regelmäßige Evaluationsphasen schließen sich an die Gruppenarbeit an, in welchen die Vorgehensweise, Planung, Aufgabenverteilung und die Zusammenarbeit gemeinsam mit den Schülern ausgewertet und reflektiert werden (ohne dabei aus der Klasse eine Selbsterfahrungsgruppe zu machen). Schließlich müsste die Lehrkraft die traditionelle Lehrerrolle neu überdenken. Sie sollte sich weniger verstehen als die „einzig relevante Steuerungs- und Schaltstelle für das Unterrichtsgeschehen, insofern muss [sie] im Gruppenunterricht diese traditionelle Funktion ... ein Stück weit zurücknehmen und partiell den Lernenden übergeben. Dafür kommen neue und andere Funktionen auf die Lehrenden zu, z.B.

- die initiierende Funktion (Entwicklung und Organisation eines motivierenden Gesamtarrangements);
- die informierende Funktion (Selektion von Informationen, Anreize zur Auseinandersetzung, Beschaffung geeigneter Medien und Materialien usw.);
- die regulierende Funktion (Verantwortung für die Richtung und das Tempo der Teilnehmeraktionen, Zielmodifikationen usw.);
- die bewertende Funktion (Anregung zur Metakommunikation, Hilfen zur Selbstkontrolle, Reflexion der eigenen Rolle usw.)."[24]

2. Der schulische Gruppenunterricht und auch die Sozialkompetenz „Teamfähigkeit" soll nicht verklärt und verabsolutiert werden. Frontalunterricht steht (gleich)berechtigt neben offenen, handlungsorientierten sowie gruppenorientierten Unterrichtskonzepten. Und dieses Buch beabsichtigt keinesfalls, dessen Daseinsberechtigung zu untergraben. Wir schließen uns diesbezüglich Gudjons' „Plädoyer für verschiedene Formen" an, nachzulesen im „Handbuch Gruppenunterricht" (1993), S. 45 ff.

Überdies ist uns durchaus bewusst, dass in einer demokratischen Leistungsgesellschaft Menschen einerseits team- und zugleich konkurrenzfähig sein müssen und „jedes Bildungs-/Beschäftigungssystem auf allen Stufen noch auf Einzelleistungen setzt und jedes Zeugnis hierauf abstellt"[25]. Gleichwohl verstehen wir das Trainingskonzept als Beitrag für das „Nachlernen" notwendigen sozialen Verhaltens im Spannungsfeld einer leistungsorientierten und dennoch humanen Gesellschaft, die gefordert ist, den Balanceakt zwischen den Polen Individualität und Gemeinschaft zu vollziehen.

Grundvoraussetzungen für effizientes Arbeiten in schulischen Kleingruppen

Schulische Gruppenarbeit zielt sowohl auf fachlichen wie überfachlichen Wissenserwerb als auch auf die Vermittlung von sozialen Kompetenzen ab. Eine gelungene lernwirksame Zusammenarbeit von Schülern unterliegt jedoch bestimmten Bedingungsfaktoren, die sich nicht im Selbstlauf einstellen. Schüler (und Lehrer) müssen explizit auf die Kleingruppenarbeit vorbereitet werden, sollen sich nicht alles andere als wünschenswerte kooperative Interaktionen einstellen.[26] Diesbezüglich spielt der organisatorische Rahmen eine gewichtige Rolle. Die Effizienz von Gruppenarbeit ist u.a. abhängig vom Lehrerverhalten,

der Aufgabenstellung, dem Arbeitsauftrag, der Sitzordnung etc. Da sich über die organisatorischen Voraussetzungen für lernwirksame Gruppenarbeit zahlreiche Veröffentlichungen finden lassen, werden diese in den nachfolgenden Ausführungen nicht berücksichtigt.[27] Der organisatorische Rahmen bildet eine unabdingbare, aber keine hinreichende Voraussetzung für effizienten Gruppenunterricht. Schüler sind gefordert, diesen Rahmen mit einer konstruktiven und effektiven Zusammenarbeit auszufüllen. Daher sollen im nachfolgenden Abschnitt notwendige Wirkfaktoren auf Schülerseite thematisiert werden, die eine lernwirksame Kooperation bedingen oder blockieren. Zu fokussieren sind hierbei die Dimensionen Motivation und Kommunikation sowie diverse Fertigkeiten und Kenntnisse, zu deren Förderung sich im praktischen Teil eine Vielzahl von Übungen finden.

1.   Motivation – der Motor für effiziente Gruppenarbeit

Die Motivationsstruktur eines Menschen beeinflusst die Auswahl von Verhalten (bzw. Verhaltensweisen) und steuert dieses hinsichtlich Richtung und Energieaufwand. Der zielgerichtete Verlauf von Verhalten, die Frage der Wiederaufnahme eines Verhaltens nach einer Unterbrechung sowie der Konflikt zwischen verschiedenen Zielen des Verhaltens und seine Lösung sind maßgeblich von der Motivation eines Menschen abhängig.[28] „Erfolgreiche Kooperation erfordert von den Gruppenmitgliedern, dass sie *willens* und *in der Lage* sind, sich mit anderen auszutauschen, bei Bedarf über Probleme zu diskutieren und gemeinsam Aufgaben zu bearbeiten oder Lösungsansätze zu entwickeln.“[29] Es liegt auf der Hand, dass Bemühungen um Team-

entwicklung relativ erfolglos bleiben, wenn Schüler keine Motivation für das Arbeiten in Gruppen verspüren. Viele Schüler stehen jedoch der Gruppenarbeit skeptisch und unmotiviert gegenüber, u.a. deswegen, weil sie deren tieferen Sinn und Zweck nicht kennen.

Dann, Diegritz und Rosenbusch haben diesbezüglich in einer aktuellen Untersuchung zum Gruppenunterricht im schulischen Alltag festgestellt, „dass bei fast allen [untersuchten] Gruppen der Sinn von Gruppenunterricht bzw. Gruppenarbeit bei den beteiligten Schülerinnen und Schülern offensichtlich nicht präsent war. So finden wir das Prinzip der Selbständigkeit dadurch unterlaufen, dass SchülerInnen fortlaufend ihre Lehrkräfte während des Gruppenunterrichts befragen. Gegenseitige Hilfe (jemandem etwas erklären) ist relativ selten zu finden. Offensichtlich haben Lehrkräfte darauf verzichtet, SchülerInnen systematisch in Ziele, Aufgaben und Methoden selbständiger Arbeit einzuführen. Es zeigt sich, dass Schülerinnen und Schüler auch während der Gruppenarbeitsphase eher selten die Chance ergreifen, selbständig, kreativ und eigenständig mit neuartigen und individuellen Überlegungen an Aufgaben heranzugehen, geschweige denn selbst geeignete und weiterführende Denkansätze oder Aufgabenstellungen zu entwickeln und zu bearbeiten. Man will es eher den Lehrkräften »recht machen«, als selbständig und selbstbewusst eigene Ideen und Strategien zu produzieren, hat also eine recht enge Vorstellung vom eigenen Tun! Mit einem Wort: Schülerinnen und Schüler wissen oft nicht, warum sie eigentlich Gruppenunterricht haben, welche Chancen er für sie bietet und welche wichtige Rolle ihnen dabei zukommt.”
Rosenbusch, H.S./Dann, H.-D./Diegritz, T.(1999): Gruppenunterricht – kooperatives Handeln in einer konkurrenzorientierten Umwelt, S. 366-367

Empirische Untersuchungen belegen, dass eine positive Einstellung der Schüler gegenüber der Gruppenarbeit eine günstige Voraussetzung für eine konstruktive Zusammenarbeit bildet[30]. Daher ist es bedeutsam, den Schülern im Vorfeld oder zu Beginn des Sockeltrainings zu vermitteln, warum Gruppenunterricht in der Schule wichtig ist, welche Chancen für den Einzelnen in ihm begründet liegen und welche wichtige Rolle ihnen dabei zukommt. Dabei darf man es

aber nicht belassen. Überdies ist es erforderlich, für die Schüler Lernarrangements zu schaffen, die ihnen die Vorteile einer konstruktiven
Zusammenarbeit unmittelbar verdeutlichen, ja diese im Erleben nachvollziehen lassen.

Warum findet in der Schule Gruppenarbeit statt?[31]

Systematisch angebahnte Gruppenarbeit...

* macht fit für die Anforderungen der immer komplexer wer-
  denden Berufs- und Arbeitswelt;
* birgt Chancen zur Bewältigung aktueller gesellschaftlicher
  und pädagogischer Herausforderungen;
* fördert das Erlernen demokratischer Tugenden;
* gibt Raum für vielseitiges soziales Lernen und begünstigt
  die Selbständigkeit.

Welche Chancen bietet schulische Gruppenarbeit dem Einzelnen?[32]

Systematisch angebahnte Gruppenarbeit...

* fördert eine intensivere Erarbeitung des Lernstoffes als
  Frontalunterricht;
* steigert das Selbstwertgefühl von Schülern; das Gefühl sich
  selbst etwas zuzutrauen und für andere wichtig zu sein
  wächst (positive Beeinflussung des Selbstkonzepts);
* ermöglicht eine Öffnung des Unterrichts;
* verbessert individuelle soziale Kompetenzen, Kreativität, Selbständigkeit sowie die Beziehungen in der Klasse.

Welche neue Rolle bzw. welcher Stellenwert kommt den Schülern beim Gruppenunterricht zu?[33]

Den Schülern sollte verdeutlicht werden, dass.....

* im Gruppenunterricht ihr von Kooperation geprägtes selbständiges bzw. eigenverantwortliches Arbeiten im Vordergrund steht;
* im Gruppenunterricht sie die Verantwortlichen für das Gelingen des Unterrichts sind.

Erforderlich ist diesbezüglich....
- ein ernsthaftes Bemühen um eine aktive Mitgestaltung schulischer Lernprozesse und ein Gefühl wechselseitiger Verantwortlichkeit für das Lernen der Mitschüler;
- die Erkenntnis, dass sie „frei und ungezwungen mit anderen sprechen und interagieren können (was im Frontalunterricht verboten ist), dass sie die Möglichkeit haben, voneinander zu lernen, sich zu unterstützen, Schwächere zu fördern, Ergebnisse verantwortlich vor der ganzen Klasse darzustellen etc.. Schüler sollten verstehen, dass sie als Individuum einen wichtigen Beitrag für die Gruppe leisten können und sollen, dass die Gruppe mit den anderen Gruppen einen Beitrag für das Klassenergebnis liefert und dass durch die Leistung der Klasse auch das Ansehen der Schule erhöht werden kann. Schüler sollen sich selbst als wichtige Mitglieder ihrer Schule empfinden. In Wirklichkeit sind sie auch, was oft vergessen wird, die Hauptpersonen, deretwegen Schule überhaupt existiert." [34]

- jeder Einzelne individuell verantwortlich ist für die Gruppenleistung;
- Offenheit für Kommunikations- und Interaktionsprozesse und Bereitschaft zum Erlernen metakommunikativer Techniken gefordert sind.

Zur Anbahnung einer grundlegenden Motivation bzw. einer positiven Einstellung gegenüber der Gruppenarbeit liegt es nahe, Schülern die Chancen und mögliche Synergien konstruktiven Teamworks unmittelbar erfahrbar zu machen. Allerdings ergeben sich diese Synergien nicht von selbst, sondern sind an gewisse Bedingungen bzw. Voraussetzungen geknüpft. Im praktischen Teil des Buches sind Übungsformen angeführt, die ein konkretes Nachvollziehen der nachfolgend beschriebenen Gruppenphänomene und eine Analyse bzw. Reflexion der erforderlichen Voraussetzungen ermöglichen.

Synergieeffekte bzw. Vorteile der Gruppe

Die Gruppe ermöglicht das Helferprinzip
Einer macht den anderen auf Fehler und falsche Denkansätze aufmerksam, so dass häufig alle den richtigen Problemlösungsprozess einschlagen.

Die Gruppe schafft Sicherheit und Entlastung
a) Funktionierende Arbeitsgruppen haben eine nicht zu unterschätzende Stützfunktion. Der Einzelne legt in der Gruppe schneller seine Unsicherheit gegenüber bestehenden Aufgaben, Problemen und Herausforderungen ab. Die Stärken des Einzelnen werden eher aktiviert, wohingegen Schwächen leichter kompensiert werden.[35] Gruppenmitglieder können sich wechselseitig das Rückgrat stärken.[36] Menschen trauen sich in der Gruppe häufig mehr zu und erfahren in der Gruppe, auch für andere wichtig zu sein.

Anmerkung:
Diese Sicherheit von Gruppen kann in ihrer Extremform zum Problem werden bzw. sich nachteilig auswirken, denn Gruppen fühlen sich nach einer Serie von Erfolgserlebnissen und mit zunehmendem Wir-Gefühl immer sicherer gegenüber Einwänden usw., die von außen an die Gruppe herangetragen werden. Auf solch einen Vorgang ist u.a. auch die Reaktor-Havarie von Tschernobyl zurückzuführen (vgl. Dörner, 1992, S. 47-57). Allerdings kann man davon ausgehen, dass in Klassengemeinschaften ein derart starkes Sicherheits- und Wir-Gefühl auch nach einem Teamtraining nicht vorherrscht.[37]

---

b) Die Gruppe hat Entlastungsfunktion: Nicht ich alleine muss die Aufgabe bearbeiten, sondern die gemeinsame Bewältigung derselben steht im Vordergrund. Die Arbeit kann durch eine sinnvolle Arbeitsteilung erleichtert werden. Darüber hinaus findet auch eine soziale Entlastung statt, denn Herausforderungen müssen nicht alleine angegangen werden. Beispielsweise fallen Teampräsentationen unsicheren und redeängstlichen Schülern leichter als Einzelpräsentationen.

*Die Gruppe als Informationspool: Leistungsvorteil bei Suchauf-
gaben und beim Problemlösen*

Die Gruppe hat die Funktion eines Informationspools. Acht Augen sind in der Lage mehr zu sehen als zwei, mehrere Personen
verfügen über mehr Ideen und verschiedenartige Lösungsansätze; ferner können die Fähigkeitspotentiale einzelner Personen zieldienlich kombiniert werden. Steht eine Gruppe also vor
einem schwierigen aber lösbaren Problem, kann dieses häufig
besser bzw. zufriedenstellender gelöst werden, wenn jeder etwas Richtiges einbringt. Darüber hinaus ermöglicht Gruppenarbeit eher den Blick über den eigenen Tellerrand („Thinking
outside the box").

Um den Schülern diesen Gruppenvorteil zu verdeutlichen, bietet sich folgendes Bild an:

In einem Raum stehen vier Computer unverbunden nebeneinander. Fände eine Vernetzung statt, d.h. würde man die Computer mit einem geeigneten Kabel verbinden, könnte die Leistungsfähigkeit eines jeden einzelnen Computers erheblich gesteigert
werden. Vergleichbare Situationen finden sich auch bei der schulischen Gruppenarbeit. Sitzen die Schüler nur nebeneinander,
ohne kommunikativen Austausch, ohne echtes Zuhören, ohne
auf den anderen einzugehen, findet keine Leistungssteigerung
statt. Die Gruppe kann als Pseudogruppe bezeichnet werden.
Schafft es die Gruppe aber, sich zu vernetzen, d.h. jeder teilt
dem anderen seine Ideen mit und hält (gute) Einfälle nicht zurück, jeder hört dem anderen konzentriert zu und keiner blockiert den Ideenfluss anderer durch Dauerreden etc., dann kann
das Gruppenergebnis weit über die Einzelergebnisse hinauswach-
sen. Schweigen, Beschäftigung mit Nebenaktivitäten und der
Ausschluss von Gruppenmitgliedern hat dieselben Auswirkungen wie der Ausfall eines oder mehrerer der miteinander ver-
netzten Computer.

Voraussetzungen für eine erfolgreiche Gruppenarbeit[38]

Nicht selten werden die Synergieeffekte der Gruppenarbeit durch das „Viele-Köche-verderben-den-Brei-Phänomen" begrenzt. Kommunikations- und Akzeptierungsschwierigkeiten, Konformitätsdruck, Sympathieeffekte, emotionale Spannungen, Dauerredner- und Schweigerverhalten sorgen häufig dafür, dass die Bedingungen für den Gruppenvorteil auch im schulischen Alltag nicht zum Tragen kommen. Der Gruppenvorteil – die Gruppe erzielt ein besseres Ergebnis als jeder Einzelne – wird nur dann erzielt, wenn folgende Voraussetzungen gegeben sind:

1. Die Gruppenmitglieder müssen motiviert sein, die Fragestellung miteinander zu beantworten.
2. Jedes Gruppenmitglied muss sich zuerst allein um die Problemlösung bemühen.
3. Die Ergebnisse müssen anschließend ausführlich in der Gruppe diskutiert werden, so dass die anderen einen gefundenen Lösungsansatz nachvollziehen können. Jeder muss seine Gedanken einbringen und versuchen, dem anderen konzentriert bzw. „aktiv" zuzuhören. Die Gruppe braucht also Kommunikation.
4. Die Lösungsansätze Einzelner müssen akzeptiert und gemeinsam durch- bzw. weitergedacht werden.
5. Es muss allen bewusst sein, dass auch Gruppenmitglieder, die Schwierigkeiten mit der Aufgabe haben, eine wichtige Funktion erfüllen, da sie durch ihre Fragen Erklärungen herausfordern, die der Gesamtgruppe häufig eine neue Sichtweise eröffnen.
6. Jedes einzelne Gruppenmitglied muss sich für die Gruppenleistung verantwortlich fühlen.
7. Die einzelnen Gruppenmitglieder fühlen sich wechselseitig verantwortlich für das Lernen bzw. den Lernfortschritt anderer Gruppenmitglieder, d.h. alle Gruppenmitglieder müssen motiviert sein, sich einander tatkräftig beim Lernen zu unterstützen. Das vorgegebene Lernziel gilt nämlich nur dann als erreicht, wenn alle Mitglieder der Lerngruppe dieses erreichen (positive Interdependenz).[39]

2. Handlungsorientierte Übungsarrangements, die Kooperation erfahrbar machen

Teamspezifische bzw. kooperative Verhaltensweisen lassen sich nur in adäquaten handlungsorientierten Lernumgebungen erproben und üben. Ein solches Lernfeld muss so gestaltet sein, dass vorgegebene Problemsituationen nur gelöst werden können, wenn die Schüler solidarisch zusammenwirken. Solch ein Lern- und Erfahrungsfeld liefern die Interaktionsübungen der dritten Phase des Trainingsmanuals. Interaktionsübungen reproduzieren meist auf „vereinfachte Weise die Struktur wirklicher Lebens- und Gruppensituationen. Sie isolieren aus den komplexen Aspekten wirklicher intra- bzw. interpersoneller Situationen einige wichtige Elemente und stellen diese in den speziel-

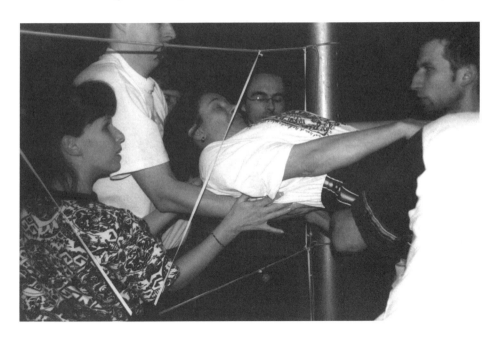

len und »künstlichen« Kontext eines durch die Spielregeln definierten Handlungsschemas. Auf diese Weise wird die intellektuelle und emotionale Energie der Teilnehmer auf *einen Brennpunkt* gerichtet. Die vereinfachte Welt der Interaktionsspiele ermöglicht den Teilnehmern, Strukturen und strukturelle Zusammenhänge besser zu erfahren und zu verstehen als in der eher unüberschaubaren Wirklichkeit."[40] Auf diese Weise können Schüler wirksam und relativ risikolos mit neuen

Verhaltensweisen experimentieren und mitgebrachte Einstellungen und Haltungen überprüfen. Die Interaktionsübungen der dritten Trainingsphase sind in ihrer Zielsetzung auf Kooperation, Vertrauensbildung und Metakommunikation zur Selbstkontrolle des Arbeits- und Gruppenprozesses ausgerichtet. Die Aufgabenstellungen dieser Phase sind bewusst so angelegt, dass bei den Schülern sowohl personale wie auch soziale Ressourcen stimuliert werden. Gleichzeitig zielen sie unter Berücksichtigung des Spaßfaktors auf eine Stärkung der Klassengemeinschaft bzw. des Wir-Gefühls ab.

Die gestellten Teamaufgaben forcieren Handlungssituationen, die Rücksichtnahme und gegenseitiges Helfen bedingen, Selbstverantwortlichkeit schaffen sowie die kreative Entwicklung von Handlungsstrategien implizieren. Die Schüler erhalten in dieser Phase des Trainings einen konkreten Erfahrungshintergrund zum Begriff „Teamfähigkeit" bzw. „Kooperation".

Gruppenintegration durch gemeinsame Erfahrungen

„Angenehme, stimulierende, dosiert herausfordernde Erfahrungen, welche Teammitglieder miteinander machen, tragen dazu bei, eine Ansammlung von Menschen in ein arbeitsfähiges Team zu verwandeln. Die Sozialpsychologie hat in einer Reihe von Experimenten nachgewiesen, dass sich durch geschickt inszenierte »aktivierende Ereignisse« das Wir-Gefühl von Gruppenmitgliedern und die Effektivität ihrer Zusammenarbeit steigern lassen."
Besemer et al. (1998): TEAM(S)LERNEN, TEAMARBEIT, Lernkonzepte für Gruppen- und Teamarbeit, S. 55

Auf der Basis dieses Erfahrungshintergrunds können die Bedingungsfaktoren effizienter Gruppenarbeit unmittelbar im Anschluss aber auch in späteren Trainingsphasen aufgegriffen und reflektiert werden und in einen Transfer zur schulischen Gruppen- und Projektarbeit münden. Hiermit wird beim Schüler eine aktive Auseinandersetzung über konstruktive Interaktionsprozesse angestoßen, die durch das gesamte Trainingsprogramm in Gang gehalten wird und die langfristig auch im alltäglichen Schulunterricht wirkt.

Was mit Interaktionsübungen bewirkt werden kann, fasst Heimlich[41] folgendermaßen zusammen:

> Interaktionsübungen ...
> - führen zu besserem gegenseitigen Kennenlernen;
> - ermöglichen den Schülern, mehr über sich zu erfahren, sich selbst besser kennenzulernen;
> - lassen die eigene Stellung in der Gruppe bewusster werden und ermöglichen dadurch ein Hinterfragen;
> - erleichtern es, die eigene Persönlichkeit im Spiegel der Gruppe bewusster wahrzunehmen;
> - führen zur Verringerung von Hemmungen und Berührungsängsten;
> - ermöglichen Kontakte und bessere Beziehungen zu den Gruppenmitgliedern;
> - führen zu mehr Verständnis für die Klassenkameraden und können zum Abbau von Vorurteilen beitragen;
> - fördern ein Klima, das mehr Vertrauen und Offenheit zulässt;
> - können integrierend wirken, insbesondere für Außenseiter;
> - können eventuell Aggressionen vermindern und zur Entspannung beitragen;
> - können das Verhältnis Lehrer – Schüler verbessern.

3. Kommunikation – die Basis für Interaktion

Eine der wesentlichsten Voraussetzungen für effiziente Gruppenarbeit ist das Kommunikationsverhalten zwischen den Gruppenmitgliedern. Eine offene Kommunikation bildet dabei die Basis für Kooperation bzw. Interaktion.

Die kooperative Bearbeitung von Sachaufgaben, das gemeinsame Lösen von Problemen, Fällen von Entscheidungen, Finden von Kompromissen und vereintes Handeln können in einer Gruppe nur durch Kommunikation bewerkstelligt werden. Denn „Wissen und Verstehen erwachsen in Gruppen aus dem wechselseitigen Aufeinanderbezogensein und der sozialen Kommunikation...“[42] Um kooperative Prozesse anzustoßen und in Gang zu halten, ist es unabdingbar, dass Schüler

eine grundlegende Kommunikationsbereitschaft entwickeln und relevante Bedingungs- und Störfaktoren der Kommunikation reflektieren. „Für die Effektivität interpersonellen Verhaltens sind deshalb
kommunikative Kompetenzen (z. B. die Fähigkeit subtile Hinweis-
reize wahrzunehmen und adaptiv auf verschiedene Interaktionspartner
regieren zu können) von entscheidender Bedeutung."[43]

Konzentriertes und aktives Zuhören sowie präzises Formulie-ren - die Fundamentalbedingungen der Kommunikation

Konzentriertes und aktives Zuhören sind elementare Bausteine für
effizientes Arbeiten in Gruppen. Konzentriertes Zuhören bildet die
Basis dafür, dass Aussagen, Ideen oder Problemlösungen eines
Kommunikationspartners von den zuhörenden Gruppenmitgliedern
sinnvoll aufgenommen, durchdacht und
weiterentwickelt bzw. verworfen werden können. Es erfordert auf Hörer-
seite die Konzentration auf den sachli-
chen Gehalt einer Aussage und die
Verfolgung des Gedankenganges
anderer. Nach Wellhöfer[44] ist
häufig mit folgenden Störungen auf Sprecher- wie auf
Zuhörerseite zu rechnen:

Der Sprecher:
- organisiert vorher nicht
  seine Gedanken;

Zeichnung: Thomas Kugelmeier

- drückt sich ungenau aus;
- versucht zu viel in einem Satz unterzubringen;
- redet zu viel und überfordert den Zuhörer.

Der Zuhörer:
- hört nicht konzentriert zu;
- denkt schon an seine Antwort, während der andere
  noch spricht;
- pickt sich nur Details heraus (Selektion).

Jeder Interaktionspartner hat in der Regel das Bedürfnis, ernstgenommen und wertgeschätzt zu werden. Wird dieses Anliegen von den zuhörenden Gruppenmitgliedern während der Diskussion oder im Problemlösungsprozess ignoriert, z.B. indem man gelang-

Zeichnung: Thomas Kugelmeier

weilt aus dem Fenster schaut, mindert sich zwangsläufig die Kommunikationsbereitschaft des Sprechers.

Zuhören wird dann zum aktiven Prozess, wenn der Zuhörer:[45]

- Aufmerksamkeit und Interesse nonverbal durch Blickkontakt und nonverbale Verstärkungen bzw. Türöffner signalisiert: Zunicken, Lächeln, fragende Blicke etc.;
- Anteilnahme am Gespräch zeigt, indem er verbale Bekräftigungen bzw. Türöffner einsetzt:
  - „hmm", „aha", „wirklich", „echt", „interessant" etc.;
  - „Das ist ein guter Vorschlag!", „Kannst du das etwas ausführlicher erläutern?" etc.;
- Rück- bzw. Zwischenfragen zu den Informationen des Gesprächspartners stellt: „Das habe ich gerade nicht verstanden...";
- Aussagen des Gegenübers kurz zusammenfasst: „Du meinst also...";
- in der Lage ist, auf Bitten des Sprechers das eben Gesagte zu wiederholen: „Ich habe gerade den Faden verloren, könntest du bitte wiederholen, worauf ich hinauswollte?";
- Aussagen des Gesprächspartners nicht mimisch und/oder verbal negativ bewertet: „So ein Quatsch!".

Aktives Zuhören ist nach Gordon (1977) der Schlüssel zu erfolgreicher Kommunikation. Es fördert erlebnisreiche Gruppendiskussionen, motiviert, erzeugt Kommunikationsbereitschaft, Offenheit und Kreativität. Nach Nerdinger[46] wird „nicht nur Achtung vor dem anderen ausgedrückt, aktives Zuhören macht einen echten Austausch erst möglich!"

Akzeptanz und Akzeptierungsbedingung

Der Informationsaustausch zwischen den Gruppenmitgliedern ist ein zentraler Bestandteil jeglicher Gruppenarbeit. Dieser wird empfindlich gestört, wenn im Problemlösungsprozess Vorschläge von Gruppenmitgliedern ohne nähere Begründung ignoriert oder zurückgewiesen werden.[47] Erforderlich ist, dass die Gesprächsbeiträge aller Teilnehmer in der Gruppe akzeptiert werden. „Diese Verhaltensbedingung ist nicht nur Voraussetzung für den Fortbestand der Kommunikation, sondern nachweislich auch Kriterium für den Gruppenerfolg (Hofstätter, 1957, 36)."[48] Allerdings finden sich zahlreiche Störmomente, welche die Akzeptierungsbedingung häufig in Frage stellen wie z.B.: Überhören, Ignorieren, Themenwechsel, Arroganz, Sarkasmus, Beschuldigung, Spott.[49]

Darüber hinaus ist eine generelle wechselseitige Akzeptanz der Gruppenmitglieder untereinander und zwischen der Klasse und dem Prozessbegleiter von Bedeutung: „Selbstgesteuertes Lernen in der Gruppe ist nicht das Ergebnis einer bestimmten Praktik oder spezifischer Techniken. Diese sind zweitrangig, wenn die Atmosphäre stimmt. In einer verständnisvollen Atmosphäre fehlt das Gefühl der Bedrohung. Die Gruppenmitglieder können ohne Abwehr lernen und Aufgaben, Probleme und deren Lösungen von ihrem eigenen Bezugsystem her betrachten. Wird ihr Verlangen nach Akzeptanz erfüllt, entsteht zunehmend das Bedürfnis, für eigene Sichtweisen und Erkenntnisse selbst verantwortlich zu sein. Das Ergebnis ist eine Selbstakzeptanz des einzelnen, die zu einer erheblichen Verbesserung des interpersonellen Bezugs führt. Anderen wird größeres Verständnis entgegengebracht. Das verbessert die Kommunikation und die Gesamtatmosphäre."[50]

Zwei ausgewählte Störquellen – Put-downs und Killerphrasen

Put-downs

Mitschüler abwertende oder verletzende verbale und nonverbale Äußerungen werden als „put-downs" bezeichnet. Moderate „Klassiker" im verbalen Bereich sind Bezeichnungen wie „Brillenschlange", „fette Sau" usw. Im nonverbalen Bereich geht es um abfällige Mimik und Gestik. Zum Beispiel erlebt man häufig beim Zusammenwürfeln von Arbeitsgruppen, dass ein Schüler verächtlich die Augen verdreht und/oder die Hände über dem Kopf zusammenschlägt und vielleicht noch ein „Oh nein" äußert, wenn etwa ein anderer Schüler mit geringem sozialen Status der Gruppe zugewiesen wird. „Put-downs" wirken sich unmittelbar auf den Kommunikations- bzw. Interaktionsprozess aus, denn die Motivation des nicht erwünschten Gruppenmitglieds, sich kreativ am Gruppenprozess zu beteiligen,

Zeichnung: Thomas Kugelmeier

tendiert wahrscheinlich gegen Null und mündet in Rückzugs- bzw. Störverhalten. Langfristig stigmatisieren „put-downs" bzw. verfestigen Außenseiterrollen. Beim Betroffenen führen sie je nach „Dicke des eigenen Fells" zu einer minderwertigen Selbst(ein)schätzung bzw. einem negativen Selbstbild. Werden „put-downs" systematisch angewendet, ist der Übergang zum Mobbing fließend (siehe S. 30).

Anmerkung:
In unseren zahlreichen Trainingsdurchführungen fielen uns zwei Punkte auf. Erstens: Die Verwendung von „put-downs" ist zur Zeit „in". Dieser Dauerbeschuss wirkt auf Klassengemeinschaft und Klassenklima. Zweitens: Es finden sich viele Schüler, die „Spezialisten" im Abwerten anderer sind. Im Gegenzug fällt ihnen das Formulieren von Ermutigungen bzw. das Äußern positiver Bemerkungen gegenüber ihren Mitschülern sehr schwer, nicht wenige fühlen sich dabei peinlich berührt.

Killerphrasen und Killergesten

Ein offenes Kommunikationsverhalten wird in Gruppen häufig durch sogenannte Killerphrasen und Killergesten blockiert. Killerphrasen sind Kommunikations- bzw. Kreativitätskiller, die häufig unter dem Deckmantel der Sachlichkeit zum Einsatz kommen. Sie hemmen bzw. unterdrücken ein Klima von Kreativität und offener Diskussion. Sie wirken kontraproduktiv auf die Gesprächsbereitschaft und auf Weiterentwicklungen im Denken und Handeln. Ohne die Verwendung inhaltlicher Argumente wird mit einer kurzen Äußerung eine Idee oder ein innovativer Ansatz gestoppt bzw. zerstört.[51]

Einige Beispiele für Killerphrasen

- „So kann das nicht funktionieren, das weiß doch jeder!"
- „Das schaffen wir doch nie!"
- „Theoretisch mag das ja funktionieren, aber praktisch....!"
- „Das bringt doch nichts!"
- „Wir machen doch andauernd Projekte!"
- „Ihr stellt euch das so einfach vor!"
- „Das ist doch unlogisch!"
- „Du hast die Weisheit wohl mit dem Löffel gegessen!"

Mundtot machen können auch im richtigen Moment eingesetzte Killergesten wie z.B. ein entnervter Blick oder ein zynischer „Grinser", die häufig eine verbale Killerphrase noch unterstreichen.
Schüler setzen diese Kommunikationsblocker bewusst und unbewusst ein. Unserer Meinung nach ist es sinnvoll und notwendig, und dies nicht nur im Hinblick auf effiziente Kooperation, Schüler für Stör-

quellen im kommunikativen Prozess zu sensibilisieren und mit ihnen gemeinsam eine konstruktive Gesprächskultur zu thematisieren. Verbales und nonverbales Verhalten, das ermutigt, anerkennt, toleriert oder öffnet, kann hierzu einen Beitrag leisten.

4. Gruppenregeln

Damit Interaktionsprozesse in Gruppen effektiver verlaufen, ist es erforderlich, während des Trainings – gemeinsam mit den Schülern – prosoziale Gruppen- bzw. Interaktionsregeln zu erarbeiten. Sie sollen das Fundament für eine zukünftige adäquate Teamkultur im Unterricht bilden. Die Interaktionsregeln werden verstanden als formulierte Erwartungen, die Auskunft darüber geben, was von jedem Gruppenmitglied erwartet wird bzw. was es von den anderen erwarten darf; sie zielen auf das produktive Zusammenspiel aller.[52] Allerdings sollte man nicht einfach die gängigen Gesprächsregeln des Frontalunterrichts wie z. B. „Den anderen ausreden lassen!" auf die Gruppe übertragen. In einer empirischen Untersuchung von Dann et al. (1999) wurde diesbezüglich festgestellt: „Je mehr sich die Gruppenmitglieder ins Wort fallen und einander unterbrechen, desto höher ist meist ihr Engagement an der Bewältigung des Arbeitsauftrags."[53] Sinnvoller sind unserer Meinung nach Interaktionsregeln, die auf die Einhaltung der Voraussetzungen einer effizienten Teamarbeit hinweisen, wie z.B. „Alle beteiligen sich an der Gruppenarbeit!", „Jeder macht sich zunächst alleine Gedanken über die Aufgabe, bevor in der Gruppe diskutiert wird!", „Keine »put-downs« während der Gruppenarbeit!", „Jeder Einzelne ist für die Gruppenleistung verantwortlich!" etc.
Schließlich sollten die Teamregeln auch nicht als unveränderbar manifestiert werden, „sondern dieses klassenspezifische »Teamelixier« sollte für die Lerngemeinschaft jederzeit erneuerungsfähig bleiben"[54].

5. Metakommunikation

Unter Metakommunikation versteht man die Kommunikation über Kommunikation. Damit der Gruppenprozess selbst zum Unterrichtsgegenstand werden kann, müssen die Schüler zu regelmäßigen Meta-

Kommunikationsphasen angeleitet werden.[55] Die Schüler berichten hierbei über ihre Erfahrungen, die sie im Verlauf einer Übung gemacht haben, und reflektieren ihr Arbeits- und Interaktionsverhalten in der Gruppe, indem sie Prozesse und Situationen analysieren. Im Rahmen dieser Prozess- und Situationsanalysen tauschen sich die Schüler über das Erlebte aus, verarbeiten, überdenken, problematisieren es und beurteilen die Effektivität ihrer Teamarbeit. Daran schließt sich die Suche nach konstruktiven Verbesserungslösungen unter der Fragestellung „Was können wir das nächste mal besser machen?" an. Die gezielte Aussprache ermöglicht den Schülern aus der reflektierenden Distanz eine kognitive Vertiefung und Strukturierung bestimmter Erkenntnisprozesse. Sie erweitern ihre Wahrnehmungsfähigkeit sowie das eigene Problembewusstsein und lernen, sich (selbst)kritisch mit Gruppenprozessen auseinanderzusetzen.

Durch wiederholte Schleifenprozesse zwischen Übungs- und Reflexionsebene sollen sie sukzessive die Fähigkeit erlangen, selbst Veränderung zu gestalten, indem die Problemlösungs- und Metakommunikationsfähigkeit der Gruppe und der Individuen erhöht wird.[56]

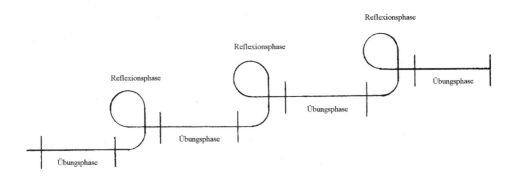

Gerade in der „Einarbeitungsphase in Gruppenprozesse sind metakommunikative Betrachtungen des Ablaufs von Gruppenunterrichtssequenzen keine Zeitverschwendung, sondern die Voraussetzung für das spätere Gelingen der Gruppenarbeitssequenzen"[57]. Aber auch im späteren schulischen Gruppenunterricht sollte Metakommunikation zum Handlungsinventar gehören. Empirische Untersuchungen zeigen, dass Rückmeldungen über den Gruppenprozess gegenüber reiner Leistungsrückmeldung das soziale Klima hochsignifikant verbessern,

auch aus Sicht der Schüler. Gleichzeitig konnten bei den Versuchs-
klassen mit objektiven Leistungstests bedeutsame Lerngewinne festgestellt werden.[58]

Der Lehrer/Trainer unterstützt als Prozessbegleiter die Schüler auf
dem Weg, ihre Teamkompetenzen sachorientiert zu vertiefen, und
achtet vorrangig darauf, dass keine Verletzungen im emotionalen
Bereich erfolgen. Gerade in der Anfangsphase der Teamentwicklung,
in der die Schüler sukzessive an das „Neuland" Metakommunikation
herangeführt werden, sollte jedoch nicht zu viel „pädagogisiert" werden, da sonst Spaß und Motivation schnell verloren gehen.[59] Gleichzeitig hat der Lehrer/Trainer darauf zu achten, dass die schulischen
Lerngruppen nicht zu gruppendynamischen Selbsterfahrungs- bzw.
Therapiegruppen umfunktioniert werden.

6. Wir-Gefühl und Vertrauen

Eine weitere gewichtige Voraussetzung für die Förderung bzw. Stabilisierung kooperativen Verhaltens stellt der Zusammenhalt der Gruppe dar. Verschiedene empirische Untersuchungen belegen, dass gerade bei der Lösung kooperativer Aufgaben die Aufrechterhaltung
der Leistungsmotivation der Gruppenmitglieder in einem engen Zusammenhang mit dem Zusammengehörigkeitsgefühl der Gruppe steht.
Ein vorherrschendes Wir-Gefühl in einer Gruppe wird leicht zum Ausgangspunkt für einen verstärkten Einsatz der Gruppenmitglieder füreinander.[60] In einer breit angelegten Untersuchung von Keil und
Piontkowski bezüglich des Unterrichtsgeschehens erwies sich die erlebte Gruppenkohäsion „als der wesentlichste Umständefaktor zur
Erhöhung der Eigenaktivität des einzelnen"[61]. Die Untersuchungen
von Szymanski und Harkins[62] zeigen, dass Gruppenkohäsion eine
Leistungssteigerung über das durchschnittliche individuelle Maß hinaus bewirken kann. Nach Trow et al.[63] bleiben Gruppen mit starkem
Zusammenhalt während der Auseinandersetzung mit Frustrationen
sehr viel mehr auf das Gruppenziel hin orientiert als Gruppen mit
schwachem Zusammenhalt. Und Mueller/Thomas[64] gehen generell
davon aus: „Gruppen ohne Wir-Gefühl sind auf Dauer nicht hand-
lungsfähig". Ein gewichtiger Aspekt bei der Förderung von Kooperation im Zusammenhang mit dem Zusammengehörigkeitsgefühl der

Gruppe ist, dass die Gruppenmitglieder ein gegenseitiges Vertrauensverhältnis entwickeln und sich infolge dieses Vertrauens eine Atmosphäre emotionaler Sicherheit einstellen kann.[65] Die Bedeutung der Anbahnung von Vertrauensprozessen zwischen den Gruppenmitgliedern verdeutlichen auch Bierhoff und Müller[66], indem sie Vertrauen als eine zentrale Variable für die Stabilisierung von Kooperation kennzeichnen. Eine Gruppe, in der wechselseitiges Vertrauen und Wertschätzung herrscht, kann eine günstige Vorbedingung darstellen für die Produktion neuartiger Ideen, der freimütigen Äußerung von Einwänden, Bedenken und Gegenargumenten. Ferner können die Mitglieder einander besser zuhören, bringen ein größeres Verständnis für die Argumentation anderer Gruppenmitglieder auf und arbeiten mit mehr Freude in der Gruppe.[67] „In jedem Fall erfordert kooperatives Lernen von allen Seiten einen gehörigen Vertrauensvorschuss von Schüler zu Schüler, von Lehrer zu Schülern und von Schulleitung und Schulaufsicht zu den LehrerInnen."[68]

Obwohl eine hohe Gruppenkohärenz in der Literatur meist positiv bewertet wird, ist es m. E. auch erforderlich, die Schattenseiten von kohärenten Gruppen aufzuzeigen. Zunächst darf kein linearer Zusammenhang zwischen Kohärenz und Leistung erwartet werden. „Bei geringer Kohärenz verbrauchen die Mitglieder ihre Energie weitgehend für die Schaffung, Aufrechterhaltung und Verbesserung ihres Status und für andere Gruppenprozesse; für die Aufgabe selbst bleibt wenig. Bei mittleren Graden von Kohärenz werden viele Energien für die Sache selbst freigesetzt. Bei hoher Kohärenz kann die Leistung wieder absinken; die Gruppenmitglieder sitzen ... gemütlich zusammen, sprechen über sich selber und als Gruppe und vergessen darüber ihre Aufgabe, weil das Gespräch wesentlich anziehender ist als die gestellte Aufgabe."[69] Darüber hinaus kann nach Sader[70] unter einer hohen Gruppenkohärenz die Entwicklung von Eigenverantwortlichkeit und geistiger Selbständigkeit in der Geborgenheit der Gruppe leiden. Ferner unterliegen Gruppen mit hohem Zusammenhalt leichter dem Konformitätsdruck, sie internalisieren schneller voreilig implizierte Normen der Gruppe und sind der Gruppenloyalität stärker verpflichtet. Dies wiederum kann den Nachteil haben, dass Entscheidungsprozesse die Argumentationsbreite beeinträchtigen, früher getroffene Entscheidungen weniger in Frage gestellt werden, die Einmütigkeit aus emotionalen Gründen überschätzt wird und sich gemeinsame Tabubereiche sowie ein Klima des unrealistischen Optimismus entwickeln. Allerdings weist Sader[71] an anderer Stelle darauf hin, dass die meisten Gruppen „... bei weitem zu wenig Kohärenz haben, um optimal die Energien der gemeinsamen Sache zuzuwenden. Daher ist der Ratschlag zumeist nützlich, dass man versuchen solle, die Gruppenkohärenz zu erhöhen. Das gilt ganz besonders dann, wenn Lernen in Gruppen nicht einfach kognitives Aneignen von Informationen bedeutet, sondern Verhaltensänderungen einschließt. Da jede ernstliche Bemühung um Verhaltensänderungen im allgemeinen Ängste auslöst, wagen die meisten Menschen nur in relativ angstfreien Situationen neues Verhalten zu erproben. Daher ist bei allen Trainingsformen, bei denen Verhalten in Frage gestellt wird und neues Verhalten eingeübt werden soll, eine hohe Gruppenkohärenz Voraussetzung." Gudjons[72] geht ebenfalls davon aus, dass in der schulischen Praxis die meisten Arbeits- und Lerngruppen über zu wenig

Kohärenz verfügen und eine Erhöhung derselben z. B. über positive Feedbackrunden anzustreben ist.

Dietrich[73] stellt mit Blick auf die Effektivität kooperativen Lernens im schulischen Kontext fest: „Unter pädagogischem Aspekt ist die Förderung des Gruppenzusammenhaltes von hervorragender Bedeutung. Dabei kann es nicht darum gehen, kritiklose Kameraderie oder ein Höchstmaß an Konformität herbeizuführen. Gruppenzusammenhalt beruht vielmehr auf dem Gefühl und Bewusstsein aller Gruppenmitglieder, bei aller Unterschiedlichkeit der persönlichen Wesensart und Produktivität für die Erreichung des Gruppenzieles gebraucht zu werden, in gemeinsamer Bemühung mit Schwierigkeiten fertig werden und sich dabei aufeinander verlassen zu können. Solche Erlebnisse gilt es herbeizuführen und bewusstzumachen."

7. Rollenverteilung

Jede Gruppe tendiert zur Bildung einer Führungshierarchie ungeachtet dessen, „ob diese von der Aufgabenstellung her erforderlich, erwünscht oder gar hemmend ist"[74]. Eine manifestierte Führungshierarchie benachteiligt unter Umständen Teammitglieder mit geringem Status, indem sie deren kommunikative Entfaltungsmöglichkeit und Beteiligung an Gruppenentscheidungen einschränkt. Dies forciert Misserfolgserlebnisse und beeinflusst Selbstbild und Leistungsfähigkeit der Betroffenen negativ. Infolgedessen bilden sich eventuell Außenseiter, die der Gruppe nur wenig nützen, sie vielleicht sogar boykottieren.[75]

Diesbezüglich sollte sich auch die Lehrkraft bewusst sein, dass die Statusunterschiede (unbewusst) noch verstärkt werden können, wenn sie bevorzugt Interaktionen mit Führungsfiguren betreibt und diese damit aufwertet.[76]

Um ein effizientes Arbeiten in Gruppen zu gewährleisten, sollten Gruppenfunktionen und Führungsrollen zugewiesen und situations- und themenabhängig gewechselt werden.[77] In Anlehnung an Ebbens et al. (1996) wird nachfolgend eine Auswahl möglicher Rollen angeführt, die im Vorfeld der Gruppenarbeit verteilt werden können.

Rolle	Aufgabe
Kommunikator	sorgt dafür, dass sich alle an der Diskussion bzw. an der Problemlösung beteiligen; achtet darauf, dass jeder Vorschlag ernst genommen wird, keine „put-downs" verwendet werden und die Gespräche in einer angenehmen Atmosphäre verlaufen.
Zeitmanager	achtet auf Zeitvorgaben und zügige Bearbeitung der Aufgabe.
Checker	kontrolliert, ob jeder die Aufgabe bzw. den Arbeitsauftrag verstanden hat, sorgt für eine angemessene Lautstärke in der Gruppe und dass jedes Gruppenmitglied das vorgegebene Lernziel erreicht.
Ausführender	ist derjenige, der die praktischen Aufgaben ausführt.
Regelbeobachter	achtet darauf, dass die Interaktionsregeln beachtet werden.
Schriftführer	hält alles schriftlich fest, was in der Gruppe erarbeitet wird.
Rechner	hat einen Taschenrechner, mit dem die Lösung kontrolliert werden kann.
Frager	sorgt dafür, dass die Gruppe zunächst versucht, das Problem selbst zu lösen; erst wenn die Gruppe wirklich nicht mehr weiterkommt, fragt er den Lehrer.
Sucher	schlägt bei Unklarheiten in Nachschlagewerken nach.
Informand	darf zu anderen Gruppen gehen, um neue Ideen zu gewinnen oder um Ergebnisse zu kontrollieren.
Materialmanager	sorgt dafür, dass die Gruppe über die erforderlichen Materialien verfügt.
Organisator	verteilt die Arbeit auf die einzelnen Gruppenmitglieder.
Ermutiger	muntert auf, ermutigt, bestärkt, spornt an.
Kritiker	darf unbequeme Fragen stellen.

Die Auswahl der Rollen muss natürlich mit Blick auf den Arbeitsauftrag funktionell erfolgen. Sie können vom Lehrer gezielt oder per
Zufall verteilt werden. Vorteilhaft ist es, wenn verschiedene Rollen-
karten angefertigt werden, die jeder spezifischen Rolle eine Farbe
zuweisen und auf denen die rollenspezifischen Aufgaben knapp erläutert werden.

8. Die Präsentation der Gruppenergebnisse

Ein zentrales Merkmal von Gruppenunterricht und Projektarbeit ist
das Präsentieren von Ergebnissen. Die Gruppenarbeitsergebnisse
müssen von den Schülern zusammengefasst, formuliert und lernwirksam der Klasse vermittelt werden. Das Gelingen dieses Vermitt-
lungsprozesses bildet ebenfalls ein wichtiges Kriterium für effizienten Gruppenunterricht. Darüber hinaus führen Unruh und Petersen[78]
weitere wichtige Funktionen an, die Präsentationen im Anschluss an
Gruppenarbeit erfüllen sollen:

- „Präsentationen geben Schülern die Gelegenheit, den Lern-
  gegenstand anderen zu »erklären«: Eine Methode, die in besonderer Weise geeignet ist, die Sache, um die es geht, selbst
  wirklich zu verstehen.
- Präsentationen fördern das Lernen mit allen Sinnen und Lern-
  kanälen, weil gute Präsentationen niemals rein verbal ablaufen, sondern mit Bildern, Rollenspielen, Modellen, Folien und
  anderen Medien unterstützt werden.
- Präsentationen fördern die Kooperation der Schüler, weil sie
  in der Regel von Gruppen vorbereitet werden müssen.
- Präsentationen fördern und trainieren das Selbstvertrauen der
  Schülerinnen und Schüler. Sie bereiten die Schüler – unabhän-
  gig von den Inhalten – auf im Berufsleben wesentliche Schlüsselqualifikationen vor. Sie geben den Schülern die Möglichkeit zu
  trainieren, sich selbst vor anderen zu präsentieren."

Leider kommen im Gruppenunterricht oder bei der Projektarbeit diese Funktionen meist nicht zum Tragen, da in der Schule die für Präsentationen erforderlichen Kompetenzen zu häufig vorausgesetzt
werden. Vielen Schülern fällt jedoch das Visualisieren und Präsentie-

ren sichtlich schwer. Arbeitsergebnisse – festgehalten auf kaum lesbaren Wandplakaten und Folien – und ein Gesprächsklima, das häufig geprägt ist von Redeangst, Unsicherheit und Scheu tragen kaum dazu bei, dass die Schüler Freude daran finden, die Früchte ihrer Gruppenarbeit vor der Klasse oder vielleicht sogar vor einem größeren Publikum zu präsentieren. Schnell erschöpft sich auch bei schlechten Visualisierungen und Präsentationen die Aufnahmefähigkeit selbst gutwilliger Zuhörer vor allem dann, wenn jede Gruppe ihre Ergebnisse frontal vorträgt.[79] Im praktischen Teil des Trainings finden sich Übungsarrangements, die ein ungezwungenes Experimentieren mit Visualisieren und kooperativen Präsentationen ermöglichen. Überdies finden sich Materialien und Infos für Schüler und Lehrer zu den Themen: Arbeitsschritte bei der Erarbeitung einer Präsentation, Vortragstechniken, Visualisieren sowie Redeangst. Diese Aspekte können im Training jedoch nur angeschnitten werden, bedürfen also der Vertiefung und Übung in der Schule.

Aus didaktischer Sicht sollten nach Diegritz et al. (1999) an der Präsentation der Ergebnisse möglichst viele Gruppenmitglieder beteiligt sein. „Jedoch muss die Lehrkraft *in jedem Fall* darauf achten, dass sie Ergebnisse von *Gruppen* und nicht von einzelnen SchülerInnen abruft und auswertet. Wenn in der Auswertungsphase nur oder v.a. einzelne SchülerInnen aufgerufen werden, werden die gemeinsamen Bemühun-

gen der Arbeitsgruppen im nachhinein entwertet. Dass solche Hand-
lungsroutinen der Lehrkraft bei der Ergebnisauswertung langfristig die
Schüler während der Gruppenarbeit demotiviert, sie zu oberflächlicher
Arbeitsweise verleitet und sie dementsprechend leicht ins Neben-
engagement abgleiten lässt, konnten wir empirisch belegen."[80]

9. Gruppenzusammensetzung

Hinsichtlich der Gruppenzusammensetzung sind zwei prinzipielle
Gruppierungsformen zu unterscheiden: homogenes und heteroge-
nes Gruppieren. Merkmal homogener Gruppen ist, dass die Gruppenbildung unter bestimmten Gesichtspunkten erfolgt wie Leistungsni-
veau, Lernstil, Interesse, Geschlecht, Sympathie etc. Heterogene
Gruppen sind gekennzeichnet durch bestehende Unterschiede zwischen den einzelnen Gruppenmitgliedern.
Homogene Gruppenbildung ist aus unserer Sicht eher problematisch.
Zur Begründung sollen nachfolgend einige Argumente für diese Sichtweise angeführt werden:

- Die Gruppierung nach Leistung bzw. Fähigkeiten tendiert dazu,
  leistungsschwächere Schüler zu stigmatisieren. Rangunter-
  schiede zwischen Kindern werden stabilisiert und einer minderwertigen Selbst(ein)schätzung von leistungsschwächeren
  Gruppen wird Vorschub geleistet.[81]

- Die freie Wahl der Schüler nach dem Prinzip der wechselseitigen Sympathie und Antipathie ...
  - vernachlässigt ein wichtiges Moment der Charakter-
    entwicklung, nämlich die Entwicklung von Toleranz. Um
    die soziale Spannweite der Schüler zu vergrößern, sollte
    es eher zur Regel gemacht werden, verstärkt das Kriteri-
    um der Abwechslung der Gruppenzusammensetzung zu
    berücksichtigen.[82]
  - begünstigt sozial starke Schüler und Meinungsführer, ihre
    starke soziale Stellung wird zementiert. Außenseiter und
    schwache Schüler werden immer wieder in problematische
    soziale Situationen gebracht. Die soziale Integration aller
    Schüler in die Klassengemeinschaft wird behindert.

Soll soziales Lernen im Gruppenunterricht stattfinden, „gilt es die Kontaktfläche der Schüler zu erweitern, nicht sie auf eine kleine Clique einzuengen"[83]. Im heterogenen Gruppieren sehen wir folgende Vorteile:

- Schüler lernen sich besser kennen und bestehende Vorurteile werden leichter abgebaut.
- Das Lernen von Akzeptanz und Toleranz steht im Vordergrund. Die Schüler erfahren, dass man nicht nur mit Freunden gut zusammenarbeiten können muss.
- Unterschiedliche Fähigkeiten, Interessens- und Begabungsstrukturen führen zu mehr Ideen, einer wechselseitigen Stimulation des Denkens und der Problemlösungen sowie zu einer größeren Informationsbreite.[84]
- Wechselseitiges Helfen wird erleichtert, bessere Schüler können schwächeren weiterhelfen und lernen durch das Erklären und Vermitteln selbst hinzu.

Nach Klippert (1998) spricht vieles dafür, die Gruppen nach dem Zufallsprinzip zu bilden und seine unten ausgeführte Argumentation hat sich in unseren zahlreichen Trainingsdurchführungen bestätigt:
„Denn dieses Prinzip (Losverfahren etc.) sorgt nicht nur dafür, dass die Gruppen leistungs- und verhaltensmäßig heterogen strukturiert sind, sondern es hat auch den Vorteil, dass es bei den SchülerInnen relativ problemlos ankommt. Der Zufall wird im Allgemeinen recht klaglos akzeptiert, wie die bisherigen Erfahrungen zeigen, nicht hingegen die direkte Lehrerintervention. Diese Akzeptanz ist dann, wenn die zufallsbedingte Gruppenzusammensetzung nur für einen überschaubaren Zeitraum gilt, um so größer. Deshalb empfiehlt es sich auch, die Gruppen in der Anfangsphase der Teamentwicklung in relativ kurzen Zeitabständen mit Hilfe unterschiedlicher Zufallsgeneratoren immer wieder neu zu mischen - unter Umständen sogar von einer Gruppenarbeitsphase zur anderen."[85] Das Auslosen der Gruppen kann mit Spielkarten, Bildern, verschiedenfarbigen Kärtchen oder Bonbons etc. erfolgen. Anregungen hierzu finden sich beispielsweise bei Knoll (1993).
Der häufige Wechsel der Gruppenzusammensetzung sollte jedoch in einer späteren Phase der Teamentwicklung einer stabileren Gruppenzusammensetzung weichen.

10. Die Rolle des Prozessbegleiters – Hilfe zur Selbsthilfe

Die Hinführung einer Klasse zum effektiven Arbeiten in Kleingruppen bedarf einer besonderen Begleitung durch den Lehrer/Trainer. Als Prozessbegleiter agiert er dabei vorwiegend als Moderator und Berater im Entwicklungsprozess der Gruppe.[86] Dabei kommt ihm zum einen die Aufgabe zu, Lernprozesse, Aktivitäten und Selbsttätigkeit der Schüler anzuregen und zu begleiten, zu unterstützen und nötigenfalls helfend einzugreifen. Zum anderen sorgt er für ein vertrauensvolles Arbeitsklima, in dem jeder Schüler in einer Atmosphäre gegenseitigen Vertrauens und gegenseitiger Akzeptanz und Toleranz seine Ideen und sein Wissen in die Gruppenarbeit einbringen kann.[87]

Um dies zu gewährleisten, nimmt der Prozessbegleiter in seiner Funktion als Moderator und Berater folgende Grundhaltung ein:[88]

- Er versteht sich als Prozessbegleiter und nimmt sich und seine Meinung stark zurück.
- Er bewertet weder Meinungen noch Verhaltensweisen der Schüler, sondern nimmt so oft wie möglich eine eher fragende Haltung ein.
- Er aktiviert und öffnet die Gruppe füreinander und für das Thema durch geeignete (offene) Fragen.
- Er organisiert den Austauschprozess, macht Bedürfnisse, Ziele und Meinungen sichtbar und besprechbar.
- Er fasst Äußerungen aus der Gruppe als Signale auf, die ihm helfen, den Gruppenprozess zu verstehen.
- Er versucht, den Schülern ihr eigenes Verhalten bewusst zu machen.
- Er zeigt ein hohes Maß an Empathie (Einfühlungsvermögen) und Wertschätzung und vermeidet belehrende, herabsetzende sowie ironische Verhaltensweisen.

Darüber hinaus ist während der Gruppenarbeitsphasen des Intensivtrainings wie auch während des Gruppenunterrichts in der Schule Zurückhaltung seitens des Trainers/Lehrers gefragt. Schulische Gruppenarbeit wird u.a. auch durch das Lehrerverhalten ineffektiv, wie die empirische Untersuchung von Dann/Diegritz/Rosenbusch[89] zeigt:

> „Als besonders problematisch und in vielen Fällen als Grund für den Absturz der Aufgabenorientierung haben sich die Lehrerinterventionen während der Gruppenarbeit erwiesen. Sichtbar wird diese Problematik durch viel *zu häufiges Intervenieren der Lehrkraft*. Besonders ungünstig wirken bilanzierende Interventionen, d.h. solche, in denen sich Lehrkräfte die bisherige Arbeit der Gruppen berichten lassen, während der Gruppenprozess noch im Gang ist. Dies führte in fast allen Fällen dazu, dass die Gruppe ihre Aufgabe als erledigt ansah und in Nebenengagement verfiel.
> Meist war bei derartigen Lehrerinterventionen zu beobachten, dass sich durch die *Präsenz der Lehrkraft* am Gruppentisch die *Kommunikationsstruktur total veränderte*. Die Lehrkraft bewirkte einen Zerfall der vorhergegangenen Intragruppenkommunikation zugunsten eines »Mini-Frontalunterrichts«, mit Fokussierung aller Gruppenmitglieder auf den komplementär superioren Erwachsenen."

Durch Interventionen der Lehrkraft bzw. bereits durch die Annäherung an den Gruppentisch wird bei Schülern scheinbar das tief internalisierte Interaktionsmuster des Frontalunterrichts aktiviert, welches im Gruppenunterricht fehl am Platz ist.

> „*Lehrkräfte*", so Diegritz et al. (1999), „*sollten* folglich jede Art von *Mini-Frontalunterricht vermeiden!* Wenn sie sich schon an einen Gruppentisch begeben, sollten sie ihre Hilfen auf knappe Tips oder Hinweise beschränken, die der Gruppe einen Fehler oder eine Sackgasse sichtbar machen und eine Hilfsquelle eröffnen. Sie sollten nicht die Führung an sich reißen, nicht ihre Gedanken und Wünsche in den Vordergrund rücken, sondern als Berater und Helfer der Gruppe fungieren, eher Ratschläge als Anweisungen erteilen, überwiegend mit reaktiven (ansprucherfüllenden) Sprechakten agieren (weniger mit initiativen) und insgesamt *mehr zuhören als reden*. Letztlich müssen Gruppen erfahren, dass sie selbst verantwortlich sind für ihre Ergebnisse, d.h. manche Korrektur oder Ergänzung gehört in die Auswertungsphase und die Reflexion des Gruppenprozesses/der Arbeitshaltung nach getaner Arbeit." [90]

Teil 2
Phasen, Bausteine
und Übungen

Phase 1:
Übungen zum Einstimmen

Motto: Das Eis brechen

1. **Vorstellen des Programms**

2. **Erwartungen und Befürchtungen**

3. **Baukasten: „Eisbrecher" und Kennenlernspiele**
   - Der leere Stuhlkreis
   - Die Namensklammer
   - Michael Mondschein
   - Namensball
   - Fang den Besenstiel
   - Namensluftballon
   - Namensreihe
   - Namensduell

4. **Baukasten: Warming up**
   - Wahrnehmungskarussell bzw. Wahrnehmungskugellager
   - Spots in Movement
   - 1 - 2 - 3 Ohnmacht
   - Gemeinsamkeiten entdecken
   - Visitenkarte

Phase 1:
Übungen zum Einstimmen

Motto: Das Eis brechen

1. Vorstellen des Programms

➡ Ziel: - Überblick über den Programmablauf geben

➡ Durchführung:

Schüler und Lehrkräfte finden sich im Stuhlkreis zusammen. Der Lehrer/Trainer gibt stichpunktartig einen Überblick über den Verlauf des Trainings. Zur Orientierung kann ein anschauliches Plakat über den Programmablauf an einem zentralen Ort fixiert werden.

2. Erwartungen und Befürchtungen[1]

➡ Ziele: - Befürchtungen ausräumen, Angst vermindern
            - Erwartungen realistisch einordnen

➡ Durchführung:

Der Lehrer/Trainer verteilt an jeden Schüler mehrere grüne und gelbe Moderationskarten. Die Schüler werden aufgefordert, sich in Einzelarbeit 10 Minuten Gedanken darüber zu machen, welche Befürchtungen und Erwartungen sie dem Training gegenüber haben. Nach 10 Minuten soll jeder Schüler mindestens eine Erwartung auf jeweils eine grüne Karte und mindestens eine Befürchtung auf jeweils eine gelbe Karte schreiben.

➡ Materialien:

Zweifarbige Moderationskarten in hellen Farben (grün und gelb), schwarze Moderationsmarker bzw. Filzstifte

➡ Auswertung:

Die Schüler verteilen die Moderationskarten verdeckt in der Mitte des Raumes und bilden einen Sitzkreis um dieselben. Dann werden die Karten umgedreht. Anschließend sortieren die Schüler unter Hilfestellung des Lehrers/Trainers inhaltsgleiche bzw. inhaltsähnliche

Karten (clustern). Die Lehrkraft greift im Gespräch mit den Schülern die verschiedenen Befürchtungen auf und versucht, vorherrschende, jedoch überzogene Ängste zu vermindern bzw. auszuräumen. Analog dazu verläuft die Auswertung der Erwartungen mit der Zielsetzung, unrealistische Erwartungen bezüglich des Trainings auf eine angemessene Einschätzung zu relativieren.

3.   Baukasten: „Eisbrecher" und Kennenlernspiele

➡ Ziele: - Vornamen in spielerischer Form einprägen
             - gegenseitiges Kennenlernen und Verringerung
               der Anonymität
             - Kontaktaufnahme und aktive Gestaltung
               erster Gruppenbeziehungen

➡ Anmerkungen:

Zu Beginn des Trainings sind die Jugendlichen häufig verunsichert und daher zurückhaltend. Die Erfahrung während der Trainingsdurchführungen hat gezeigt, dass es deshalb in der Anfangsphase des Trainings sehr wichtig ist, soziale Situationen zu schaffen, die den Heranwachsenden nicht zu viel abverlangen. Genau dies leisten die nachfolgenden Kennenlernspiele und Warming ups. Manche der Kennenlernspiele können auch zur Auflockerung bei Klassen bzw. Gruppen eingesetzt werden, die sich bereits namentlich kennen; dies macht vor allem dann Sinn, wenn fremde Begleitpersonen, Trainer oder Lehrer am Trainingsverlauf beteiligt sind.

Der leere Stuhlkreis[2]

➡ Durchführung:

Die Stühle werden zu einem geschlossenen Stuhlkreis angeordnet. Ein beliebiger Stuhl des Kreises wird um 90 Grad gedreht. Die Teilnehmer stellen sich ausgehend vom umgedrehten Stuhl kreisförmig hinter den Stühlen auf (sie stehen also außerhalb des Stuhlkreises) und richten ihre Aufmerksamkeit auf den Eingang des Stuhlkreises, d.h. auf den um 90 Grad gedrehten Stuhl. Der dem Eingang am nächsten stehende Teilnehmer steigt auf die Sitzfläche des verdrehten

Stuhls, springt mit einer ausladenden Körperbewegung (im Sinne von: Hier bin ich!) in den Stuhlkreis, ruft dabei laut seinen Vornamen und setzt sich auf einen Stuhl seiner Wahl. Analog springen alle Schüler, ihren Vornamen rufend, in den Stuhlkreis und setzen sich auf die noch freien Stühle, bis der letzte Teilnehmer einen Platz im Sitzkreis gefunden hat.

➥ Materialien: Stühle entsprechend der Anzahl der Teilnehmer

Die Namensklammer[3]

➥ Durchführung:

Jeder Schüler erhält ein Moosgummistück und eine Wäscheklammer aus Holz. Auf den Moosgummi schreibt er dann leserlich seinen Vornamen und verziert diesen ansprechend bzw. schneidet den Moosgummi als Blume, Stern etc. aus. Dann wird das Namensschild (Moosgummi) mit Klebstoff fest auf die Wäscheklammer geklebt. Die fertige Namensklammer wird am T-Shirt oder einem Bekleidungsstück als Namensschild befestigt.

➥ Materialien:

Verschiedenfarbige Moosgummistücke (ca. 5 cm x 10 cm); Klebstoff; dünne Filzstifte, die sich von der Farbe des Moosgummis abheben; Wäscheklammern aus Holz

➥ Hinweise:

Der Vorname sollte so groß geschrieben werden, dass er aus einer gewissen Distanz noch lesbar ist.

➥ Variante:

Das Namensschild aus Moosgummi kann auch an einer Schnur oder einem Wollfaden aufgefädelt und umgehängt werden.

Michael Mondschein[4]

➥ Durchführung:

Der Spielleiter wendet sich dem Nachbarn linker Hand zu, nennt ihm seinen wahren Vornamen, hängt einen frei erfundenen Nachnamen an (z. B. „Ich heiße Michael Mondschein") und fragt ihn: „Und wie heißt du?". Daraufhin wiederholt der gefragte Nebenmann den Namen des Spielleiters und nennt ebenfalls erst seinen wahren Vornamen, sodann einen erfundenen Nachnamen: „Du heißt Michael Mondschein und ich heiße Rudi Rabatz!". Nun wendet er sich dem oder der Nächsten im Kreis zu und fragt: „Und wie heißt du?". Diese(r) antwortet daraufhin: „Du heißt Michael Mondschein, du heißt Rudi Rabatz und ich heiße Maria Motz!". Anschließend fragt Maria die nächste Person: „Und wie heißt du?". Die Vorstellungsrunde wird solange reihum fortgesetzt, bis die Frage wieder beim Spielleiter ankommt.

➡ Hinweise:

Die Wiederholung der vorausgegangen Namen sollte auf 7 - 8 Namensnennungen begrenzt bleiben.

Namensball[5]

➡ Durchführung:

Die Klasse bzw. Gruppe bildet einen Innenstirnkreis. Der Spielleiter A beginnt das Spiel mit den Worten: „Ich heiße ....! Und wie heißt du?"; während der Frage „Und wie heißt du?" wirft er den Softball einer beliebigen Person B im Kreis zu. Die Person B fängt den Ball, greift die Formulierung des Spielleiters auf, ruft „Ich heiße ....! Und wie heißt Du?" und gibt den Softball an eine Person C weiter. Dies wird fortgesetzt, bis alle Teilnehmer mindestens einmal ihren Vornamen genannt haben.

Sind die Vornamen einigermaßen bekannt, kann das Spiel mit einer neuen Frage fortgeführt werden, z. B.: „Ich mache gern .... und was machst du gerne?". Abschließend werfen sich die Teilnehmer den Softball zu und nennen dabei den Namen und ein Hobby des Empfängers: „Du heißt ....! Und du machst gerne ....!".

➡ Materialien: 1 Soft- oder Tennisball

➡ Hinweise:

Der Spaß und die Spannung werden erhöht, wenn der Spielleiter kurz vor Spielende einen zweiten, dritten und vierten Ball ins Spiel bringt. Heruntergefallene Bälle werden einfach aufgehoben und mit dem Rufen eines Namens wieder ins Spiel eingebracht.

Fang den Besenstiel

➥ Durchführung:

Die Spieler stehen nicht zu eng im Kreis. Ein freiwilliger Teilnehmer A begibt sich in die Mitte des Kreises und hält einen Besen so in der Hand, dass der Besenstiel senkrecht zum Boden steht. In dem Augenblick, in welchem A den Besen loslässt, sagt er laut und deutlich den Vornamen eines beliebigen Mitspielers X. Dieser muss schnell in die Mitte des Kreises springen und versuchen, den Besen zu fassen, ehe er auf den Boden fällt. Fängt X den Besen nicht, muss A für einen erneuten Versuch nochmals in die Kreismitte. Gelingt es X, den Besen zu fassen, wird er der neue „Besenhalter".

➥ Materialien: 1 Besen

Namensluftballon[6]

➥ Durchführung:

Jeder Schüler schreibt auf einen aufgeblasenen Luftballon mit Filzstift seinen Vornamen. Mit dem Einsetzen der Musik bewegen sich alle durch den Raum und spielen die Luftballons kreuz und quer. Sobald die Musik aussetzt, schnappt sich jeder einen Luftballon und bringt ihn so schnell wie möglich seinem Eigentümer zurück.

➥ Materialien: Luftballons

➥ Hinweise: Kein Wettbewerb!

Namensreihe[7]

➥ Durchführung:

Die Teilnehmer ordnen sich auf einer Linie entsprechend ihrer Vornamen in alphabetischer Reihenfolge. Allerdings dürfen sie dabei nicht sprechen! Sobald die Klasse meint, fertig zu sein, nennen die Schüler zur Kontrolle vom Anfang der Reihe ausgehend und einer nach dem anderen ihre Vornamen.

➥ Materialien: keine

➥ Hinweise:

Beispiele für weitere Reihungskriterien: die Entfernung vom Heimatort zur Schule, die Körpergröße, Schuhgröße etc.

Namensduell[8]

➡ Durchführung:

Die Klasse wird in zwei Gruppen aufgeteilt. Der Spielleiter und eine
weitere Person halten ein großes Tuch (z. B. Bettlaken) hoch. Beide
Gruppen platzieren sich hinter dem Tuch, ohne dass die eine Gruppe
die jeweils andere sehen kann. Im Schutz des Tuches einigen sich die
beiden Mannschaften jeweils auf einen Spieler, der direkt vor dem
Tuch Platz nimmt. Die beiden Spieler aus der jeweiligen Gruppe sitzen sich jetzt „face to face" vor dem Tuch gegenüber, können sich
jedoch nicht sehen. Sobald der Spielleiter das Tuch fallen lässt, sollen die beiden Spieler so schnell wie möglich den Namen ihres Gegenübers ausrufen. Wer zuerst den richtigen Vornamen nennt, holt den
unterlegenen Mitspieler in die eigene Gruppe. Das Spiel wird fortgesetzt, indem jede Gruppe zwei neue Spieler bestimmt, die wiederum
vor dem Tuch Platz nehmen usw.

➡ Materialien: Tuch bzw. Bettlaken

4. Baukasten: Warming up

Ziele: - Aktivierung
                - Kontakt herstellen
                - positive Atmosphäre schaffen
                - Hemmungen abbauen

Wahrnehmungskarussell bzw. Wahrnehmungskugellager[9]

➡ Durchführung:

Die Teilnehmerzahl wird halbiert. Die eine Hälfte formiert sich zu einem Innenkreis, die andere Hälfte zu einem Außenkreis. Außen- und
Innenkreis sind so anzuordnen, dass sich jeweils zwei Personen ge-
genüberstehen. Die Personen des Innenkreises erhalten nun vom
Lehrer/Trainer ein Blatt mit verschiedenen Fragen. Aus diesen wählen sie eine aus und stellen sie ihrem Partner aus dem Außenkreis.
Aufgabe der Personen des Außenkreises ist es, sich nun eine Minute
zur vorgegebenen Fragestellung zu äußern. Nach einer Minute gibt

der Lehrer/Trainer ein Signal und der Außenkreis wandert im Uhrzeigersinn eine Person weiter. Der neue Partner des Innenkreises wählt wieder eine Frage, die er seinem neuen Gegenüber im Außenkreis stellt.

➡ Materialien:

Fragen:
- Was denkst du über die Trainingswoche?
- Wie stellst du dir dein Leben in zehn Jahren vor?
- Welche historische Persönlichkeit würdest du gerne einmal kennenlernen?
- Was bringt dich schnell auf die Palme?
- Wie wichtig ist es für dich, mit anderen gut auszukommen?
- Was bedeutet für dich Toleranz anderen gegenüber?
- Wo siehst du Probleme bei chaotischen Teams bzw. Gruppen?
- Warum fällt uns das Wetteifern (Konkurrieren) häufig leichter als das Zusammenarbeiten (Kooperieren)?
- Welche Auswirkungen haben Vorurteile?
- Was macht den Umgang der Menschen untereinander manchmal schwierig?
etc.

➡ Hinweise:

Diese Übung eignet sich gut, um Sprechängste voreinander zu vermindern. Allerdings sollte man diese Übung nicht überstrapazieren und sie auf fünf Partnerwechsel beschränken. Die Befragten sollten die Möglichkeit erhalten, auf Alternativfragen auszuweichen, falls sie eine bestimmte Frage nicht beantworten wollen.

Spots in Movement[10]

➡ Durchführung:

Alle Schüler bewegen sich zur Musik kreuz und quer im Raum. In Abständen wird die Musik kurz ausgeschaltet. Sobald die Musik stoppt, nennt der Spielleiter Aufgaben, die während des Musikstopps schnell ausgeführt werden sollen.

Mögliche Anweisungen:

- Ganz schnell hintereinander alle vier Ecken des Raumes berühren!
- Alle geben sich ganz schnell die Hand zur Begrüßung!
- Alle begrüßen Peter, indem sie ihm die Hand schütteln!
- Jeder versucht, sich auf den Mittelpunkt des Raumes zu stellen!
- Jeder trägt so schnell wie möglich drei runde Sachen in die Raummitte!
- Alle finden sich schnell zu einer 5er Gruppe zusammen!
- Alle müssen gleichzeitig eine Cola-Dose berühren!
etc.

➥ Materialien: ein zum Laufen geeignetes Musikstück

➥ Hinweise:

Es sollte sich für alle um harmlose Aufgaben handeln. Ferner sollte der Spielleiter keinen Wettbewerbscharakter aufkommen lassen.

1 - 2 - 3 Ohnmacht[11]

➥ Durchführung:

In der Klasse wird reihum Eins-Zwei-Drei, Eins-Zwei-Drei ... usw. abgezählt, damit sich jeder Schüler einer der drei Nummern zuordnen kann. Mit einsetzender Musik laufen alle Schüler durch den Raum. Sobald die Musik stoppt, nennt der Spielleiter eine der durchgezählten Zahlen, z. B. die Zahl „Drei". Daraufhin lassen sich alle Dreier ganz langsam zu Boden sinken bzw. „fallen in Ohnmacht". Die anderen (also die Einser und Zweier) müssen schnell versuchen, die zu Boden gleitenden Personen zu stützen und das Fallen der „Ohnmächtigen" zu verhindern.

➥ Hinweise:

Das Zu-Boden-Gleiten muss wirklich langsam erfolgen, damit a) sich die von Ohnmacht befallenen Schüler dabei nicht verletzen und b) die anderen überhaupt eine Chance haben, helfend einzugreifen.

Gemeinsamkeiten entdecken[12]

➥ Durchführung:

Die Teilnehmer werden vom Lehrer/Trainer aufgefordert, sich entsprechend bestimmter Gemeinsamkeiten zu gruppieren. Sind die Gruppen gebildet, tauschen sie sich kurz über ihre Gemeinsamkeiten aus.

Beispiele für Gemeinsamkeiten:

Es finden sich alle zusammen...
- mit derselben Geschwisterzahl.
- mit derselben Augenfarbe, Sockenfarbe, Schuhgröße.
- mit demselben Sternzeichen.
- mit denselben schlechten Gewohnheiten.
- die gerne oder weniger gern in Gruppen arbeiten.

etc.

➥ Hinweise:

Durch eine geeignete Fragestellung ist es auch möglich, einen Bezug zum sich anschließenden Trainingsthema herzustellen.

➥ Variante: Datenverarbeitung[13]

Alle Spieler erhalten fortlaufend eine Nummer entsprechend der Anzahl der Teilnehmer. Jeder Spieler muss seine Nummer geheim halten. Aufgabe der Gruppe ist es nun, sich den Zahlen nach in einer Reihe aufzustellen (1,2,3 ...), ohne dabei miteinander zu sprechen.

Visitenkarte

➥ Durchführung:

Jeder Schüler entwirft bezüglich seiner Person auf einem leeren Blatt Papier eine Visitenkarte. Dabei sollen neben dem eigenen Vornamen vier vorgegebene Informationen (z. B. Hobby, Lieblingsessen, Lieblingsband, Zukunftswunsch etc.) stichwortartig auf der Visitenkarte festgehalten werden. Anschließend suchen sich die Schüler ihren Partner, der bereits nach dem Zufallsprinzip im Vorfeld vom Lehrer/ Trainer festgelegt wurde, indem er auf der Rückseite der noch unbeschriebenen Blätter für jedes Paar zwei gleiche Nummern oder Symbole vermerkte. Nun stellen sich die Partner gegenseitig ihre Visitenkarten vor und tauschen sich kurz darüber aus. Es bietet sich an, die Visitenkarte in Form einer kleinen Galerie - an Wänden oder einer Wäscheleine befestigt - auszustellen.

➥ Materialien: Stift, Papier oder Karton

➥ Hinweise:

Bei freier Partnerwahl wählen die meisten Teilnehmer erfahrungsgemäß ihnen bereits nahestehende Personen (Freund bzw. Freundin). Durch das Zufallsprinzip besteht die Chance, dass Schüler auch mit anderen, eventuell weniger beliebten Klassenkameraden bzw. Partnern, ins Gespräch kommen.

Phase 2:
Für Gruppenarbeit motivieren

Motto: Teamarbeit bringt viele Vorteile

**1. Baukasten: Die Vorteile von Teamarbeit erleben -
          motivierende Übungsformen**

  ◆ „Das verzwickte Dreieck" und das
     „Neun-Gesichter-Problem"
  ◆ Brain-Network
  ◆ Heiteres Berufefinden
  ◆ Stuhltransport
  ◆ Wortkreation

2. Werbeplakat: „Teamarbeit hat viele Vorteile"

Phase 2:
Für Gruppenarbeit motivieren

Motto: Teamarbeit bringt viele Vorteile

1. Baukasten: Die Vorteile von Teamarbeit erleben - motivierende Übungsformen

Grobziele:
- Vorteile von Gruppenarbeit gegenüber Einzelarbeit veranschaulichen und erfahrbar machen
- für Gruppenarbeit motivieren
- Teamarbeit bewusst erleben

Soll Teamentwicklung langfristig zum Erfolg führen, ist es unabdingbar, bei Jugendlichen eine positive Haltung gegenüber dem Arbeiten in der Gruppe grundzulegen. Folglich gilt es in der Anfangsphase des Trainings, die Heranwachsenden durch geeignete Übungsarrangements für Gruppenarbeit zu motivieren. Die nachfolgenden Übungen, insbesondere das „Verzwickte Dreieck" und das „Neun-Gesichter-Problem", ermöglichen den Schülern die Synergieeffekte bzw. die Vorteile von Gruppenarbeit zu erfahren bzw. im eigenen Erleben bewusst nachzuvollziehen. In einer sich anschließenden Reflexion ist es erforderlich, die Erkenntnisse der Schüler zu strukturieren, vertiefend zu analysieren und eventuell die Grundvoraussetzungen einer erfolgreichen Teamarbeit herauszuarbeiten.

„Das verzwickte Dreieck" und „Das Neun-Gesichter-Problem"

➡ Ziele:
- bewusst erfahren, wie hilfreich und entlastend die Gruppe wirken kann (Helferprinzip, statistischer Fehlerausgleich, soziale Erleichterung und emotionale Sicherheit)
- Leistungsvorteile der Gruppe erleben (die Gruppe als Informationspool)

➡ Durchführung:

Jeder Schüler erhält die beiden Arbeitsblätter „Das verzwickte Dreieck" und „Das Neun-Gesichter-Problem" zur Bearbeitung (siehe Anlage,

S. 223). Beim „Verzwickten Dreieck" sollen die Schüler versuchen, die maximale Anzahl aller gleichseitigen Dreiecke zu finden. Die Bearbeitung des „Neun-Gesichter-Problems" sieht laut Arbeitsauftrag vor, innerhalb der sechs verschiedenen Gemälde neun versteckte Gesichter auszumachen. Allerdings ist der Arbeitsauftrag bewusst falsch formuliert, da sich innerhalb der sechs Gemälde insgesamt mehr als neun Gesichter finden lassen.

Jeder Schüler bearbeitet unter Zeitdruck beide Aufgaben zunächst in Einzelarbeit und notiert seine Ergebnisse auf ein Blatt Papier. Nach einer gewissen Zeit fordert der Lehrer/Trainer die Schüler auf, sich mit dem Banknachbarn bzw. Nebenmann in Partnerarbeit über die Ergebnisse auszutauschen und gemeinsam weiterzusuchen. Während des Austausches kommt es neben dem gegenseitigen Nennen der Ergebnisse vor allem darauf an, dass sich beide Partner wechselseitig jedes einzelne entdeckte gleichseitige Dreieck zeigen und sich beim „Neun-Gesichter-Problem" gegenseitig erläutern, wie viele Gesichter sie in den einzelnen Gemälden sehen sowie um welche Art von Gesicht es sich handelt. Anschließend finden sich die Schüler per Zufallsprinzip in 4er-Gruppen zusammen, tauschen ihre Ergebnisse aus und zeigen sich gegenseitig - analog zur Partnerarbeit - ihre gefundenen Dreiecke und Gesichter. Auch in dieser Phase der Übung ist der Austausch der Ergebnisse für den Erfolg der Übung sehr bedeutsam.

➥ Materialien:

Arbeitsblätter „Das verzwickte Dreieck" und „Neun-Gesichter-Problem" (siehe Anlage, S. 223-224), Heftstreifen, Notizpapier

➥ Hinweise:

a) Hinweise zur Vorbereitung

Es bietet sich an, die Arbeitsblätter zu laminieren oder in Klarsichthüllen bzw. Prospekthüllen (Typ: glasklar) zu stecken, da sie dann mehrmals verwendbar sind.

Die Bildung der 4er Zufallsgruppen kann problemlos und schnell über verschiedenfarbige Heftstreifen erfolgen, mit denen die beiden Arbeitsblätter zusammengehalten werden. Erforderlich sind dann beispielsweise bei 24 Schülern 24 Heftstreifen in sechs verschiedenen Farben, so dass jeweils vier Heftstreifen die gleiche

Farbe haben. Die Schüler mit vier gleichfarbigen Heftstreifen finden sich dann im Verlauf der Übung zu einer Gruppe zusammen.

b) Hinweise zur Durchführung

- Zu Beginn der Übung, also während der Einzelarbeit, ist es erforderlich, dass der Lehrer/Trainer eine Atmosphäre schafft, die der einer schulischen Prüfungssituation gleicht (verdeckte Ausgabe der Arbeitsblätter, Zeitvorgabe etc.) und gleichzeitig eine echte Still- bzw. Einzelarbeit erfolgt.
- Während der Partner- und Gruppenarbeit ist es vorteilhaft, wenn die Schüler die Aufgabe mit nur einem Set der beiden Arbeitsblätter bearbeiten und die übrigen Arbeitsblätter beiseite legen.
- Sinn dieser Übung ist es, dass die Schüler während der Partner- und vor allem der Gruppenarbeit zunehmend mehr gleichseitige Dreiecke und Gesichter entdecken und sich die Anspannung bzw. das Stressempfinden vieler beim Übergang von der Einzelarbeit zur Partnerarbeit bzw. Gruppenarbeit verringert. Der bewusst falsch formulierte Arbeitsauftrag beim „Neun-Gesichter-Problem" zielt darauf ab, den Effekt wachsender (Selbst-)Sicherheit in der Gruppe zu veranschaulichen. In der Regel erkennen einige Schüler ziemlich schnell, dass sich innerhalb des „Neun-Gesichter-Problems" tatsächlich mindestens zehn Gesichter finden lassen. Darauf machen diese auch den Lehrer/Trainer aufmerksam. Der Lehrer/Trainer jedoch versichert den Schülern, dass es sich tatsächlich nur um neun Gesichter handelt. Mit zunehmendem (Ergebnis-)Austausch erkennen jedoch immer mehr Schüler die zehn Gesichter. Die Sicherheit und das Selbstbewusstsein in der Gruppe steigen. Hinsichtlich dessen werden sich die Schüler nicht mehr so einfach mit dem falschen Hinweis des Lehrers/Trainers zufrieden geben. In der sich anschließenden Auswertung der Übung erläutert der Lehrer/Trainer, warum er den Arbeitsauftrag bewusst falsch formuliert hat.

➥ Lösungen:

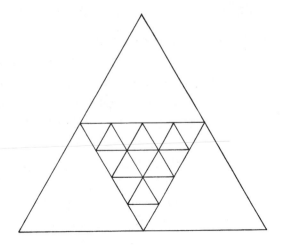

Das verzwickte Dreieck:
31 gleichseitige Dreiecke

Neun-Gesichter-Problem:
10 Gesichter

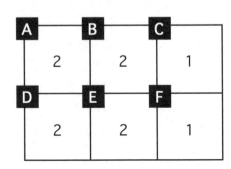

Quelle: McEwan, C.: in: Thomson, R. (1995):
Ich sehe was, was du nicht siehst, Abenteuer im Land der Illusion, S. 5

➥ Auswertung:

Die Schüler kommen zur Auswertung im Stuhlkreis zusammen. Der Lehrer/Trainer fragt die einzelnen Gruppen nach ihren Gruppenergebnissen, nennt die richtigen Lösungen und stellt folgende Reflexionsfragen:

Fragen:
1. Wie ging es dir mit der Übung?
2. Was sollte dir diese Übung verdeutlichen?
3. Wie hast du dich bei der Einzelarbeit gefühlt?
4. Konntest du einen Unterschied von der Einzelarbeit zur Partnerarbeit bzw. von der Partnerarbeit zur Gruppenarbeit feststellen?
5. Wer hat während der Übung einen Aha-Effekt erlebt? Mit Aha-Effekt meine ich, dass dir ein anderer Schüler zu deiner Verblüffung Dreiecke bzw. Gesichter gezeigt hat, die du vorher nicht selbst gesehen hast.
6. Welche Gruppe hat mehr als neun Gesichter gefunden?
7. Warst du bereits in der Einzelarbeit absolut sicher, dass mehr Gesichter in den Gemälden zu finden sind?
8. Wer von euch wurde zunehmend sicherer durch den Austausch mit anderen in der Gruppe?

➥ Hinweise zur Auswertung

Während der Reflexion sollte der Lehrer/Trainer mit eigenen Worten und mit Rücksicht auf die Aufnahmefähigkeit der Schüler die Synergieeffekte, welche die Schüler während der Übung erlebt bzw. erfahren haben, verdeutlichen und versuchen, sie in eine geordnete Struktur einzupassen. Als Ordnungsschema bieten sich die im Theorieteil angeführten Synergieeffekte bzw. Vorteile der Teamarbeit an (siehe Kapitel „Motivation - der Motor für effiziente Gruppenarbeit", S. 40), deren Erläuterung dem Leser als Anregung und Hintergrundwissen für die Reflexion der Übung dient. Ferner sollten mit den Schülern auch noch die dort angeführten Voraussetzungen für eine erfolgreiche Teamarbeit besprochen werden. (Siehe Kapitel „ Motivation – der Motor für effiziente Gruppenarbeit, S. 42) Dies kann aber auch vertiefend nach dem Training im Anschluss an eine schulische Gruppenarbeit erfolgen oder man verwendet die nachfolgende Übung

„Brain-Network" als zusätzlichen Baustein zur Erarbeitung der Voraussetzungen einer erfolgreichen Gruppenarbeit.

Brain-Network

➡ Ziele: - Kooperationsprozesse analysieren
             - die Gruppe als Informationspool erleben
             - die Entlastungsfunktion und das Helferprinzip der Gruppe bewusst erfahren

➡ Durchführung:

Der Lehrer/Trainer legt die Folie „Brain-Network" (siehe Anhang, S. 225) auf den Overheadprojektor, damit sich die Schüler die Gegenstände und Begriffe ins Gedächtnis einprägen können (dabei dürfen keine Notizen gemacht werden). Nach einigen Minuten wird die Folie vom Overheadprojektor genommen und die Schüler werden mit einer

beliebigen Nebensächlichkeit abgelenkt. Jetzt erstellt jeder Schüler auf einem Blatt Papier im Brainstormingverfahren eine Liste aller Begriffe, Gegenstände und Tiere, die er spontan reproduzieren kann, und vermerkt auch deren Anzahl. Anschließend fertigt jeder mit seinem Nebenmann eine gemeinsame Liste, die Anzahl des gemeinsamen Ergebnisses wird ebenfalls fixiert. Schließlich wird in 4er-Gruppen eine gemeinsame Gruppenliste verfasst und mit den Ergebnissen aus Einzel- und Partnerarbeit verglichen.

➡ Materialien:

Folie „Brain-Network" (siehe Anhang, S. 225), Notizpapier, Stifte

➡ Hinweise:

Es können auch reale Gegenstände auf einem Tisch gezeigt werden, die nach einer gewissen Zeit mit einem Tuch o.Ä. abgedeckt werden.

➡ Auswertung:

Vergleich der Ergebnisse von Einzelarbeit, Partnerarbeit und Gruppenarbeit. Kurze Diskussion im Plenum. Der Lehrer/Trainer hält Stichpunkte an der Tafel/Pinnwand o.Ä. fest.
(Diskussionsstichworte: Die Gruppe als Informationspool, Synergieeffekte bzw. Leistungsvorteile der Gruppe)

Heiteres Berufefinden

➡ Durchführung:

Die Schüler notieren sich zunächst in Einzelarbeit möglichst viele Berufe, die im Freien ausgeübt werden, auf ein Blatt Papier. Die Anzahl der gefundenen Berufe wird ebenfalls auf dem Papier vermerkt. Dann sucht sich jeder Schüler einen Partner und ergänzt die selbst gefundenen Berufe mit denen des anderen. Die gefundene Anzahl der Berufe wird wiederum auf dem Papier festgehalten. Anschließend bilden die Schüler 4er-Gruppen und fertigen eine gemeinsame Liste der gefundenen Berufe an.

➡ Materialien: Notizpapier, Stifte

➡ Auswertung:

Vergleich der Ergebnisse von Einzelarbeit, Partnerarbeit und Gruppenarbeit. Kurze Diskussion im Plenum. Der Lehrer/Trainer hält Stichpunkte an der Tafel/Pinnwand o.Ä. fest.
(Stichwort: Leistungsvorteile der Gruppe z. B. bei Aufgaben des Typus „Suchen")

Stuhltransport

➡ Ziele: - Kooperationsprozesse bewusst erleben, erfahren und analysieren
- bewusstes Erleben des Leistungsvorteils der Gruppe bei Aufgaben des Tragens und Hebens

➡ Durchführung:

Der Lehrer stellt acht Stühle an eine Stirnseite des Raumes und bittet einen Schüler, die acht Stühle von einer Seite des Raumes auf die andere zu transportieren. Ein weiterer Schüler stoppt die dazu benötigte Zeit. Dann wird dieselbe Aufgabe von fünf Schülern gemeinsam ausgeführt; die benötigte Zeit wird ebenfalls festgehalten.

➡ Materialien: acht Stühle oder viele Luftballons, Schreibpapier

➡ Auswertung:

Kurze Diskussion im Plenum. Die Ergebnisse werden vom Lehrer stichpunktartig an der Tafel/Pinnwand o.Ä. festgehalten.
(Stichworte: Leistungsvorteil der Gruppe bei Leistungen des Tragens und Hebens, Kräfteaddition, Synergieeffekte der Gruppe)

➡ Variante:

Kommen vorher in einem Kennenlernspiel Luftballons zum Einsatz, können diese anstelle der Stühle verwendet werden.

Wortkreation[14]

➡ Ziele: -   Verdeutlichung der Synergieeffekte: Die Gruppe als Info- und Kreativitätspool (Funktionierende Teams verfügen meist über mehr Lösungen, Ideen, etc.), Helferprinzip, Arbeitsteilung etc.

➡ Durchführung:

Die Schüler werden per Los in 3er-Gruppen und einige Einzelarbeiter aufgeteilt. Dann erhält jede Gruppe einen Satz Karteikarten o.Ä. Auf jeder Karteikarte befindet sich ein Buchstabe. Das gesamte Set der Karteikarten ergibt einen Begriff - beispielsweise *„Zusammenarbeit"* - den der Lehrer/Trainer vorgibt. Die Gruppen und Einzelarbeiter legen diesen Begriff mit Hilfe der Karteikarten auf den Tisch. Aufgabe der Gruppen und Einzelarbeiter ist es, innerhalb einer vorgegebenen Zeit (z. B. fünf Minuten) aus diesem Begriff so viele neue Begriffe zu bilden wie möglich (die Begriffe dürfen aus weniger Buchstaben bestehen als das Ausgangswort).

Um die Synergieeffekte deutlicher herauszuarbeiten, können nach einer gewissen Zeit die 3er-Gruppen zu 6er-Gruppen zusammenge-hen und ihre Ergebnisse zusammenwerfen, während die Einzelarbeiter auf sich gestellt weiterarbeiten.

Weitere mögliche Ausgangsbegriffe:
Hilfsbereitschaft, Rücksichtnahme, Klassengemeinschaft

➡ Materialien: Karteikarten

➡ Auswertung:

Die Ergebnisse von Gruppenarbeitern und Einzelarbeitern werden ver-glichen. In einer sich anschließenden Diskussions- bzw. Gesprächs-runde sollen sowohl Einzelkämpfer wie auch Gruppenarbeiter über ihre Erfahrungen, Einsichten und Empfindungen berichten und mit Hilfe des Lehrers/Trainers die Vorteile der Gruppenarbeit herausarbeiten.

➡ Variante:

Anstelle der Karteikarten werden die Buchstaben des Begriffs, z. B. „Zusammenarbeit" auf einem Wandplakat untereinandergeschrieben. Für jeden einzelnen Buchstaben sind nun weitere Assoziationen zu finden, die mit dem Begriff „Zusammenarbeit" in Verbindung stehen. Eventuell kann jeder Schüler ein Wörterbuch zum Suchen der Begrif-fe verwenden.

Z	usammenraufen
U	mgangsformen
S	ozialverhalten
A	nteilnahme
M	iteinander
M	oral
E	igeninitiative
N	achsicht
A	nstrengung
R	egeln
B	eteiligung
E	infühlungsvermögen
I	deenreichtum
T	oleranz

➥ Anmerkung:

Die Übungen „Brain-Network", „Heiteres Berufefinden", „Stuhl-transport" und „Wortkreation" sind als alternative Übungen zum „Verzwickten Dreieck" bzw. „Neun-Gesichter-Problem" zu verstehen. Jedoch sollte der Durchführung der letztgenannten Übungen Vor-rang eingeräumt werden, da sie den Schülern tiefergehendere bzw. intensivere Erfahrungen und Einsichten vermitteln.

2.   Werbeplakat: „Teamarbeit hat viele Vorteile"

➥ Ziele: - Ergebnissicherung
            - Visualisieren und Präsentieren üben

➥ Durchführung:

In 4er-Gruppen sollen die gemachten Erfahrungen, Erkenntnisse und Einsichten der vorhergegangenen Übungen nochmals aufgegriffen und in Form eines Plakates mit dem Titel „Teamarbeit hat viele Vorteile" visualisiert werden (hier können die Schüler auf die vom Lehrer/Trai-ner festgehaltenen Stichworte zurückgreifen). Dabei sind hinsicht-lich der kreativen Gestaltung keine Grenzen gesetzt, vielmehr sind möglichst witzige und originelle Einfälle gefragt.

Die Erarbeitung des Werbeplakates kann in folgendes Szenario ein-gebettet werden: Verschiedene Werbeagenturen (also die verschie-denen Schülergruppen) haben von der Schule XY den Auftrag erhal-ten, werbewirksame Plakate bezüglich der „Vorteile von Teamarbeit" zu entwerfen, die in der Aula bzw. den Fluren der Schule für Teamar-beit werben sollen. Bevor die einzelnen Werbeagenturen loslegen, ist es jedoch erforderlich, den Mitarbeitern einige Tipps hinsichtlich des Layouts nahezubringen (z.B. groß genug und leserlich schreiben, Druckbuchstaben verwenden, Infos stichwortartig auf den Punkt brin-gen, sich auf Wesentliches beschränken, Überschrift verwenden, Ver-anschaulichen und Hervorheben von Infos durch Bilder, Symbole etc.).

➥ Team-Präsentation:

Die erstellten Plakate werden im Plenum von den einzelnen Werbe-agenturen in einer Teampräsentation vorgestellt und erläutert. Im Anschluss können die Schüler über das schönste, witzigste, übersichtlichste etc. Plakat abstimmen. Die erarbeiteten Werbeplakate werden während der Trainingszeit im Arbeitsraum bzw. Klassenzimmer aufgehängt und im Anschluss an das Training an einer geeigneten Stelle in der Schule ausgestellt.

➥ Materialien:

Wachsmalstifte, dicke Filzstifte bzw. Moderationsstifte, Packpapier oder weiße Grundplakate (80 x 110 cm), Scheren, Klebstoff, evtl. buntes Papier

Phase 3:
Expedition ins Land der Kooperation
Gruppenprozesse bewusst erleben –
Kooperation üben

Motto: Aufbruch zur Veränderung

1. Vorbemerkungen und Organisatorisches

2. Baukasten: Warming up/Powerspiele

- Schau mir in die Augen
- Rücken an Rücken
- Sitzender Kreis
- Wandernde Reifen
- Atomspiel
- Fliegender Wechsel
- Gemeinsam aufstehen
- Tohuwabohu
- Der Sozialberg

3. Baukasten: Teamübungen

- Balltransport ohne Hände
- Das Hindernisfeld
- Gefahrentransport
- Rettung des verlorenen Juwels
- Kombinationsübung: Die Schlucht –
  Gletscherüberquerung – Kommunikationszone
- Das Spinnennetz
- 7 Menschen mit 5 Füßen
- Der Tisch
- Kooperativer Raub der Kronjuwelen

Phase 3:
Expedition ins Land der Kooperation
Gruppenprozesse bewusst erleben - Kooperation üben

Motto: Aufbruch zur Veränderung

1. Vorbemerkungen und Organisatorisches

„Team building" bedeutet, dem Schüler Hilfen an die Hand zu geben, ein positives Selbstkonzept aufzubauen, die Zusammenarbeit in der Gruppe zu üben, Vertrauen in die Gruppe zu gewinnen, gemeinsam Erfolg zu erleben, aber auch gemeinsam Misserfolge zu bewältigen. Im nachfolgenden Abschnitt werden nach dem Aufwärmen und Einstimmen verschiedene kooperative Übungen im Baukastensystem vorgestellt, die den sportlichen Aspekt von Kooperation ins Zentrum stellen. Dabei steht letztlich nicht das perfekte Lösen bzw. Abschließen der Aufgaben im Vordergrund; vielmehr geht es darum, dass die Schüler teamspezifische Verhaltensweisen in einer adäquaten Lernumgebung erproben und versuchen, sich konstruktiv und kooperativ in die Gruppe einzubringen. Daher ist es m. E. wichtig, im Vorfeld den Schülern in einem Gesprächskreis - neben der Schaffung von Verlaufstransparenz - nahezubringen, dass es sich hierbei nicht um einen Wettkampf handelt, der Sieger und Verlierer hervorbringt, sondern die gemeinsame Bewältigung verschiedener Aufgaben im Vordergrund steht. Den Schülern soll bewusst werden, dass es primär darum geht, sich gemeinsam einer Herausforderung zu stellen, persönlich sein Bestes zu geben, Ängste und Befürchtungen zu überwinden bzw. zu ihnen zu stehen, individuelle Stärken und Fähigkeiten zum Wohle anderer einzubringen sowie eigene Schwächen und die anderer zu erkennen, anzunehmen und zu tolerieren.

Glover und Midura[15] bieten den Schülern im Rahmen ihres „Team building"-Konzepts hinsichtlich des konstruktiven Umgangs miteinander eine Hilfestellung, indem sie Listen mit Ermutigungen wie „Das hast du sehr gut gemacht", „Weiter so" usw. verteilen. Darüber hinaus übernimmt ein Teammitglied die Rolle des „Ermutigers", dem die

Aufgabe zukommt, die Gruppe kontinuierlich positiv zu verstärken. Im vorliegenden Teamentwicklungsansatz soll ein derartiges Vorgehen der Entscheidung des jeweiligen Lehrers/Trainers überlassen bleiben. Jedoch sollte im Rahmen des einleitenden Gesprächskreises unbedingt die verletzende und letztlich ausschließende Wirkung negativer Bemerkungen („put-downs") mit den Schülern diskutiert werden. Anschließend wird die Klasse per Los in vier Gruppen eingeteilt, wobei eine Gruppenstärke zwischen 7 - 9 Gruppenmitgliedern als optimal gilt. Dann soll sich jedes Team einen Namen geben. Hier sollte der Lehrer/Trainer darauf achten, dass die Gruppen Namen positiven Inhalts wählen.

Die vorliegenden Übungen bewegen sich im Konzeptbereich des „Outdoor"-Trainings, des „lifetime sports" und der Erlebnispädagogik, in welchem Gruppen aufgrund von Grenzüberschreitungen „zusammengeschweißt" und Team-Ressourcen optimiert werden. Die nachfolgend beschriebenen Trainingsbausteine integrieren Elemente dieser Konzepte in ein schülergemäßes „Indoor"-Konzept.

Da einige der Übungen (siehe Baukasten: Teamübungen, S. 104) die Schüler in physischer wie psychischer Hinsicht fordern, soll kurz erläutert werden, wie motorisch weniger versierte bzw. korpulente oder auch schüchterne und zunächst zurückhaltende Gruppenmitglieder in das Team integriert werden können, ohne ausgeschlossen oder diskriminiert zu werden. Um hier Abhilfe zu schaffen, bestimmen die Gruppen vor jeder Übung einen „Organisator" (bei jeder Übung wird der Organisator neu bestimmt, wenngleich mehrmals dieselbe Person gewählt werden kann). Dem „Organisator" ist bei bestimmten Übungen freigestellt, ob er sich aktiv an der Ausführung beteiligt. Jedoch ist er verpflichtet, während der Übungen tatkräftig und engagiert Hilfestellung zu leisten. Darüber hinaus ist er dafür verantwortlich, vor jeder Übung den anderen Gruppenmitgliedern die korrekte Ausführung der Übung und deren spezielle Regeln zu erläutern. Er erhält unmittelbar vor jeder Übung vom Lehrer/Trainer eine Organisations-, Fragen- und Auswertungskarte (siehe Anhang, S. 226 ff). Die Verwendung der ersten beiden Karten ist ein zentraler Teil jeder Übung, da sie für die Gruppe eine wichtige Informationsquelle über die Anforderungen der jeweiligen Aufgabe darstellen. Die Organi-

sationskarte enthält Informationen über das Equipment, die Start-
position, die Aufgabe und die Regeln. Mit Hilfe dieser Karte soll der
„Organisator" den anderen Gruppenmitgliedern den organisatorischen
Ablauf der Übung erläutern. Auf der Fragenkarte findet er eine Reihe
von Fragen, die er im Anschluss an seine Erläuterungen der Gruppe
zu stellen hat. Die Gruppe darf erst mit der Übung beginnen, sobald
sie die Fragen des „Organisators" korrekt beantworten kann. Gibt es
Unklarheiten oder Probleme in der Gruppe, ist nur der „Organisator"
autorisiert, den Lehrer/Trainer zu kontaktieren; ansonsten sollen die
Schüler die an sie gestellten Herausforderungen weitgehendst selbständig bewältigen. Damit der „Organisator" für den Lehrer/Trainer
jederzeit erkennbar ist, bietet es sich an, bei jeder Übung eine Schirm-
mütze für ihn bereitzulegen.[16] Natürlich interveniert der Lehrer/Trai-
ner, sobald Gefahr droht, oder gibt Tipps (siehe die Lösungsansätze
der jeweiligen Übungen), falls eine Gruppe nach längerem Probieren
überhaupt nicht mit der gestellten Aufgabe zu Rande kommen sollte. Am Ende jeder Übung beantwortet die Gruppe gemeinsam mit
dem „Organisator" als Schriftführer die Fragen der Reflexionskarte,
die dann ausgefüllt dem Lehrer/Trainer übergeben wird. Abschließend finden sich alle Gruppen wieder im Gesprächskreis zusammen.
In einer lockeren Runde sollen sich die Schüler kurz dazu äußern,
welche Übung ihnen besonders gut bzw. nicht gefallen hat, wie sie
mit den Übungen zurechtgekommen sind und wie die Zusammenarbeit funktioniert hat.

Da die räumliche Ausstattung und das Sport-Equipment von Schullandheimen sowie Schulturnhallen unterschiedlich sind und außerdem
nicht alle Klassen denselben Entwicklungsstand aufweisen, werden
im folgenden Abschnitt nach dem „warming up" verschiedene Übungen in Form von Bausteinen vorgestellt, die sowohl im Equipment
wie auch im Schwierigkeitsgrad variieren. Aus diesem Baukastensystem sind vier bzw. fünf geeignete Übungen vom Lehrer/Trainer zusammenzustellen. Nachdem die Klasse in drei oder vier Untergrup-
pen per Los aufgeteilt wurde, beginnen alle Gruppen gleichzeitig an
verschiedenen „Baustellen" mit der Übungsausführung. Sobald sie
eine Übung erfolgreich absolviert haben, suchen sie sich ein freies
Übungsarrangement. Um Leerläufe zu vermeiden, sollte z. B. bei drei

Schülergruppen ein vierter Übungsbaustein zur Verfügung stehen. Bevor die Gruppen mit der Übungsausführung beginnen, ist es erforderlich, den Schülern die Aufgabenstellung, die organisatorischen Rahmenbedingungen sowie die erforderlichen Sicherheitshinweise eines jeden einzelnen Übungsbausteins zu erläutern.

Bei der Auswahl der Übungen wurde besonders darauf geachtet, dass sich das Risiko der Verletzungsgefahr im Rahmen des schulischen Sportunterrichts bewegt. Bei den Beschreibungen der einzelnen Übungen finden sich auch spezielle Hinweise bezüglich der zu treffenden Sicherheitsvorkehrungen. Um das Verletzungsrisiko möglichst gering zu halten, sollte auf Zeitvorgaben unbedingt verzichtet werden (eine Ausnahme bildet die Übung „Hindernisfeld", die unter Zeitdruck stattfindet). Letztlich bleibt die Verantwortung für die Übungen, Ideen und Bewegungsformen beim Lehrer/Trainer. Er muss mit Blick auf seine Klasse entscheiden, ob eine Übung durchführbar ist oder verändert werden muss. Die Umsetzung von Schülerideen, die eine erhöhte Verletzungsgefahr mit sich bringen, ist sofort zu unterbinden.

Damit wären die organisatorischen Rahmenbedingungen abgesteckt. Bei der Durchführung der folgenden Trainingseinheit hoffe ich, dass folgender Gedanke von Glover und Midura[17] zum Tragen kommt: „One of the most important success experiences all students have a right to achieve is fun. Students should have fun through play, leave the gym with smiles, and look forward to coming back for more fun."

2.   Baukasten: Warming up/Powerspiele

Ziele: - allgemeine körperliche Aufwärmung
            - Teilnehmer aktivieren
            - Hemmungen bzw. Berührungsängste abbauen
            - Kontakt bzw. Körperkontakt herstellen
            - positive Atmosphäre schaffen
            - Kooperation und Abstimmung mit den
               Spielpartnern schulen
            - Rücksichtnahme, Hilfsbereitschaft und
               Teamgeist anbahnen

Schau mir in die Augen[18]

➥ Durchführung:

Teil 1:

Die Schüler stellen sich im Innenstirnkreis auf und schweigen. Der Spielleiter nimmt zu einem Teilnehmer A Blickkontakt auf, hält den Blickkontakt und läuft direkt auf Teilnehmer A zu.

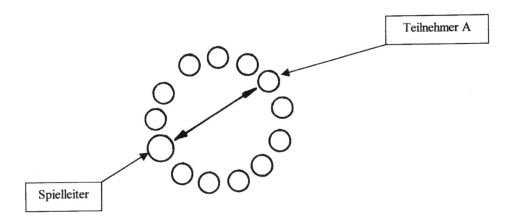

Sobald der vom Spielleiter fixierte Teilnehmer A sich sicher ist, dass der Blickkontakt ihm gilt, nimmt A zu einem anderen Teilnehmer B des Kreises Blickkontakt auf, hält den Blickkontakt und läuft ebenfalls direkt auf Teilnehmer B zu, so dass der Spielleiter jetzt den Platz des Teilnehmers A einnehmen kann.

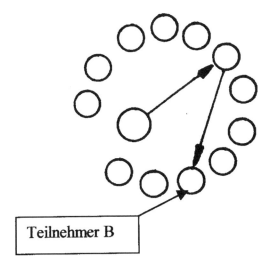

Sobald Teilnehmer B sicher ist, dass Teilnehmer A ihn in den Blick genommen hat, nimmt er zu einem beliebigen Teilnehmer C Blickkontakt auf und läuft auf diesen zu. Sobald Teilnehmer C sich des Blickes sicher ist, sucht er sich wiederum eine Person D, nimmt Blickkontakt zu ihr auf und läuft ebenfalls auf diese zu, so dass Person B den Platz von Teilnehmer C einnehmen kann usw. Diese Prozedur wird eine Zeitlang fortgeführt. In dieser Phase des Spiels ist also immer nur eine Person im Kreis unterwegs.

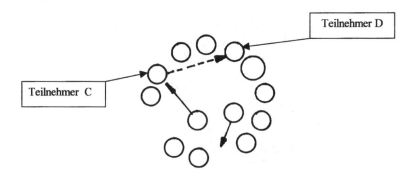

Um mehr Personen einzubinden, läuft der Spielleiter plötzlich los, obwohl keine andere Person mit ihm Blickkontakt aufgenommen hat, und löst eine zweite Welle an Blickkontakt haltenden Personen aus, die nach dem oben beschriebenen Procedere fortfahren (d.h. jetzt sind immer gleichzeitig zwei Personen im Kreis unterwegs). Nach einer gewissen Zeit läuft der Spielleiter immer häufiger unaufgefordert und den Blickkontakt mit einer Person im Kreis aufnehmend los, so dass zunehmend mehr Personen im Kreis unterwegs sind. Dies wird gesteigert, bis ein heilloses Durcheinander entsteht und sich der Kreis lachend auflöst.

Teil 2:

Innerhalb der Turnhalle wird das Handlungsfeld auf eine nicht zu große Fläche eingegrenzt. Die Teilnehmer laufen innerhalb dieses abgegrenzten Bereiches kreuz und quer durcheinander. Auf ein Signal des Spielleiters sucht sich jeder Teilnehmer so schnell wie möglich einen Partner und nimmt mit diesem Blickkontakt auf. Beide Partner laufen jetzt, den Blickkontakt permanent haltend, im abgegrenzten Raum umher und experimentieren dabei mit den beiden Spannungspolen

„Führen" und „Geführt werden". Auf ein weiteres Signal des Spielleiters lösen die Paare den Blickkontakt und laufen wieder, jeder für sich alleine, kreuz und quer umher. Sobald erneut das Signal des Spielleiters erfolgt, finden sich neue Partner zusammen, nehmen Blickkontakt auf und laufen gemeinsam wie oben beschrieben weiter.

Teil 3:

Die Teilnehmer suchen sich einen Partner und stellen sich in etwa einem Meter Abstand einander zugewandt auf. Jedes Paar versucht nun, sich gedanklich vorzustellen, dass jeder durch ein Seil bzw. eine Stange mit dem Bauchnabel des Partners verbunden ist. Sobald diese Verbindung gedanklich hergestellt wurde, nehmen die beiden Partner Blickkontakt auf, halten diesen aufrecht und laufen gemeinsam durch den Raum. Dabei müssen sie versuchen, den Abstand beizubehalten, da sie ja durch ein Seil bzw. eine Stange verbunden sind. Andere Paare können auch wegen des Seils bzw. der Stange nicht einfach durch das gedankliche Seil hindurchlaufen.

➡ Hinweise:

Der Spielleiter sollte darauf achten, dass die Schüler rücksichtsvoll gehen und nicht wild umherrennen (Vermeidung von Stürzen!). Sollte die Partnerwahl nicht aufgehen, kann der partnerlose Schüler die Signalgebung übernehmen.
Im Anschluss an die Übung bietet es sich an, mit den Schülern kurz zu diskutieren, wie wichtig der Blickkontakt im Gesprächsverhalten ist und wie schwer uns dieser Blickkontakt im Gespräch häufig fällt. Um Missverständnisse zu vermeiden, müssen die Schüler unbedingt darauf hingewiesen werden, dass ein starres Fixieren des Kommunikationspartners, das in der Übung nur zu Übungszwecken erfolgte, beim alltäglichen Gesprächspartner eher negative Empfindungen auslöst.

Rücken an Rücken

➡ Durchführung:

Jeder Schüler sucht sich einen Partner. Die Partner stellen sich Rücken an Rücken zueinander auf und stellen das Sprechen ein. Auf ein Kommando des Spielleiters versuchen die Partner gemeinsam zu gehen. Eine Absprache der Partner, wer zuerst losgeht und in welche

Richtung, sollte nicht erfolgen. Auf ein weiteres Kommando des Spielleiters erfolgt ein Richtungswechsel.

➡ Hinweise:

Der Spielleiter sollte darauf achten, dass die Partner nicht die Arme
einhängen, sondern sie während der Übungsausführung einfach locker hängen lassen. Beim Gehen sollte zwischen den Rücken der Partner ein leichter Körperkontakt bestehen. Ferner ist den Schülern zu
verdeutlichen, dass es sich bei dieser Übung um eine Kooperations-
aufgabe handelt und nicht um einen Wettbewerb.

Sitzender Kreis[19]

➡ Durchführung:

Die Gruppe formiert sich zu einem Kreis, so dass die rechte Schulter
der einzelnen Teilnehmer zum Kreismittelpunkt zeigt (Flankenkreis).
Damit die Übung gelingt, muss jeder Teilnehmer des Kreises seinen
Vordermann und Hintermann leicht berühren. Jetzt fasst jeder Teilnehmer den Vordermann an den Hüften. Auf ein Signal hin gehen alle
gleichzeitig in die Knie und setzen sich auf die Knie des jeweiligen
Hintermannes. Falls die Klasse keine größeren Schwierigkeiten mit
der Übung hat, können folgende Varianten ausprobiert werden:

Variante 1: Alle lehnen den Oberkörper leicht nach innen und heben das linke Bein.

Variante 2: Die Gruppe versucht, sitzend vorwärts zu gehen. Dies funktioniert aber nur, wenn die Form des Kreises beibehalten wird.

➡ Hinweise:

Die Übung gelingt nur dann, wenn jeder Teilnehmer beim Versuch sich zu setzen die eigenen Knie so weit zusammenhält, dass sich der Vordermann auch darauf setzen kann.

Wandernde Reifen[20]

➡ Durchführung:

Die Klasse wird in Gruppen aufgeteilt (Gruppengröße: 8 - 12 Personen). Die Spieler einer jeden Gruppe stellen sich im Kreis mit Blick zur Kreismitte auf (Innenstirnkreis) und fassen sich an den Händen. Gleich darauf lassen sie die Hände wieder los und benachbarte Spieler fassen sich durch einen Gymnastikreifen hindurch erneut an den Händen, so dass die Gymnastikreifen um die Hände der Spieler hängen. Nun sollen die Gymnastikreifen im Kreis wandern, ohne dass die Kreispartner die Hände lösen.

➥ Materialien:

Gymnastikreifen (groß); man benötigt so viele Gymnastikreifen wie Personen teilnehmen

Atomspiel[21]

➥ Durchführung:

Alle Schüler laufen in der Halle umher. Sobald der Lehrer/Trainer eine Zahl ruft, bilden sich jeweils Laufgruppen, deren Teilnehmerzahl der genannten Zahl entspricht. Sobald sich die Gruppen zusammengefunden haben, lösen sie sich wieder auf und jeder läuft alleine weiter, bis eine neue Zahl genannt wird.

➥ Variante:[22]

Die Gruppen können auch nach anderen Gesichtspunkten gebildet werden: Alle mit demselben Anfangsbuchstaben des Vornamens, mit dem gleichen Geburtsmonat, mit gleicher Größe usw. bilden eine Gruppe.

Fliegender Wechsel[23]

➥ Durchführung:

Die Schüler finden sich in Gruppen mit 4 - 5 Teilnehmern zusammen. Jede Gruppe läuft in der Halle umher. Zwei Schüler pendeln zwischen den einzelnen Gruppen und geben jeweils einzelnen Personen aus den Gruppen die Anweisung, sich einer anderen Gruppe anzuschließen, indem sie den Vornamen des Läufers nennen.

➥ Hinweise:

Bei den Übungen „Fliegender Wechsel" und „Atomspiel" ist die Lauffläche so zu begrenzen, dass kein Schüler sich an den Aufbauten in der Turnhalle verletzen kann.

Gemeinsam aufstehen[24]

➡ Durchführung:

Etwa gleich große Schüler finden sich zu Paaren zusammen. Beide setzen sich mit dem Gesicht zueinander auf den Boden, winkeln die Knie leicht an, fassen sich an den Händen und drücken die Fußsohlen bzw. Fußspitzen aneinander. Jetzt sollen beide versuchen, sich gegenseitig hochzuziehen. Falls die Schüler bei der Ausführung keine größeren Schwierigkeiten haben, können vier Schüler versuchen, die Übung gemeinsam durchzuführen.

Dann werden Gruppen von circa 6 - 12 Teilnehmern gebildet. Diese versuchen, sich aus der Kreisaufstellung mit gefassten Händen (Gesicht zeigt nach innen) gemeinsam niederzusetzen und wieder aufzustehen, ohne dabei die Hände zu lösen. Anschließend probiert die Gruppe, in einem engen Außenstirnkreis mit eingehakten Armen die Übung auszuführen.

Tohuwabohu[25]

➥ Durchführung:

Die Schüler stellen sich hintereinander in einer Reihe auf. Auf ein Kommando des Spielleiters reicht der Erste der Reihe Gegenstände, die vor seinen Füßen liegen, nach hinten über seinen Kopf hinweg weiter. Der Zweite übergibt die Gegenstände ebenfalls über den Kopf an den Dritten und so fort. Sobald ein Gegenstand beim letzten Spieler ankommt, reicht er ihn durch die Beine seines Vordermannes nach vorne weiter. Dies wird fortgeführt, so dass wieder alle Gegenstände beim ersten Spieler ankommen.

➥ Materialien: 20 beliebige Gegenstände

➥ Hinweise:

Dass bei dieser Übung irgendwann Gegenstände gleichzeitig über dem Kopf und durch die Beine weitergegeben werden müssen, ist kein leichtes Unterfangen. Damit das Chaos nicht zu groß wird, sollte der erste Spieler die Gegenstände einzeln und nicht zu schnell nach hinten weitergeben. Absolut lustig wird die Übung dann, wenn die Teilnehmer die Gegenstände vorher nicht sehen können (einen Sack nehmen) und einige ungewöhnliche Gegenstände verwendet werden (z.B. Schwimmflossen, Plastikspinnen, Gummihühner etc.). Besonders amüsant ist es, wenn bei dieser Übung auch einige wenige sperrige Gegenstände (z.B. Schwimmnudeln etc.) zum Einsatz kommen.

Der Sozialberg[26]

➥ Durchführung:

In einer Turnhallenhälfte werden sechs Niedersprungmatten verteilt. Die Schüler bewegen sich (hüpfen, laufen, joggen usw.) um die Matten. Auf ein Signal des Lehrers/Trainers verteilen sich die Schüler auf den Matten. Jetzt wird nach jedem Durchgang eine Matte entfernt, so dass der zur Verfügung stehende Raum immer enger wird. Beim letzten Durchgang, bei dem nur noch eine Matte zur Verfügung steht, sollen die Schüler nicht auf die Matte stürmen, sondern innehalten (2 Minuten Bedenkzeit einräumen!) und sich gemeinsam eine Strategie überlegen. Die Klasse soll es nämlich schaffen, 10 Sekunden auf der

letzten Matte ohne Kontakt zum Boden zu stehen. Dabei müssen alle eng zusammenrücken, kreative Ideen einbringen und sich gegenseitig helfen, sichern und unterstützen.

➥ Materialien:
6 Niedersprungmatten

3. Baukasten: Teamübungen

➡ Vorbemerkungen

Mit den nachfolgenden Übungen ist es möglich, ein handlungs-
orientiertes Übungs- bzw. Lernfeld für Jugendliche und Erwachsene
zu schaffen, in welchem Gruppenprozesse bewusst erlebt und kooperative Verhaltensweisen spielerisch erprobt werden können. Darüber hinaus bieten die Übungsarrangements die Chance, den Teilnehmern durch „learning by doing" zu verdeutlichen, dass die Bewältigung komplexer Aufgaben im Team eine kognitive Planungsphase
bzw. Phase der Strategieentwicklung voraussetzt und dies gleicher-
maßen für den schulischen Gruppenunterricht und insbesondere für
die schulische Projektarbeit gilt. Daher sollte es nicht versäumt werden, diesen Transfer herzustellen. Projektteams sind dann erfolgreich, wenn die Gruppenmitglieder im Vorfeld eine gemeinsame realistische bzw. umsetzbare Vorgehensstrategie entwickeln, einen
Arbeitsschritteplan erarbeiten, Aufgabenrollen mit Blick auf ihre eigenen Fähigkeiten verteilen etc. Da jedoch viele Schülergruppen dazu
neigen, komplexe Aufgabenstellungen nach dem Trial-and-Error-Prinzip
zu bewältigen, sind die Schüler darauf hinzuweisen, dass sie anfangs
bei jeder einzelnen Übung gemeinsam eine konsensfähige Lösungs-
strategie entwickeln müssen. Um in dieser Phase ein Trial-and-Error-
Vorgehen zu verhindern, dürfen die Schüler das für die Übung erforderliche Equipment erst kontaktieren, sobald sie sich gemeinsam auf
eine erfolgversprechende Strategie geeinigt haben. Erst dann beginnt die Phase der praktischen Erprobung, in der die gefundene Strategie optimiert und unter Umständen auch wieder verworfen werden
kann. Nachdem alle Übungen bewältigt wurden, bietet es sich in einer abschließenden Gesprächsrunde an, den Transfer zur schulischen
Projektarbeit bzw. zum Gruppenunterricht herzustellen. Weitere wichtige Hinweise finden sich im Kapitel „Vorbemerkungen und Organisa-
torisches (S. 91-94).

Balltransport ohne Hände[27]

➡ Ziele: - Kooperation und kreatives Problemlösen üben
  - (kognitive) Strategien entwickeln
  - Gruppenkohäsion erhöhen
  - konstruktiv miteinander kommunizieren
  - fördernde und hemmende Bedingungsfaktoren für eine offene und kreative Arbeitsatmosphäre während der Arbeit in Gruppen analysieren

➡ Durchführung:

Aufgabe der Gruppe ist es, fünf verschiedene Strategien zu entwickeln und zu erproben, die es ermöglichen, einen Gymnastikball über eine Distanz von etwa 6 m zu transportieren. Während der Übungsausführung darf der Ball jedoch nicht mit den Händen berührt werden und gleichzeitig kein Ballkontakt mit dem Boden erfolgen.
Sobald eine Strategie fehlschlägt, also ein Ballkontakt mit den Händen bzw. dem Boden stattfindet, muss die Strategie optimiert werden.

➡ Regeln und Regelverletzungen:

- Der Ball muss auf fünf verschiedene Arten von einem Autoreifen zum anderen Autoreifen transportiert werden.
- Dabei darf der Ball nicht
  - mit den Händen und Armen berührt werden
  - den Boden berühren
  - geworfen werden.
- Auch die Autoreifen dürfen nicht berührt werden.
- Es dürfen keine anderen Hilfsgegenstände als die Körper der Teilnehmer zum Einsatz kommen.
- Alle Gruppenmitglieder müssen am Transport beteiligt sein.
- Negative Äußerungen anderen Gruppenmitgliedern gegenüber („put-downs") sind nicht gestattet.
- Vorab ist ein Plan zu entwickeln; hierbei darf der Ball nicht zur Hilfe genommen werden (sobald ihr eine Lösung gefunden habt, könnt ihr sie mit dem Ball ausprobieren).
- Bei Verstößen gegen die obigen Regeln beginnt die Übung von vorne.

➡ Materialien:

1 Gymnastikball (mind. 65 cm Durchmesser), 2 ausgediente Autoreifen (die Autoreifen dienen nur zur Fixierung des Gymnastikballs),
Organisations-, Fragen- und Auswertungskarte (siehe Anhang, S. 226-
228).

➥ Mögliche Lösungsansätze:

Diese Aufgabe kann auf unterschiedlichste Art und Weise bewältigt werden. Hier sollen nur beispielhaft einige Lösungen skizziert werden:

- Die Teilnehmer platzieren sich im Kreis um den Ball und versuchen, gemeinsam mit Hüfte, Rücken oder Bauch den Ball anzuheben und zu transportieren.
- Die Teilnehmer bilden am Boden liegend eine Gasse und zwei Teilnehmer rollen den Ball, nur mit dem Bauch berührend, über die Gasse hinweg.
- Ein oder zwei Gruppenmitglieder transportieren den Ball im Vierfüßlerstand auf dem Rücken, die übrigen Gruppenmitglieder stabilisieren den Ball mit ihrem Körper.

➥ Hinweise:

Manche Gruppen kommen auf die Idee, den Ball zuerst mit den Köpfen, dann mit den Rücken und anschließend mit den Oberschenkeln zu transportieren. Gelingt ihnen dies relativ leicht, kann man sie darauf hinweisen, dass sich die Strategien auch in der Art und Weise des Transportes unterscheiden sollen.

➥ Varianten:

Der Schwierigkeitsgrad der Übung kann über die Anzahl der verschiedenen Strategien gesenkt und gesteigert werden. Ferner können zusätzlich ungefährliche Hindernisse eingebaut werden.

➥ Stichworte zur Auswertung:

- Offenheit und Kreativität als Voraussetzung für eine erfolgreiche Teamarbeit
- Fördernde und hemmende Bedingungsfaktoren für eine offene und kreative Arbeitsatmosphäre während der Gruppenarbeit
- Wirkungen von Killerphrasen auf kreative und problemlösende Prozesse

Siehe die Auswertungskarte der Übung im Anhang, S. 228.

Das Hindernisfeld[28]

➡ Ziele: - erkennen, wie wichtig die Fundamentalbedingungen der Kommunikation „präzises Formulieren" und „konzentriertes Zuhören" sind

- bewusst erleben, wie schwer es ist, sich präzise auszudrücken und dem Gesprächspartner konzentriert zuzuhören

- Sensibilisierung für Grenzen des eigenen Sprach- und Hörvermögens

- sich auf den bzw. die anderen einlassen, einander vertrauen

➡ Übungsaufbau:

Auf eine ausgerollte Bodenturnmatte werden beliebige unterschiedliche Kleinteile (z. B. Vampirgebisse, Softbälle, halbierte Tennisbälle) verteilt. Steht keine Bodenturnmatte zur Verfügung, kann die Fläche auch mit einem auf dem Boden befestigten Baustellenmarkierungsband, Seilen o.Ä. begrenzt werden (ca. 1,5 m Breite und 4 m Länge).

➡ Durchführung:

Jedes Gruppenmitglied muss das Hindernisfeld unter Zeitdruck, also so schnell wie möglich, durchqueren; allerdings hat die Übung einen kleinen Haken, denn die Personen, die sich im Hindernisfeld bewegen, tragen eine Augenbinde. Diejenigen Gruppenmitglieder, die keine Augenbinde tragen, dürfen sich nur außerhalb des Hindernisfeldes bewegen, z. B. an den Seitenlinien. Sobald ein Gruppenmitglied das Hindernisfeld betritt, wird eine Stoppuhr in Gang gesetzt und erst wieder gestoppt, wenn alle Gruppenmitglieder das Hindernisfeld durchlaufen haben. Die Teilnehmer ohne Augenbinde, die sich an den Seitenlinien befinden, dürfen nur verbal Hilfestellung leisten, indem sie die „Blinden" mit möglichst präzisen Anweisungen durch das Hindernisfeld lotsen. Dabei dürfen die „Blinden" von den „Sehenden" nicht berührt werden (Ausnahme: ein „Blinder" verliert das Gleichgewicht). Tritt ein Gruppenmitglied auf ein Hindernis, darf es erst weitergehen, nachdem es laut und im normalen Sprechtempo von 1 bis 30 gezählt hat.

Anmerkung:

Die Gruppe soll sich vorab einen Namen geben, z. B. „Die phantastischen Acht", und diesen Namen sowie die gebrauchte Zeit für die Durchquerung auf der Organisationskarte vermerken. Ferner sollen die Gruppenmitglieder vor der Durchquerung des Hindernisfeldes eine Strategie entwickeln, die es ermöglicht, die Übung möglichst schnell zu absolvieren.

➡ Regeln und Regelverletzungen:

- Die ganze Gruppe muss so schnell wie möglich das Feld durchqueren (dabei müssen alle Gruppenmitglieder durch das Hindernisfeld).
- Die Stoppuhr wird erst in Gang gesetzt, nachdem sich die Gruppenmitglieder auf einen Plan geeinigt haben und das erste Gruppenmitglied das Hindernisfeld betritt.
- Die Zeit wird erst wieder gestoppt, wenn alle das Hindernisfeld durchquert haben.
- Die Teilnehmer, die sich im Feld bewegen, müssen einen Augenschutz tragen, durch den sie nichts sehen dürfen; ohne Augenbinde darf keiner das Hindernisfeld betreten.

- Tritt jemand auf ein Hindernis, muss er an Ort und Stelle stehen bleiben und laut bis 30 zählen.
- Es dürfen sich mehrere Gruppenmitglieder gleichzeitig im Feld bewegen.
- Es ist erlaubt, von den Seiten des Hindernisfeldes helfende Kommandos zu geben; die Teilnehmer im Feld dürfen nur im Falle eines Gleichgewichtsverlustes berührt werden.
- Der Organisator beteiligt sich aktiv an der Übung!

➥ Materialien:

1 Bodenturnmatte bzw. Krepp- oder Baustellenmarkierungsband zur Markierung des Hindernisfeldes, ausreichend Kleinteile; geeignet sind auch gebrauchte Tennisbälle, die man in großer Zahl und kostenlos bei Tennisvereinen erhält (die Tennisbälle sollte man halbieren, damit sie nicht wegrollen können); Organisations-, Fragen- und Auswertungskarte (siehe Anhang, S. 229-232)

➥ Lösungsansätze:

Die am wenigsten erfolgversprechendste Lösung ist sicherlich, wenn alle Gruppenmitglieder gleichzeitig die Augenbinden aufsetzen und versuchen, jeder auf sich gestellt, blind durch das Hindernisfeld zu gelangen. Schneller geht es natürlich, wenn sich die Gruppenmitglieder zu Paaren aufteilen, einer der Partner sich die Augen verbindet und der andere ihn mit verbalen Anweisungen durch das Hindernisfeld „lotst". Ferner kann Zeit eingespart werden, wenn die jeweiligen Paare in kurzem zeitlichen Abstand das Hindernisfeld durchqueren. Darüber hinaus, und das ist auch der tiefere Sinn der Übung, können die Schüler umso mehr Zeit sparen, je präziser der „Sender" seine Richtungsanweisungen formuliert und je konzentrierter der „Empfänger" im Hindernisfeld zuhört.

➥ Hinweise:

Die Übung eignet sich hervorragend, um den Schülern die Bedeutung des konzentrierten bzw. aktiven Zuhörens und des präzisen Formulierens zu verdeutlichen.

➥ Sicherheitshinweise:

Im Hindernisfeld sollten keine spitzen Kleinteile verwendet werden. Ferner ist für den Fall eines Sturzes zwischen dem Hindernisfeld und den Mauern der Halle ein gewisser Sicherheitsabstand einzuhalten. (Anm. d. Verf.: Bei keinem unserer zahlreichen Trainings ist es jemals zu einem Sturz gekommen.) Auch sind die Schüler vor der Übungsausführung darauf hinzuweisen, dass sie im Falle eines Gleichgewichtsverlustes bzw. Sturzes eines Schülers Hilfestellung leisten müssen.

➡ Stichworte zur Auswertung:
• Bedeutung des konzentrierten bzw. aktiven Zuhörens
• einander vertrauen und sich auf den anderen bzw. andere verlassen können

Siehe die Auswertungskarte der Übung im Anhang, S. 232

Gefahrentransport[29]

➡ Ziele: - Kooperation üben
  - Gruppenatmosphäre verbessern und -kohäsion erhöhen
  - konstruktiv miteinander kommunizieren
  - Geschicklichkeit schulen

➡ Durchführung:
Die Gruppe stellt sich im Kreis um den Gefahrentransportbehälter auf (dies ist ein Eimer, an welchem zahlreiche Schnüre befestigt sind).

Mittels konstruktiver Zusammenarbeit sollen die Schüler, an den Schnüren ziehend, den mit Styropor-Füllmaterial (Giftmaterial) gefüllten Transporteimer vom Ausgangspunkt zu einem circa drei Meter entfernten Sicherheitsbehälter transportieren. Indem die Schüler geschickt an den Seilen ziehen, soll das „Giftmaterial" des Transporteimers in den Sicherheitsbehälter umgefüllt werden. Die Gruppe bestimmt vorab einen Gefahrentransport-Experten, dem die Aufgabe zukommt, das während der Ausführung der Übung auf den Boden gefallene Material wieder in den Transporteimer zurückzulegen. Jedoch ist der direkte Kontakt mit dem vergifteten Material gefährlich, so dass der Gefahrentransport-Experte einen Augenschutz benötigt und das Material nur mit speziellen Werkzeugen (Besen und Schaufel) kontaktieren darf. Folglich trägt er, sobald er als Gefahrentransport-Experte aktiv wird, eine Augenbinde und muss unter Anleitung der anderen Gruppenmitglieder die Materialien mit den vorgesehenen Hilfswerkzeugen in den Transporteimer füllen. Solange kein vergiftetes Material verloren geht, nimmt der Gefahrentransport-Experte wie alle anderen Gruppenmitglieder am Transport und der Umfüllaktion teil; die Augenbinde setzt er nur dann auf, wenn Material verschüttet wird.

➡ Regeln und Regelverletzungen:

- Die Seile dürfen nur an den Seilenden angefasst werden.
- Nur der Gefahrentransport-Experte darf mittels der Hilfswerkzeuge das aus dem Transporteimer gefallene Material in diesen zurückfüllen; dabei muss er eine Augenbinde tragen. Die anderen Gruppenmitglieder sind angehalten, ihm dabei verbal Hilfestellung zu leisten.
- Der Eimer darf während der Übung nicht abgestellt werden. (Sollte sich die Übung für die Schüler als zu schwierig erweisen, kann von dieser Regel abgesehen werden.)
- Bei Regelverletzungen muss die Gruppe zum Ausgangspunkt zurück und erneut beginnen.
- Die Übung ist ferner von vorne zu beginnen, wenn Gruppenmitglieder beschimpft („put-downs") oder mit dem Nachnamen angesprochen werden.
- Gegenseitige Ermutigungen sind erwünscht.

- Der Organisator nimmt an dieser Übung aktiv teil!
- Die Übung ist erst abgeschlossen, wenn sich das komplette Gift-material im Sicherheitsbehälter befindet.

➡ Materialien:

1 verzinkter Metalleimer, 10 - 12 Seile mit einer Länge von ca. 2 m, 1 Behälter (Kunststoffeimer, Schachtel o.Ä.), 1 Augenbinde, Schaufel und Besen, Styropor-Füllmaterial (ersatzweise können auch Tischtennis-bälle oder zusammengeknüllte Papierblätter verwendet werden), Organisations-, Fragen- und Auswertungskarte (siehe Anhang, S. 233-236)

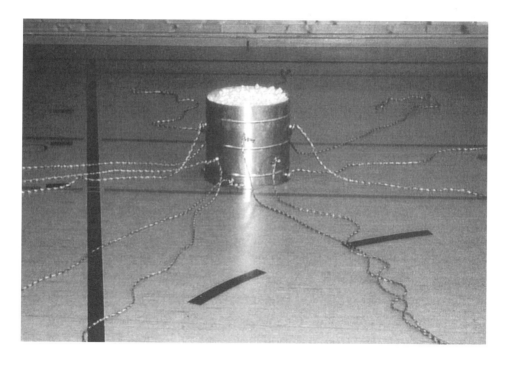

Anmerkung:
Um keine Missverständnisse aufkommen zu lassen, kann man den Abschnitt der Seilenden, der gegriffen werden darf, mit einem farbi-gen Klebeband markieren. Der Eimer könnte im Vorfeld des Trainings im Werkunterricht angefertigt werden. Dazu müssten entsprechend der Zahl der Seile Löcher in den Eimer gebohrt werden. Die Seile sind durch die Löcher zu ziehen und mit einem dicken Knoten am Seilen-de zu befestigen.

➡ Mögliche Lösungsansätze:

Um diese Übung erfolgreich zu absolvieren, gibt es nur eine Lösung. Die Mitglieder müssen als Team kooperativ zusammenarbeiten.
Beim Umfüllen des „Giftmaterials" vom Transporteimer in den Sicherheitsbehälter ist es vorteilhaft, wenn die Gruppenmitglieder konzentriert und behutsam vorgehen.

➡ Variante:[30]

Zusätzliche Aufgabe der Gruppe ist es, die Transportvorrichtung selbst zu konstruieren. Dazu wird folgendes Material zur Verfügung gestellt: 1 Metalleimer, 1 Fahrradschlauch, der an einer beliebigen Stelle durchgeschnitten ist (evtl. können auch 2 Fahrradschläuche verwendet werden), 12 Seile.
Die Schwierigkeit dieser Aufgabe liegt vor allem darin, dass sich das Giftmaterial bereits im Metalleimer befindet und deshalb nicht berührt werden darf.
Eine mögliche Konstruktionslösung (auf die die Gruppe natürlich selbst kommen soll): Der zerschnittene Fahrradschlauch wird so verknotet, dass er nicht ohne weiteres über den Eimerrand gestülpt werden kann. Dann werden die Seile am Fahrradschlauch befestigt, so dass dieser durch den Zug an den Seilen gedehnt werden kann. Jetzt wird der gedehnte Fahrradschlauch über den Eimerrand gehalten. Durch die Dehnung kann der Schlauch über den Eimer geführt bzw. gestülpt werden. Sobald die Zugkraft an den Seilen gelockert wird, fügt sich der Fahrradschlauch relativ fest um den Transporteimer. Durch vorsichtiges Ziehen an den Seilen kann jetzt der Transport zum Sicherheitsbehälter erfolgen und dort die Umfüllaktion nach den oben beschriebenen Regeln beginnen. Sollten Schwierigkeiten bei der Problemlösung auftauchen, kann der Hinweis, dass die Schnüre am Fahrradschlauch befestigt werden müssen, einen Denkanstoß in Richtung Lösung bewirken.

➡ Stichworte zur Auswertung:

• Die Bedeutung gemeinsamer und konsensfähiger Absprachen bei der Gruppenarbeit
• Kriterien für gutes Teamwork, Schwierigkeiten bei der Zusammenarbeit

Siehe die Auswertungskarte der Übung im Anhang, S. 236

Rettung des verlorenen Juwels[31]

➡ Ziele: - Kooperation und gemeinsames Problemlösen üben
   - Kohäsion erhöhen
   - (kognitive) Strategien entwickeln und deren praktische Umsetzung üben
   - Kennzeichen einer guten Teamarbeit erkennen
   - für die Bedeutung einer sinnvollen Aufgabenverteilung sensibilisieren

➡ Übungsaufbau:

Mit Kreppband o.Ä. wird der Verlauf eines Flusses markiert. Innerhalb des Flusslaufs befindet sich der zu rettende Juwel (Gymnastikball).

➡ Durchführung:

Inmitten eines Dschungelflusses thront auf einem aus dem Wasser ragenden Felsen (Autoreifen) der verlorene Juwel. Aufgabe der Gruppe ist es, durch Teamwork und mit Hilfe der zur Verfügung gestellten Materialien diesen Juwel zu bergen. Allerdings ist der kostbare Edelstein äußerst zerbrechlich und wärmeempfindlich und darf deshalb nicht mit den Händen bzw. dem Körper in Kontakt kommen; sein Gewicht führt überdies zu einem sofortigen Versinken im Fluss. Darüber hinaus tummeln sich im Fluss hungrige Piranhas und Krokodile, die jeglichen Körperkontakt mit dem Fluss verbieten.

➡ Regeln und Regelverletzungen:

• Die gesamte Gruppe muss unterwegs sein und sich an der Bergungsaktion des Juwels beteiligen.
• Keinesfalls darf mit den Händen bzw. Körper berührt werden: der Edelstein, der Boden bzw. Fluss, die Hürden bzw. Hindernisse (falls in der Übung welche verwendet werden).
• Auch darf der Edelstein den Boden nicht berühren.
• Es dürfen nur die zur Verfügung gestellten Materialien verwendet werden.
• Auf den Rollbrettern darf man sich nur sitzend, kniend oder liegend fortbewegen. Keinesfalls darf jemand darauf stehen.
• Negative Äußerungen (z. B. „Du Blödmann") gegenüber anderen Gruppenmitgliedern bilden einen Regelverstoß.

- Die Übung gilt als abgeschlossen, wenn sich der Juwel und alle Gruppenmitglieder am sicheren Ufer des Flusses befinden.
- Wird eine Regel verletzt, beginnt die Gruppe die Übung von vorne.
- Vorab ist eine gemeinsame Vorgehensstrategie zu erarbeiten.

Anmerkung:
Es zählt nicht als Lösung, wenn nur zwei oder drei Gruppenmitglieder den Juwel zurückholen und die übrigen Gruppenmitglieder die Bergung mit dem Rollbrett einfach nur nebenher begleiten.

➡ Materialien:

Kreppband, 1 Gymnastikball, 1 ausgemusterter Autoreifen (um den Gymnastikball zu fixieren), 1 Rollbrett für jedes Teammitglied plus 1 extra Rollbrett (d.h. bei 8 Gruppenmitgliedern benötigt man 9 Rollbretter), 8 Abflussstopfer, Tennisringe (im Sporthandel erhältlich), 3-4 Bretter, Organisations-, Fragen- und Auswertungskarte (siehe Anhang, S. 237-239)

➡ Mögliche Lösungsansätze:

Aus den Rollbrettern in Verbindung mit den Holzbrettern können schwimmende Fortbewegungsmittel konstruiert werden. Die Abflussstopfer und Tennisringe dienen als Paddel und Hilfsgeräte für den Transport des Juwels. Gelegentlich wird aus den Rollbrettern und

Holzbrettern ein großes Floß gebaut, auf dem sich alle Gruppenmitglieder platzieren. Dieses lässt sich aufgrund des hohen Gewichts
nur schwerlich fortbewegen. Vorteilhafter sind wendige Konstruktionen mit mehreren kleineren Flößen.

Ein Lösungsansatz für 9 Gruppenmitglieder:
Die Gruppe konstruiert drei Flöße, wobei jeweils ein Floß aus drei
Rollbrettern und einem Holzbrett besteht. Dazu werden die drei Rollbretter in einer Reihe angeordnet und ein Holzbrett auf die Rollbretter gelegt, so dass sich jeweils ein Rollbrett an den beiden Enden
des Brettes befindet und eines die Brettmitte stabilisiert. Die drei
Flöße werden parallel und mit etwas Abstand nebeneinander angeordnet. Auf jedem Floß nehmen drei Personen Platz, wobei den vorne und hinten sitzenden Gruppenmitgliedern die Aufgabe zukommt,
das Floß mit Hilfe der Abflussstopfer und der Tennisringe fortzube-
wegen. Die Schüler, die in der Mitte der Flöße sitzen, transportieren
mit Hilfe der Abflussstopfer bzw. Tennisringe den Juwel.

➡ Hinweise:
Ohne eine durchdachte Vorgehensstrategie ist die Übung kaum zu-
friedenstellend zu bewältigen. Dies wird von vielen Gruppen unter-
schätzt. Nach kurzen Absprachen gehen die Schüler zur Bergung des
Juwels über, um dann ratlos auf ihren Rollbrettern vor dem Juwel zu
sitzen. In einer solchen Situation sollte man die Übung unterbrechen
und mit der Gruppe ein Gespräch über den Sinn bzw. Vorteil einer
Strategie bzw. eines Vorgehensplanes diskutieren. Oft versuchen auch
nur zwei oder drei Schüler, den Juwel zurückzuholen, während die
anderen nur mit ihren Rollbrettern nebenherfahren, ohne an der Bergung aktiv beteiligt zu sein. Dies stellt aber keine Lösung des Problems dar. In diesem Falle bietet sich eine kurze Gruppendiskussion
zu folgenden Punkten an: Was sind die Ursachen dafür, dass sich nur
einige wenige Schüler an der Bergungsaktion beteiligt haben? (Wurden vielleicht die Ideen aller Gruppenmitglieder nicht angemessen
berücksichtigt und die Gruppe von einigen wenigen „Machern" vor
vollendete Tatsachen gestellt? Handelt es sich um eingeschliffenes
Trittbrettfahrerverhalten nach dem Motto: Team = Toll ein anderer
macht's? etc.). Wie wichtig ist der persönliche Einsatz eines jeden
einzelnen Gruppenmitglieds für eine erfolgreiche Gruppenarbeit?

➥ Sicherheitshinweise:

Das Stehen oder Surfen auf den Rollbrettern sollte unbedingt untersagt werden, da sich bei Stürzen schwerwiegende Verletzungen ereig-
nen können. Darüber hinaus muss zur Vermeidung von Unfällen darauf
geachtet werden, dass die Rollbretter nicht einfach herumliegen, sondern von jeder Gruppe nach jeder Übungsdurchführung sicher in einer
Kiste bzw. Schachtel verwahrt oder umgedreht hingelegt werden.

➥ Stichworte zur Auswertung:

• Kennzeichen einer guten Teamarbeit
• Bedeutung des persönlichen Einsatzes eines jeden einzelnen
  Gruppenmitglieds für eine gelungene Teamarbeit
• Sinnvolle Aufgabenverteilung bei der Gruppenarbeit
• Warum ist die Zusammenarbeit in der Gruppe häufig problemati-
  scher als Einzelarbeit?

Siehe die Auswertungskarte der Übung im Anhang, S. 239

Kombinationsübung: Die Schlucht - Gletscherüberquerung - Kommunikationszone

Die Schlucht

➥ Ziele: - kooperatives Problemlösen üben
           - Kohäsion erhöhen
           - erkennen, dass es bei der Gruppenarbeit bedeutsam
              ist, dass sich der Einzelne auf die anderen Gruppen-
              mitglieder verlassen kann

➥ Übungsaufbau:

Es werden zwei Sprungkästen wie in der Skizze (siehe S. 120) angeordnet. Die Höhe der Sprungkästen sollte drei Kastenteile nicht überschreiten. Der Abstand der Sprungkästen liegt etwas über der Länge
eines Brettes. Folglich kann keines der beiden Bretter einfach alleine
zur Überquerung über die Schlucht gelegt werden.

➥ Durchführung:

Die Gruppe gelangt an eine schwindelerregende Schlucht, die ausschließlich mit Hilfe zweier Bretter zu überqueren ist.

➥ Regeln und Regelverletzungen:

- Alle Gruppenmitglieder starten auf der gleichen Seite der Schlucht.
- Als Hilfsmaterialien stehen nur zwei Bretter zur Verfügung.
- Der Organisator beteiligt sich aktiv an der Übung.
- Das Springen von einer Seite der Schlucht zur anderen (oder von einem Brett auf die andere Seite) ist nicht erlaubt.
- Verletzende Äußerungen gegenüber anderen Gruppenmitgliedern bilden eine Regelverletzung; die gesamte Gruppe beginnt die Übung von vorne.
- Die Übung ist erst abgeschlossen, wenn alle Gruppenmitglieder die Schlucht überquert haben.

Achtung: Die Übung darf aus Sicherheitsgründen erst begonnen werden, wenn der Trainer/Lehrer grünes Licht für die Lösung gibt!

➥ Materialien:

2 Sprungkästen (Höhe maximal drei Kastenteile) oder ersatzweise 2 transportable Bühnenteile, 2 sehr stabile, gleichlange Bretter (Länge: ca. 1,3 m, Breite: 0,3 m, Stärke: mind. 33 mm), Organisations- und Fragenkarte (siehe Anhang, S. 240-241)

➥ Mögliche Lösungsansätze:

Bei dieser Übung ist nur folgende Lösung möglich: Die Gruppenmitglieder legen ein Brett so in Längsrichtung auf den Sprungkasten, dass ca. 1/3 des Brettes in die Schlucht übersteht. Dann stellen sich mehrere Gruppenmitglieder auf das Ende des Brettes, welches am Kasten aufliegt. Jetzt wird das zweite Brett parallel auf das erste Brett gelegt und vorsichtig nach vorne über die Schlucht geschoben, bis es auf der anderen Seite der Schlucht sicher aufliegt. Die Gruppenmitglieder, die nicht als Gegengewicht auf dem Brett stehen, überqueren jetzt - einer nach dem anderen - vorsichtig die Schlucht. (Achtung: Die auf dem Brett als Gegengewicht stehenden Schüler müssen unbedingt auf dem Brett stehen bleiben!). Sobald ein Teil der Gruppe auf der anderen Seite der Schlucht angekommen ist, wird die Überquerung der auf der anderen Seite verbliebenen Schüler vorbereitet, indem die Lage der Bretter vertauscht wird. Ein Teil der Schüler, die die Schlucht bereits überquert haben, stellen sich auf die hintere am Kasten aufliegende Seite des Brettes; das zweite Brett wird wieder parallel auf das durch das Körpergewicht der Schüler stabilisierte Brett aufgelegt. Nun können die restlichen Gruppenmitglieder nacheinander die Schlucht überqueren.

➡ Sicherheitshinweise:

Die Bretter müssen bezüglich ihrer Stabilität das Gewicht mehrerer Personen tragen können.

Eine sichere und relativ gefahrlose Überquerung der Schlucht bietet nur die oben beschriebene Lösung. Daher ist es erforderlich, dass die Gruppe im Anschluss an die Problemlösungsphase dem Lehrer/Trainer ihre „selbstgefundene" Lösung erläutert. Während der Problemlösungsphase sollte man die Schüler aus Sicherheitsgründen nicht mit den Brettern an der Schlucht experimentieren lassen. Während der Schluchtüberquerung steht (nur) der Lehrer/Trainer inmitten der Schlucht und gibt sichernde Hilfestellung (Stütz- bzw. Klammergriff: die Hände umfassen den Oberarm). Sobald die letzten Gruppenmitglieder die Schlucht überquert haben, muss darauf geachtet werden, dass die Schüler, die als Gegengewicht auf dem Brett stehen, nicht einfach von diesem heruntersteigen, sondern beide Bretter sichern.

➥ Hinweise:

Damit andere Gruppen die Lösung vorab nicht beobachten können, ist es sinnvoll, die Übung vor allzu neugierigen Blicken abzuschirmen.

➥ Stichworte zur Auswertung:

Die Übungen „Schlucht", „Gletscherüberquerung" und „Kommunikationszone" werden gemeinsam ausgewertet (siehe Anhang, S. 247). Sollte die Übung „Schlucht" als Einzelübung verwendet werden, können folgende Aspekte angesprochen werden:
Wie kam die Gruppenlösung zustande? Wurden alle Lösungsvorschläge der Gruppenmitglieder angehört, ernst genommen und diskutiert? Wie gut beurteilt ihr die Zusammenarbeit in eurer Gruppe? Was gibt einer Gruppe Halt und Sicherheit?

Gletscherüberquerung[32]

➥ Ziele: - die Bedeutung gemeinsamer Absprachen beim Teamwork erkennen
           - Kooperation üben

➥ Übungsaufbau:

Die für die Übung erforderlichen Teamskier werden sicher in der Nähe der Schlucht platziert. Mit Kreppband ist eine Start- und Ziellinie zu markieren, das Gebiet dazwischen gilt als unzugängliches Gletschergebiet.

Bauanleitung für die Teamskier:
Es werden 2 Kanthölzer mit ca. 2,4 m x 0,07 m x 0,045 m benötigt (durch Schleifen von Spreißeln befreien und scharfe Kanten abrunden). Mit einem Forstnerbohrer (25 mm) werden im entsprechenden Abstand (ca. 33 cm - jedenfalls groß genug, damit ein Fuß zwischen die beiden Seile passt) zur Versenkung der Seilknoten Vertiefungen (Tiefe: ca. 12 mm) in die Kanthölzer gebohrt. Die Vertiefungen sind mit einem 8-12 mm Bohrer mittig zu durchbohren, damit die ca. 1,5 m langen Seilstücke durch die Bohrungen geführt werden können. Die

Seilstücke sind an den Enden zu verknoten und werden in den Vertiefungen versenkt. Aufklebbare Gummi- oder Anti-Rutsch-Stripes an den Unterseiten der Kanthölzer verhindern ein seitliches Wegrutschen der Team-Skier.

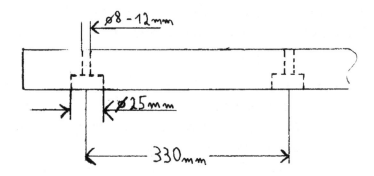

➡ Durchführung:

Nachdem die Gruppe die Schlucht bewältigt hat, gelangt sie an ein schwer zugängliches Gletschergebiet, das nur mit Hilfe der Team-skier überquerbar ist.

➡ Regeln und Regelverletzungen:

- Die Übung beginnt an der Startlinie und endet an der Ziellinie.
- Kein Gruppenmitglied darf den Gletscher zwischen Start- und Ziellinie mit dem Körper bzw. den Füßen berühren, da man sofort im ewigen Eis bzw. einer Gletscherspalte versinken würde.
- Die Team-Skier sind das einzige verfügbare Hilfsmittel.
- Es dürfen gegenüber anderen Gruppenmitgliedern keine negativen Äußerungen getätigt werden.
- Wird eine Regel verletzt, beginnt die Übung von vorne.

➡ Materialien: Kreppband, 1 Satz Team-Skier, Organisations- und Fragenkarte (siehe Anhang, S. 242-243)

➡ Mögliche Lösungsansätze:

Damit die Fortbewegung mit den Team-Skiern funktioniert, ist innerhalb der Gruppe ein gemeinschaftlich koordiniertes Vorgehen auf der Basis einer effizienten Kommunikation erforderlich. Meist übernimmt ein Gruppenmitglied intuitiv die Führung der Gruppe, indem es Kommandos (z. B. „links" „rechts" etc.) bzw. andere Anweisungen gibt.

➡ Sicherheitshinweise:

Im Umfeld der Übung sollten sich keine spitzen Gegenstände befin-den. Bleibt ein Platz auf den Team-Skiern unbesetzt, muss ein Gruppenmitglied das freie Seil zusätzlich zum eigenen Seil in der Hand halten, damit es nicht unter die Team-Skier gelangt und zum seitli-chen Wegrutschen derselben führt.

➡ Varianten:

Der Schwierigkeitsgrad kann durch Hindernisse gesteigert werden. Des Weiteren können den Schülern nur die Einzelteile der Team-Skier vorgegeben werden, welche sie dann erst gemeinsam zusammen-bauen müssen.

➡ Stichworte zur Auswertung:

Die Übungen „Schlucht", „Gletscherüberquerung" und „Kommunika-tionszone" werden gemeinsam ausgewertet (siehe Anhang, S. 247). Sollte die Übung „Gletscherüberquerung" als Einzelübung zum Einsatz kommen, können folgende Aspekte angesprochen werden: Wann macht es Sinn, dass bei manchen Teamaufgaben ein Gruppenmitglied die Führung der Gruppe übernimmt? Wann wird ein Zusammenwirken in der Gruppe effektiv? Wie gut lief die Kommunikation in der Gruppe?

Kommunikationszone

➥ Ziele: - Kooperation, aktives Zuhören und präzises Formulieren üben

➥ Übungsaufbau:

Eine ausgestellte Sprossenwand wird mit Tüchern oder Bettlaken so verhangen, dass man nicht von einer Seite der Sprossenwand auf die andere blicken kann. Auf der einen Seite der Sprossenwand befindet sich ein Riesenpuzzle, der Bauplan dazu befindet sich jedoch auf der anderen Sprossenwandseite.

Bauanleitung für das Puzzle:

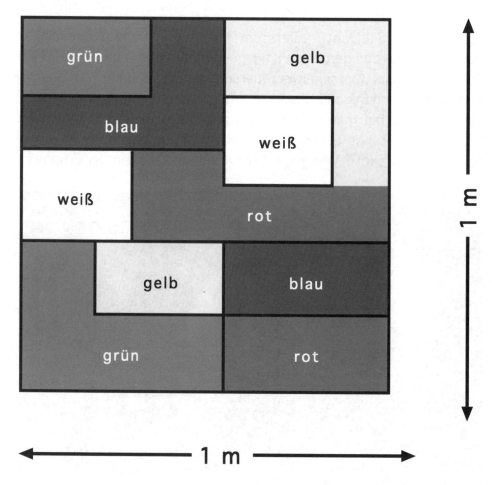

Farbiges Bild im Anhang, S. 246

➥ Durchführung:

Die Gruppe gelangt mit den Team-Skiern, nachdem sie den Gletscher überwunden hat, zur Kommunikationszone. Dort kommt ihr die Aufgabe zu, ein riesiges Puzzle zusammenzulegen. Die Schwierigkeit bei dieser Kommunikationsübung liegt darin begründet, dass nur einige Gruppenmitglieder über den Bauplan des Puzzles verfügen, diese das Puzzle jedoch durch die verhangene Sprossenwand nicht sehen können. Auf der anderen Seite der Sprossenwand befinden sich einige Gruppenmitglieder, die zwar das Puzzle sehen, dieses aber nicht berühren dürfen. Jene lassen sich von den Gruppenmitgliedern mit dem Bauplan durch die Sprossenwand die richtige Anordnung der Puzzleteile erklären und beschreiben diese wiederum den Gruppenmitgliedern, die zwar die Puzzleteile berühren dürfen, allerdings vom Anfang bis zum Ende der Übung eine Augenbinde tragen, also nichts sehen können.

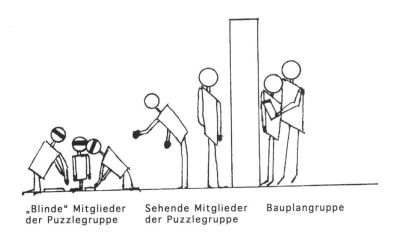

„Blinde" Mitglieder   Sehende Mitglieder   Bauplangruppe
der Puzzlegruppe   der Puzzlegruppe

Konkret: Auf der rechten Seite der Sprossenwand befinden sich einige Gruppenmitglieder mit dem Bauplan des Puzzles (Bauplangruppe). Auf der linken Seite befinden sich sehende und „blinde" Gruppenmitglieder (Puzzlegruppe). Die Sehenden der Puzzlegruppe (linke Seite der Sprossenwand) erläutern den „Blinden" der Puzzlegruppe verbal, wie die Puzzleteile anzuordnen sind. Die Informationen dazu erhalten die Sehenden der Puzzlegruppe (linke Seite der Sprossenwand) mündlich von der Bauplangruppe (rechte Seite der Sprossenwand) durch die verhangene Sprossenwand hindurch. Die Bauplanleute müssen also versuchen, den Bauplan so exakt wie möglich zu beschreiben, und die sehenden Mitglieder der Puzzlegruppe sind gefordert, diese Informationen als möglichst präzise Handlungsanweisungen an die nicht sehenden Gruppenmitglieder weiterzugeben, da nur diese die Puzzleteile berühren dürfen.

➡ Regeln und Regelverletzungen:

- Die Puzzleteile werden zunächst auf die „blinden" Gruppenmitglieder verteilt.
- Die Schüler mit dem Puzzleplan erklären den Sehenden der Puzzlegruppe durch die Sprossenwand hindurch, wie das Puzzle korrekt zusammengelegt wird.
- Die Sehenden der Puzzlegruppe erklären den „Blinden" der Puzzlegruppe verbal die richtige Anordnung der Puzzleteile.
- Die Übung ist von vorne zu beginnen:
  - sobald die sehenden Gruppenmitglieder a) die Teile des Puzzles oder b) die „blinden" Gruppenmitglieder berühren,
  - wenn die Kommunikationszone während der Übung von einem Gruppenmitglied verlassen wird (der Organisator ausgenommen).
- Zum Organisator kann nur ein sehendes Gruppenmitglied bestimmt werden.
- Der Organisator beteiligt sich aktiv an der Übung.

➡ Materialien:

1 Riesenpuzzle aus Sperrholz, mehrere Baupläne des Puzzles (siehe Anhang, S. 246), Augenbinden, Tücher oder Bettlaken zum Verhängen der Sprossenwand, Klebeband zum Befestigen der Tücher bzw. Bettlaken an der Sprossenwand, Organisations-, Fragen- und Auswertungskarte (siehe Anhang, S. 244-247)

➡ Mögliche Lösungsansätze:

Die Aufgabe ist schlicht und einfach nur durch das korrekte Zusammenlegen der Puzzleteile zu lösen. Zur erfolgreichen Bewältigung der Aufgabe kommt es im Wesentlichen darauf an, dass die Gruppenmitglieder mit verbundenen Augen konzentriert zuhören und die Sehenden auf beiden Seiten der Sprossenwand präzise und klare Anweisungen geben.

➡ Sicherheitshinweise:

Die sehenden Schüler der Puzzlegruppe sollten darauf aufmerksam gemacht werden, dass sie dafür verantwortlich sind, dass die „Blinden" nicht stolpern oder sich an einem Geräteaufbau stoßen. Ferner sollten beim Aufbau der Gerätelandschaft räumliche Überschneidungen der verschiedenen Übungen unbedingt vermieden werden (d.h., dass die Gruppe auf dem Weg von der Schlucht zur Kommunikationszone mit ihren Teamskiern beispielsweise dem Hindernisfeld oder einem anderen Übungsarrangement nicht zu nahe kommt). Durch das Markieren der Kommunikationszone mit Klebeband ist es möglich, die Schüler auf einen begrenzten räumlichen Bereich zu fixieren. Bei Platzmangel kann die Übung auch im Umkleideraum, im Geräteraum oder einem sonstigen zur Verfügung stehenden Vorraum durchgeführt werden.

➡ Stichworte zur Auswertung:

Die Übungen „Schlucht", „Gletscherüberquerung" und „Kommunikationszone" werden gemeinsam ausgewertet (siehe Anhang, S. 247). Sollte die Übung „Kommunikationszone" als Einzelübung zum Einsatz kommen, können folgende Aspekte angesprochen werden:
Wie funktionierte die Kommunikation zwischen den Nichtsehenden und Sehenden? Welche Fähigkeiten waren bei dieser Übung gefragt? Wodurch wird Kommunikation effektiv? Was macht Zusammenarbeit schwieriger als Einzelarbeit?

➡ Hinweise:

Wie viele Mitglieder auf die einzelnen Aufgaben verteilt werden, ist abhängig von der Gruppengröße und bleibt daher dem Trainer/Lehrer überlassen. In der Praxis hat sich bei z.B. sieben Gruppenmitgliedern folgende Aufteilung bewährt: drei nichtsehende und zwei sehende Gruppenmitglieder in der Puzzlegruppe, zwei Gruppenmitglieder mit Bauplan. Die Anzahl der Sehenden in der Puzzle- und die Anzahl der Mitglieder der Bauplangruppe sollte höchstens jeweils drei Schüler betragen.

Das Spinnennetz[33]

➥ Ziele: - Kooperation üben, die Kohäsion der Gruppe erhöhen, Vertrauen anbahnen
          - Gruppenatmosphäre verbessern und Rücksichtnahme üben
          - Strategien ausarbeiten sowie die aufgabenspezifische Bündelung von Kompetenzen trainieren
          - Verantwortung für die Sicherheit der Mitspieler übernehmen

➥ Übungsaufbau:

Zwischen zwei Reckpfosten werden drei Zauberschnüre gespannt. Die Höhen der drei Schnüre sollten in etwa 0,30 m, 1,10 m, 1,70 m betragen. Zwischen die drei Zauberschnüre werden Hosengummis als Spinnfäden geknüpft, so dass genügend Felder für die Durchquerung zur Verfügung stehen. Die Anzahl der Felder im Spinnennetz muss mindestens der Anzahl der Gruppenmitglieder entsprechen. An den Zauberschnüren befestigte Glöckchen registrieren jede Körperberührung mit dem Netz. Der Boden ist mit Niedersprungmatten abzudecken.

➥ Durchführung:

Die Gruppe gelangt bei ihrer Expedition ins Land der Kooperation in eine Höhle. Über den Höhlenausgang hat eine Riesenspinne ihr Netz gespannt, das die Gruppe zum Verlassen der Höhle durchqueren muss. Dabei darf kein Gruppenmitglied das Spinnennetz berühren, da jede Berührung des Netzes sofort von der Riesenspinne registriert wird.

➥ Regeln und Regelverletzungen:

- Alle Gruppenmitglieder starten auf einer Seite des Spinnennetzes.
- Jede Öffnung des Spinnennetzes darf nur einmal benutzt werden. Sobald ein Gruppenmitglied eine Öffnung im Netz durchquert hat, wird diese mit einem Tuch verhängt. Eine verhängte Öffnung darf nicht mehr benutzt bzw. durchquert werden.
- Jedoch kann jedes Gruppenmitglied, welches das Spinnennetz bereits erfolgreich durchquert hat, sich wieder freiwillig auf die andere Seite des Netzes begeben und somit ein beliebiges Feld für ein anderes Gruppenmitglied durchlässig machen (denn dann darf ein beliebiges Tuch vom Netz genommen werden). Das die Seite wechselnde Gruppenmitglied muss aber erneut das Spinnennetz durchqueren.
- Kein Faden darf während der Ausführung berührt werden.
- Berührt eine Person den Faden, so müssen alle Gruppenmitglieder die Übung von vorne beginnen.
- Verletzende Äußerungen und Beleidigungen gegenüber anderen Gruppenmitgliedern bilden eine Regelverletzung. Die gesamte Gruppe beginnt von vorne!
- Dem Organisator ist es freigestellt, ob er sich aktiv an der Ausführung der Übung beteiligt. Allerdings ist er dazu verpflichtet, den anderen Gruppenmitgliedern aktiv Hilfestellung bei der Ausführung der Übung zu leisten.
- Die Gruppe entscheidet vor der Ausführung der Übung, auf welcher Seite des Spinnennetzes sich der Organisator befindet. Die gewählte Seite darf vom Organisator nicht gewechselt werden.
  Vereinfachte Variante: Der Organisator darf beliebig die Seiten wechseln.
  Erschwerte Variante: Der Organisator bleibt auf der Seite, auf welcher die Übung begonnen wurde.

➥ Materialien:

2 Reckpfosten, 3 Zauberschnüre, Hosengummi bzw. Gummilitze, kleine Glöckchen, Niedersprungmatten, Organisations-, Fragen- und Auswertungskarte (siehe Anhang, S. 248-250)

➥ Mögliche Lösungsansätze:

Diese Übung verlangt aufgrund ihrer Anforderungsstruktur eine intensive und konstruktive Zusammenarbeit. Vor der praktischen Durchführung ist zunächst die Problemlösungsfähigkeit der Schüler gefragt. Sie müssen z. B. klären, wer in einer vorher festgelegten Reihenfolge welche Öffnung benutzt. Hilfreich ist, wenn ein Schüler (z.B. der Organisator) während des Übungsverlaufes die Koordinierung übernimmt.

Da zu Beginn der Durchquerung kein Gruppenmitglied durch das Netz gehoben werden kann, macht es Sinn, wenn zunächst zwei oder drei Gruppenmitglieder die unteren Öffnungen des Netzes benutzen. Dann wird es möglich, einige Schüler durch die oberen Öffnungen zu heben. Das letzte Gruppenmitglied gelangt wiederum nur durch eine der unteren Öffnungen.

➡ Hinweise:

Beim Durchqueren der unteren Öffnungen des Netzes passiert es regelmäßig, dass die Schüler sich ohne Hilfestellung der anderen Gruppenmitglieder vergeblich abmühen, durch das Netz zu gelangen. Daher hat sich während der Trainingsdurchführung ein sogenanntes „frontloading"[34] durch den Trainer/Lehrer bewährt. „Frontloading" bedeutet, dass der Lehrer/Trainer bereits in der Einführungsphase den Schülern Folgendes verdeutlicht: „Bei dieser Übung kommt es regelmäßig vor, dass Schüler sich völlig alleine, also ohne Unterstützung der anderen und meist ohne Erfolg, abmühen, durch eine der unteren Netzöffnungen zu gelangen. Da kein Mensch am Rücken oder am Gesäß Augen hat, ist es daher wichtig, dass ihr z.B. durch leichten Händedruck oder verbale Hilfe eurem Mitschüler anzeigt, dass er gleich einen Spinnfaden berühren wird. Ihr könnt auch eine Berührung verhindern, wenn die gesamte Gruppe die Spinnfäden mit den Händen abschirmt. Darüber hinaus kann die Durchquerung erleichtert werden, wenn ihr helfende Kommandos gebt, stützt, sichert und führt." (Zur besseren Veranschaulichung kann man konkret vorführen, was der Lehrer/Trainer unter einer erfolglosen Einzelarbeit und einer rücksichtsvollen und konstruktiven Zusammenarbeit versteht). Darüber hinaus ist dem Organisator zu verdeutlichen, dass gerade er gefordert ist, allen anderen Gruppenmitgliedern während der Übungsdurchführung aktiv Hilfestellung zu leisten. Ob eine Berührung des Netzes stattgefunden hat, sollte weitgehend die Gruppe selbst entscheiden.

Anmerkung:
Das Spinnennetz hat sich als einer der Top-Favoriten der Schüler während der Trainingsdurchführungen erwiesen.

➡ Sicherheitshinweise:

Der hohe Aufforderungscharakter des Spinnennetzes verlockt Schüler häufig bereits vor Übungsbeginn, durch das Spinnennetz zu springen. Daher sollten Sprünge durchs Netz gleich beim Betreten der Halle unbedingt untersagt werden. Ferner ist nicht erlaubt, über das Spinnennetz hinweg oder unten durch zu klettern. Auch sollte den

Schülern verdeutlicht werden, dass beim Heben einer Person absolute Konzentration erforderlich ist und immer jemand den Kopf sichern muss. Außerdem sollten die Schüler wissen, dass das Heben sicher und leichter wird, wenn der Hochzuhebende den gesamten Körper anspannt (zur Körperspannung siehe hierzu den Abschnitt Vertrauensübungen, S. 167). Beim Durchheben eines Schülers ist darauf zu achten, dass auf jeder Seite ausreichend Schüler zum „Anpacken" zur Verfügung stehen. Bei ungünstigen Konstellationen kann die Spielleitung ausnahmsweise erlauben, dass Schüler kurzfristig auf die andere Seite des Spinnennnetzes wechseln dürfen.

Während unserer Trainingsaufenthalte ist es bei dieser Übung nie zu einem Sturz oder einer Verletzung gekommen. Vielmehr waren die Schüler hochkonzentriert und mit Begeisterung bei der Sache.

➡ Stichworte zur Auswertung:

Wurden alle in die Planung und Ausführung der Übung einbezogen? Was gehört zu einer guten Zusammenarbeit? Wie wichtig sind bei einer erfolgreichen Gruppenarbeit gegenseitige Unterstützung und Hilfestellung? Wie wurden in der Gruppe Entscheidungen getroffen und waren alle an der Entscheidung beteiligt?

War eine gegenseitige Unterstützung erkennbar oder hättet ihr etwas besser machen können? Finden sich in der schulischen Gruppenarbeit Situationen, die ähnlich ablaufen bzw. vergleichbar sind?

Siehe die Auswertungskarte der Übung im Anhang, S. 250

7 Menschen mit 5 Füßen[35]

➡ Ziele: - Kooperation und Rücksichtnahme üben, Vertrauen anbahnen
            - (kognitive) Strategien entwickeln und aufgabenspezifische Bündelung von Kompetenzen trainieren
            - bewusst Verantwortung für die Sicherheit der Mitspieler übernehmen

➡ Durchführung:

Die Gruppe (bestehend aus sieben Gruppenmitgliedern) soll eine Strecke von ca. zehn Metern zurücklegen und dabei als Gruppe den Mattenboden zum gleichen Zeitpunkt mit nur maximal fünf Körperteilen berühren. Steht also jemand mit zwei Beinen auf den Matten, verursacht er bereits zwei Bodenkontakte. Bei dieser Übung erweist es sich als wesentlich, dass die Gruppe vorab verschiedene Strategien entwickelt, sich für eine entscheidet und diese (auf den Matten!) in die Tat umsetzt. Beim Scheitern einer Strategie kann auf eine bzw. mehrere andere ausgewichen werden; allerdings muss die Gruppe erneut von der Startlinie beginnen.

➡ Regeln und Regelverletzungen:

- Die Gruppe darf den Boden zu jedem Zeitpunkt mit nur maximal fünf Körperteilen berühren. Werden mehr als die vorgegebenen Körperkontakte in Anspruch genommen, muss die gesamte Gruppe an der Startlinie erneut beginnen.
- Alle Gruppenmitglieder müssen an der Startlinie beginnen und gemeinsam die Ziellinie überschreiten.
- Es dürfen keine weiteren Hilfsmittel als die Körper der Spieler benutzt werden.
- Alle Spieler müssen in körperlichem Kontakt zueinander stehen.
- Die Übung ist ferner von vorne zu beginnen, sobald ein Gruppenmitglieder beschimpft wird („put-downs").
- Gegenseitige Ermutigungen sind erwünscht.
- Der Organisator nimmt aktiv an dieser Übung teil.

➡ Materialien:

Niedersprungmatten (keine Weichbodenmatten!) zur Absicherung der abzulaufenden Fläche, Kreppband zur Kennzeichnung der Start- und Ziellinie, Organisations-, Fragen- und Auswertungskarte (siehe Anhang, S. 251-254)

➡ Mögliche Lösungsansätze:

Teamwork ist der zentrale Lösungsansatz dieser Herausforderung. Die Gruppe muss vorab die physische Stärke der einzelnen Gruppenmitglieder einschätzen, verschiedene Ideen diskutieren und sich auf realistische und umsetzbare Vorgehensweisen einigen.

➡ Sicherheitshinweise:

Start und Ziel sollten nicht mit Hütchen o.ä. spitzen Gegenständen gekennzeichnet werden, da die Schüler wahrscheinlich auf die Idee kommen, andere Gruppenmitglieder „huckepack" zu nehmen. Wird die Übung auf Matten (keine Weichbodenmatten verwenden) ausgeführt, wird das Verletzungsrisiko gemindert. Der Lehrer/Trainer sollte unbedingt unterbinden, dass unsichere Pyramiden gebildet werden. Ebenso sollte anstelle von hohem Schultern nur das „Huckepack"-tragen auf dem Rücken erlaubt werden. Kontinuierliches Springen bzw. Hüpfen auf einem Bein zur Fortbewegung sollten die Schüler vermeiden. Vorteilhafter sind Schrittwechsel, die auf Kommando erfolgen.

➡ Varianten:

Der Schwierigkeitsgrad der Übung ist über die Anzahl der gewährten Körperkontakte leicht zu senken bzw. zu erhöhen. Ebenfalls kann/ muss beim Einsatz größerer bzw. kleinerer Gruppen die Anzahl der Bodenkontakte entsprechend variiert werden.

➡ Stichworte zur Auswertung:

Siehe die Auswertungskarte der Übung im Anhang, S. 254

Der Tisch[36]

➡ Ziele: - Kooperation üben, Gruppenkohäsion erhöhen, Rücksicht-
            nahme üben
          - aufgabenspezifische Bündelung von Kompetenzen und
            Planungsfähigkeit trainieren
          - vielfältige Bewegungserfahrungen sammeln
          - Ängste überwinden und Vertrauen entwickeln
          - bewusst Verantwortung für die Sicherheit der Mitspie-
            ler übernehmen

➡ Durchführung:

Bei dieser Aufgabe soll die Gruppe versuchen, einen Tisch zu überwinden. Dies hört sich zunächst einfach an, doch gestaltet sich die Übung sehr komplex und verlangt den Schülern sowohl in physischer wie auch in kooperativer Hinsicht einiges ab. Der Tisch befindet sich zwischen einer Start- und einer Ziellinie. Die jeweilige Distanz von der Ziel- bzw. Startlinie zur entsprechenden Tischkante beträgt ca. 90 cm. Die Gruppe soll zunächst den Tisch oberhalb und dann unterhalb überwinden, ohne dabei den Boden zwischen der Start- und der Ziellinie zu berühren. Während der Übung dürfen sich Schüler auf dem Tisch befinden und von dort aus den anderen Hilfestellung leisten.

➡ Regeln und Regelverletzungen:

• Sobald ein Gruppenmitglied den Boden zwischen der Start- und der Ziellinie berührt, müssen dieses und eine weitere Person die Übung von vorne beginnen.

• Gruppenmitglieder, die hinter der Start- bzw. Ziellinie stehen, dürfen bzw. müssen Hilfestellung leisten.

- Die Gruppenmitglieder können von der Startlinie den Tisch zur Ziellinie umlaufen und von dort aus Hilfestellung leisten.
- Die Übung ist komplett von vorne zu beginnen, wenn Gruppenmitglieder beschimpft („put-downs") oder mit dem Nachnamen angesprochen werden.
- Dem Organisator bleibt es freigestellt, ob er sich aktiv an der Bewältigung dieser Aufgabe beteiligt. Jedoch ist er verpflichtet, den anderen Gruppenmitgliedern aktive Hilfestellung zu leisten.

➥ Materialien:

1 stabiler Tisch, Klebeband, Bodenturnmatten (die Matten sollen so dünn wie möglich sein), Organisations-, Fragen- und Auswertungskarte (siehe Anhang, S. 255-257)

➥ Mögliche Lösungsansätze:

Diese Übung wird kaum ohne eine vorab durchdachte Strategie zu bewältigen sein. Zunächst muss ein Gruppenmitglied ausgewählt werden, welches auf den Tisch gelangt. Es ist vorteilhaft, wenn dieses und auch das nachfolgende Gruppenmitglied auf dem Tisch verweilen und den anderen helfen, den Tisch zu überwinden (siehe Foto). Darüber hinaus sollten die Schüler nicht übersehen, dass Hilfestellung von beiden Seiten des Tisches möglich ist (Start- und Ziellinie).

➥ Varianten:

- Durch eine Veränderung der Distanz zwischen Start- und Ziellinie kann der Schwierigkeitsgrad beliebig verändert werden.
- Der Schwierigkeitsgrad der Übung variiert ebenfalls mit der Anzahl der Personen, die von der Start- und Ziellinie aus den Tisch berühren dürfen (Hilfestellung).

➥ Hinweise:

Die Übung „Der Tisch" ist nur für sportliche Gruppen geeignet.

➥ Sicherheitshinweise:

Vor der Übung ist sicherzustellen, dass der Tisch äußerst stabil ist und das Gewicht der Gruppe tragen kann. Um ein Kippen auszuschließen, ist unbedingt ein Tisch mit vier Tischbeinen zu verwenden. Darüber hinaus sollten sich die Tischbeine direkt in den Ecken des Tisches befinden und fest am Tisch befestigt sein. Die Ecken sollten mit Eckenschützern entschärft und scharfe Tischkanten abgerundet werden. Die Fläche um bzw. unter dem Tisch ist mit dünnen Bodenturnmatten auszulegen; keinesfalls sind dickere Matten wie z.B. Weichbodenmatten zu verwenden (erhöhte Kippgefahr). Ein sicherer Stand des Tisches ist dem Auslegen mit Matten vorzuziehen; bei unsicherem Stand des Tisches sollte deshalb eher auf Matten verzichtet werden.

➥ Stichworte zur Auswertung:

- Wie ermuntert und bestärkt sich die Gruppe untereinander?
- Wodurch entsteht Vertrauen zwischen Gruppenmitgliedern?
- Welche Vorteile hat Kooperation?

Siehe die Auswertungskarte der Übung im Anhang, S. 257

Kooperativer Raub der Kronjuwelen

➥ Übungsaufbau:

Mit einem langen Seil (20 - 40 m) oder einem Kreppband wird ein Rechteck oder Quadrat ausgelegt bzw. markiert. Dieses Quadrat oder Rechteck symbolisiert den Museumsraum im Tower, in welchem sich die Kronjuwelen befinden. In der Mitte des Museumsraums steht ein Eimer, der den Sicherheitsbehälter darstellt, in welchem die Kronjuwelen (Styroporfüllmaterial) aufbewahrt werden. Zum Raub der Juwelen stehen den Gruppenmitgliedern außerhalb des Seilquadrates bzw. -rechtecks zwei Gummischläuche bzw. Gartenschläuche (beide ca. 1 m), ein Eimer (Transportbehälter), zahlreiche Sprungseile und ein Fahrradschlauch zur Verfügung.

➨ Durchführung:

Szenario:

Nach einer Einbruchsserie im Londoner Tower will die Versicherungs-gesellschaft Lloyd's der Öffentlichkeit demonstrieren, dass die Alarm-anlage des Museums veraltet ist. Dazu versuchen die Sicherheitsex-perten von Lloyd's in einer Nacht- und Nebelaktion in den Museums-raum einzudringen und die Kronjuwelen zu stehlen.

Die Bewegungsmelder haben sie bereits ausschalten können, doch gelingt es ihnen nicht, den Infrarot-Wärmemelder außer Betrieb zu setzen. Trotzdem geben sie ihr Unterfangen nicht auf.

➨ Aufgabenbeschreibung:

Die Gruppe soll versuchen, an die Kronjuwelen zu gelangen, die in der Mitte des Museumsraums in einem Sicherheitsbehälter aufbewahrt werden. Jedoch löst jeglicher Körperkontakt mit und auch über dem abgegrenzten Museumsraum (der komplette Raum gilt als Sicher-heitsbereich) aufgrund der Körperwärme sofort Alarm aus. Folglich dürfen keine Hände oder sonstigen Körperteile über die durch das Seil oder Kreppband dargestellten Grenzen geraten. Um dennoch an die Kronjuwelen zu gelangen, stehen verschiedene Hilfsmittel bzw. Werkzeuge bereit: ein Transportbehälter (Eimer), Sprungseile und Plastik- bzw. Gummischläuche. Diese Hilfswerkzeuge dürfen zwar in den Sicherheitsbereich eingeführt werden, dabei aber keinesfalls den Boden berühren. Gelöst ist die Aufgabe, sobald alle Kronjuwelen voll-ständig aus dem Sicherheitsbereich befördert wurden. Der Sicherheits-behälter kann dazu zwar bewegt werden, darf aber nicht über die abgesteckten Grenzen des Raumes geraten.

➨ Regeln und Regelverletzungen:

• Jeder Körperkontakt mit und über dem abgegrenzten Raum (Seil-quadrat oder -rechteck) löst Alarm aus. Folglich ist die Übung von vorne zu beginnen.

- Nur die zur Verfügung gestellten Gegenstände dürfen in den Sicherheitsbereich eingelassen werden, dabei aber nicht den Boden berühren.
- Der Sicherheitsbehälter darf nicht über die abgesteckten Grenzen des Raumes gelangen.

➡ Materialien:

2 Gummi bzw. Gartenschläuche (1m), Sicherheits- und Transportbehälter (2 stabile Kunststoffeimer), Kronjuwelen (Styroporfüllmaterial), zahlreiche Sprungseile, 1 Fahrradschlauch bzw. ein ähnlich dehnbares und stabiles Gummiband, Organisations-, Fragen- und Auswertungskarte (siehe Anhang, S. 258-261)

➡ Mögliche Lösungsansätze:

Bei dieser Übung sind verschiedene Lösungsmöglichkeiten denkbar. Ein Lösungsansatz ist mit der Lösung der Variante des Gefahrentransportes vergleichbar (vgl. auch S. 114): Der Fahrradschlauch wird so angeordnet, dass er nur mit einer gewissen Dehnung über den Sicherheitsbehälter gestülpt werden kann. Dann werden die Sprungseile am Fahrradschlauch befestigt. Durch gleichzeitiges Ziehen an den Sprungseilen wird der Fahrradschlauch gedehnt, so dass er über den Sicherheitsbehälter gestülpt werden kann. Sobald der Seilzug etwas gelockert wird, passt sich der Fahrradschlauch relativ fest am Sicherheitsbehälter an. Nun kann der Transporteimer in den Sicherheitsbereich eingelassen und das Material durch geschicktes Ziehen an den Seilen vom Sicherheitsbehälter in den Transportbehälter umgefüllt werden. Wie der Transportbehälter aus dem Museumsraum gelangt, soll der Fantasie des Lesers überlassen bleiben.

Man kann auch zur Lösung des Problems auf den Fahrradschlauch verzichten: Es werden mehrere Seilschnüre zu einem langen Seil zusammengebunden. Zwei Schüler spannen das Seil über den abgegrenzten Sicherheitsbereich und ziehen den Eimer (rutscht über den Boden) vorsichtig in eine Ecke des Museumsraumes. Dort wird mit Hilfe des Gummi- bzw. Gartenschlauches das Seil unter dem Bügelgriff des Eimers durchgezogen. Nun kann der Eimer durch Ziehen am Seil hochgehoben werden. Schließlich wird ein zweites langes Seil aus den Sprungseilen zusammengebunden; dieses wird gespannt über

den Sicherheitsbereich geführt und bringt den angehobenen Sicherheitsbehälter in Kipplage.

Zu leicht?
Im Sicherheitsbereich ist ein Blendmechanismus eingebaut. Daher
müssen alle Einbruchexperten, die mit den zur Verfügung gestellten
Hilfsmaterialien hantieren, einen Augenschutz bzw. -binden tragen
und den verbalen Anweisungen der Gruppenmitglieder folgen, die
sich in der zweiten Reihe befinden.

➥ Stichworte zur Auswertung:

- Wurden alle Ideen der Gruppenmitglieder wirklich in Erwägung ge-
  zogen?
- Gab es eine sinnvolle Aufgabenverteilung?
- Haben sich alle Gruppenmitglieder an der Aufgabenbewältigung
  beteiligt oder haben sich einige ausgeblendet?
- Wie wird die Zusammenarbeit während der Übungsausführung beurteilt?
- Was hätte man in Bezug auf die Zusammenarbeit besser machen
  können?

Phase 4:
Für Kommunikations- und Interaktionsprozesse sensibilisieren und Vertrauen thematisieren

Motto: Grundlagen der Kommunikation und Kooperation erforschen

1. Unsere Körpersprache öffnet und blockiert

- Nonverbales Zahlenspiel
- Verkehrter Sitzkreis
- Impulskarussell - Kommunikation

2. Die Basiselemente der Kommunikation: Konzentriertes und aktives Zuhören sowie präzises Formulieren

- Geometrische Bilder
- T - Check: Aktives Zuhören

3. Vertrauen schafft Sicherheit im Umgang mit anderen

3.1 Hinführung zum Thema:
- Das große atmende Tier ◆ Kooperativer Iglu

3.2 Baukasten: Warming up
- Vogel Strauß ◆ Herzschlag und Wirbelsturm ◆ Das Ballonproblem ◆ Schleißenscheit und Woschwiewa ◆ Klatschen ◆ Twizzle ◆ Kleiner Dinosaurier ◆ Der Segeltörn

3.3 Baukasten: Vertrauensübungen
- Blind durch die Gasse ◆ Vertrauensspaziergang ◆ Vertrauensnetz ◆ „Blindenparcours" ◆ Jurtenkreis ◆ Fly away ◆ Risiko ◆ Vertrauenstest ◆ Vertrauenspendel ◆ Vertrauensring ◆ Das menschliche Förderband ◆ Vertrauenslauf ◆ Vertrauensfall

3.4 Abschlussübungen:
- Fliegender Teppich ◆ Mattensandwich ◆ Vampire

Phase 4:
Für Kommunikations- und Interaktionsprozesse sensibilisieren und Vertrauen thematisieren

Motto: Grundlagen der Kommunikation und
Kooperation erforschen

1. Unsere Körpersprache öffnet und blockiert

Nonverbales Zahlenspiel[37]

➡ Ziele: - handlungsorientierter Einstieg ins Thema „Körpersprache bzw. nonverbale Kommunikation"
- Einführung und Erklärung des Begriffes „Körpersprache"
bzw. „nonverbale Kommunikation"
- mit Blick auf zukünftige Präsentationen das „Vor-der-
Klasse-Stehen" üben

➡ Durchführung:

Die Schüler bilden einen Sitzkreis. Der Spielleiter verteilt verdeckt an
jeden Schüler einen Zettel, auf dem eine Zahl steht, und fordert die
Schüler zum Schweigen auf. Die Zahlen auf den Zetteln entsprechen
der Anzahl der Übungsteilnehmer. Jeder Schüler prägt sich die Zahl
ein und achtet darauf, dass die anderen im Sitzkreis die eigene Zahl
nicht einsehen können. Dann bittet der Spielleiter einen Freiwilligen
in die Mitte des Kreises. Dieser geht in die Hocke und nennt zwei
beliebige Zahlen innerhalb des Zahlenbereiches der Anzahl der Teilnehmer, z.B. 7 und 14 (seine eigene Zahl darf er jedoch nicht nennen). Nun sollen die Schüler, welche die Zahlen 7 und 14 haben, nonverbal Kontakt aufnehmen (ohne dass es der Schüler in der Mitte
mitbekommt) und versuchen, die Plätze zu tauschen. Gleichzeitig
bemüht sich der Schüler in der Mitte, die Personen mit den genannten Nummern herauszufinden und beim Platzwechsel der beiden einen Stuhl zu ergattern. Gelingt ihm dies, muss derjenige in die Mitte,
der seinen Platz verloren hat. Schaffen es die beiden Schüler, ihre
Plätze zu tauschen, bleibt der Spieler für eine weitere Spielrunde in

der Mitte. Erringt er im zweiten Durchlauf wieder keinen Stuhl, darf er einen beliebigen Schüler benennen, der seinen Platz in der Mitte des Kreises einnimmt.

➡ Materialien: Zettel, Stift

➡ Sicherheitshinweise:

Im Vorfeld der Übung sind die Schüler darauf hinzuweisen, dass der Platzwechsel nicht zu übermütig durchgeführt werden soll. Ferner ist darauf zu achten, dass sich im näheren Umfeld des Sitzkreises keine Tische o.Ä. befinden, an denen sich die Schüler beim Platzwechsel stoßen könnten.

➡ Hinweise:

Treten während des Spieles Phasen ein, in welchen relativ wenig passiert, sollte sich der Spielleiter zunächst zurückhalten und abwarten, auch wenn er als Außenstehender das Schweigen als unangenehm empfindet. Tut sich aber längere Zeit überhaupt nichts und es wird verstärkt im Spielkreis Unmut laut, kündigt der Spielleiter an, dass der Wechsel innerhalb einer Minute erfolgen muss. Er zählt die letzten 15 Sekunden ein, der Wechsel muss nun erfolgen.

➡ Auswertung:

Im Anschluss an das Spiel beschäftigen sich die Schüler mit der Frage: Worum ging es bei diesem Spiel? bzw. Auf was genau kam es bei diesem Spiel an? Im Verlauf des Gespräches führt der Lehrer/Trainer die Begriffe „Körpersprache" bzw. „Nonverbale Kommunikation" ein.

Verkehrter Sitzkreis[38]

➥ Ziele: - für nonverbale Kommunikation sensibilisieren
  - die zentrale Bedeutung der Körpersprache innerhalb des Kommunikationsverlaufes erleben und erkennen

➥ Durchführung:

Die Schüler im Sitzkreis drehen sich mit ihren Stühlen um 180 Grad (Außenstirnkreis), blicken also an die Wände des Raumes. In diesem verkehrten Sitzkreis soll nun eine (kurze) Diskussionsrunde stattfinden. Mögliche Diskussionsthemen sind z.B.:

a) nicht themenbezogen: „Samstagsunterricht - Wie stehst du dazu?" oder „Autoführerschein erst mit 20 Jahren?" etc.

b) themenbezogen: „Wie wichtig ist die Körpersprache im Gesprächsverhalten?" etc.

➥ Hinweise:

Bei dieser Übung wird bewusst ein zentraler Kommunikationsbestandteil ausgeschaltet. In der Regel reagieren (nicht nur) Schüler auf diese Übung mit folgendem Diskussionsverhalten: Entweder es wird chaotisch durcheinander gesprochen – und dies um so energischer, je emotionaler die Diskussionsteilnehmer vom Thema berührt sind –

oder die Teilnehmer schweigen verunsichert. Beide Reaktionen sind darauf zurückzuführen, dass bei dieser Übung ein zentraler Kommunikationsbestandteil - nämlich die Körpersprache - ausgefallen ist. Aufgrund der Körpersprache deuten wir u.a., wann ein Gesprächspartner mit seinem Redebeitrag zu Ende ist, um selbst das Wort ergreifen zu können. Darüber hinaus werden meist unbewusst Gefühle, Stimmungen, Einstellungen, Befindlichkeiten und der Wahrheitsgehalt von Aussagen über die Beobachtung der Körpersprache von Gesprächspartnern interpretiert. Fällt dieser Kommunikationskanal weg, wird ein konstruktiver Gesprächsverlauf erschwert bzw. es entsteht emotionale Unsicherheit.

➡ Auswertung:

Im Rahmen der Reflexion wird mit den Schülern die Bedeutung der nonverbalen Kommunikation im menschlichen Gesprächsverhalten vertiefend analysiert:

- Sie sendet ohne Worte.
- Sie macht ca. 70 % unserer Kommunikation aus.
  (Die Schüler, nach einer Prozentzahl gefragt, nennen erstaunlicher Weise im Anschluss an die Übung meist Zahlen zwischen 70% und 80%.)
- Sie erfolgt meist unbewusst bzw. unbeabsichtigt und ist dann in der Regel unbestechlich.
- Sie beinhaltet Mimik, Gestik, Haltung, Tonlage der Stimme.
- Sie regelt unsere emotionalen Beziehungen. (Der Satz: „Ich mag dich" mit verächtlich heruntergezogenen Mundwinkeln mitgeteilt, wird kaum glaubwürdig erscheinen.)

Impulskarussell - Kommunikation

➡ Ziele: - Sensibilisierung für die hemmenden Wirkungen der non-verbalen Kommunikation

➡ Übungsaufbau:

Aus selbstgestalteten Materialien und dem Impulsmaterial im Anhang (siehe S. 262-267) werden vier Impulsplakate zu den Themen „Eine gute Kommunikation", „Körpersprache", „Killerphrasen", „put-downs" gestaltet (siehe S. 148). Das Plakat, das „put-downs" thematisiert, wird mit negativen Formulierungen beschrieben, welche die Schüler während des Trainingsverlaufes geäußert haben und die vom Lehrer/Trainer gesammelt wurden.
Mit Kreppklebeband werden die vier Impulsplakate jeweils in der Mitte der vier Wände des Raumes auf Gesichtshöhe befestigt.

➡ Durchführung:

Es werden vier Gruppen gebildet, die sich jeweils vor einem Impulsplakat aufstellen. Jedes Gruppenmitglied liest bzw. betrachtet das Impulsmaterial und macht sich zunächst seine eigenen Gedanken darüber. Anschließend werden die auf den Plakaten fixierten Fragen gemeinsam in der Gruppe diskutiert. Nach ca. 10 Minuten gibt der Lehrer/Trainer das Signal zum Wechsel. Die Gruppen wandern im Uhrzeigersinn zum nächsten Plakat und verfahren wie oben beschrieben. Die Übung ist abgeschlossen, wenn jede Gruppe die Inhalte aller Plakate bearbeitet hat.

➡ Materialien: Impulsmaterial (siehe Anhang, S. 262-267), Wandplakate

➡ Auswertung:

Nachdem die Schüler das Impulskarussell durchlaufen haben, finden sie sich im Sitzkreis zusammen. Unter Hilfestellung des Lehrers/Trainers diskutieren sie gemeinsam mit Blick auf den Gruppenunterricht die Wirkungen von verbalen und non-verbalen Killerphrasen, „put-downs" usw. und machen konkrete Vorschläge, wie man das Kommunikationsverhalten in der Klasse verbessern könnte.

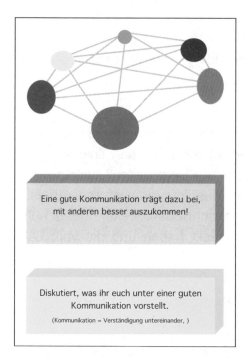

Eine gute Kommunikation trägt dazu bei, mit anderen besser auszukommen!

Diskutiert, was ihr euch unter einer guten Kommunikation vorstellt.

(Kommunikation = Verständigung untereinander,)

Was drücken Mimik und Gestik auf den Bildern aus?

Was bewirkt dieses Verhalten bei anderen Gruppenmitgliedern?

Zeichnungen: Thomas Kugelmeier

Die Aussage „Das funktioniert nie" ist eine sogenannte Killerphrase.

Diskutiert!:
Was wird diese Killerphrase in der obigen Szene bewirken?

Welche Killerphrasen habt ihr schon einmal gehört?

Z. B.: Wir machen doch andauernd Projekte! Das schaffe wir nie.

Zeichnung: Thomas Kugelmeier

Halt den Mund

Hohlschwätzer

Was bewirken solche Äußerungen beim Arbeiten in Gruppen?

Streber

Warmduscher

Schweinchen Dick

2. Die Basiselemente der Kommunikation: Konzentriertes und aktives Zuhören sowie präzises Formulieren

Geometrische Bilder

➡ Ziele:
- erkennen, wie wichtig die Fundamentalbedingungen der Kommunikation „präzises Formulieren" und „konzentriertes bzw. aktives Zuhören" sind
- bewusst erleben, wie schwer es ist, sich präzise auszudrücken und anderen Gesprächspartnern konzentriert zuzuhören
- für Grenzen des eigenen Sprach- und Hörvermögens sensibilisieren
- sich bewusst werden, dass verbale Kommunikation häufig zu Informationsverlusten führt
- erfahren, wie wichtig Visualisierungen (Schaubilder, Skizzen, Symbole) bei Präsentationen und Referaten sind

➡ Durchführung:

Die Stühle werden mit etwas Abstand in einer Gasse angeordnet, so dass sich jeweils zwei Teilnehmer gegenübersitzen. Die Teilnehmer der rechten Seite der Gasse beschreiben nun ihrem jeweils gegenübersitzenden Partner ein geometrisches Bild so präzise wie möglich (siehe Anhang S. 268-271). Der Partner versucht nun, ohne das geometrische Bild zu sehen - also ausschließlich aufgrund der verbalen Anweisungen - das Muster nachzuzeichnen. Während der Übungsausführung dürfen vom Kommunikationspartner Rückfragen gestellt werden, jedoch sollten die beschreibenden Ausführungen rein verbal – also ohne Gestik – erfolgen. Anschließend werden die Rollen getauscht und neue geometrische Bilder beschrieben.

Materialien: Arbeitsblätter: Geometrische Bilder (siehe Anhang, S. 268-271), leere Zeichenblätter, ein Schreibblock je Teilnehmer, Bleistifte

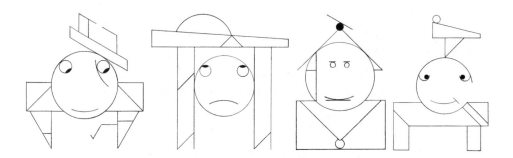

➡ Hinweise:

Ein Durchscheinen des geometrischen Bildes durch das Arbeitsblatt wird verhindert, indem man das geometrische Bild mit einem Karton in eine Klarsichthülle steckt. So geht man sicher, dass das geometrische Bild vom gegenübersitzenden Partner nicht eingesehen werden kann.
Während der Übungsausführung ist darauf zu achten, dass die Kommunikationspartner sich in einer gemäßigten Lautstärke austauschen.

➡ Auswertung:

Die gezeichneten Bilder werden vom Lehrer/Trainer eingesammelt und in der Raummitte ausgelegt. Dann bilden die Schüler um die Bilder einen Sitzkreis, betrachten sie und berichten über ihre Erfahrungen, die sie im Übungsverlauf gesammelt haben. In einer lockeren Gesprächsrunde unter Moderation des Lehrers/Trainers setzen sich die Schüler vertiefend mit der Bedeutung des präzisen Formulierens sowie des aktiven und konzentrierten Zuhörens auseinander. Darüber hinaus ist zu verdeutlichen, dass ein rein verbaler Austausch häufig massive Informationsverluste mit sich bringt. Daher sind bei Referaten oder Präsentationen der Einsatz von Visualisierungen und die Verwendung einer bildhaften Sprache wichtige Elemente. Während der Reflexion sollten sowohl vom Lehrer/Trainer wie auch von den Schülern keine Bewertung bzw. Vergleiche einzelner Bilder vorgenommen werden.

➥ Mögliche Auswertungsfragen:

- Wie ging es dir bei bzw. mit der Übung?
- Auf welche Fähigkeiten kam es bei dieser Übung am meisten an?
- Was macht konzentriertes Zuhören so schwierig?
- „Aktives Zuhören" - Was könnte mit diesem Begriff gemeint sein?
- Warum gehen in Gesprächen, Referaten und Präsentationen Informationen verloren?
- Wie kann man diesen Informationsverlust vermindern?
- Kommunikation erfolgt heute häufig über den Gebrauch von SMS (Handy). Wie beurteilst du bei dieser Form der Kommunikation den Verlust von Informationen?

➥ Variante: Körperkopie

Die Schüler werden in Dreiergruppen aufgeteilt. Innerhalb der Kleingruppe bekommt jeder Schüler einen Buchstaben von A bis C zugewiesen. Schüler C nimmt auf einem Stuhl Platz und schließt die Augen. Schüler A setzt sich auf einen Stuhl gegenüber und nimmt eine beliebige Sitzhaltung ein. Jetzt beschreibt Schüler B dem „blinden" C so präzise wie möglich die Körperhaltung von A. C versucht nun aufgrund der Beschreibung von B die Körperhaltung von A einzunehmen. Abschließend öffnet C die Augen und die Körperhaltungen werden miteinander verglichen. Im weiteren Verlauf können die Rollen getauscht werden.

T-Check[39]: Aktives Zuhören

➡ Ziele: - Operationalisierung der sozialkommunikativen Fertigkeit
              „aktives Zuhören"
           - Erarbeitung eines Verhaltenskodex, der dem Lehrer/
              Trainer und den Schülern konkrete Beobachtungs- und
              Beurteilungskriterien liefert.

➡ Vorbemerkung:

Schlüsselqualifikationen werden erst dann erlern- bzw. trainierbar,
wenn konkreten, spezifischen und beobachtbaren Einzelfertigkeiten
Aufmerksamkeit geschenkt wird. Will man also eine grundlegende
Teamfähigkeit bei Schülern anbahnen, dann reicht es sicherlich nicht
aus, ihnen nur mitzuteilen, dass dies ein effektives und konstruktives Zusammenarbeiten bedeutet. Schüler könnten dies missverstehen
und glauben, wenn sie bei der Gruppenarbeit „die Köpfe zusammen-
stecken", sei das Kriterium „Teamfähigkeit" bereits erfüllt. Vielmehr
muss man zunächst sich und dann den Schülern verdeutlichen, dass
es sich bei der Schlüsselqualifikation „Teamfähigkeit" um einen komplexen Oberbegriff bzw. eine Metafähigkeit handelt, der/die eine Vielzahl von Teilfähigkeiten bzw. -fertigkeiten wie Kommunikationsfähigkeit, Kompromissfähigkeit etc. beinhaltet. Aber damit nicht genug, die Begriffe der nächstunteren Abstraktionsebene z.B. „Kommunikationsfähigkeit" sind ja wiederum komplexe und abstrakte Sam-
melbegriffe, die ebenfalls viele Teilfertigkeiten einschließen, z.B. „aktives Zuhören". Aber selbst „aktives Zuhören" bildet für Schüler ein
Abstraktum, unter dem sie sich zunächst nicht viel vorzustellen ver-
mögen. Konsequenterweise darf man auch auf dieser Operationa-
lisierungsebene nicht stehen bleiben, sondern muss den Begriff gemeinsam mit den Schülern in konkretes und beobachtbares Kommunikationsverhalten übersetzen.[40] Erst dann erhält der Schüler einen Verhaltensrahmen, der eine gewisse Verhaltensorientierung ermöglicht.

Vollzieht man diesen Schritt konsequent, wird folgendes erreicht:

a) Der Lehrer wird verpflichtet, das gewünschte Verhalten anschaulich zu beschreiben. Der Schüler weiß nun, aus welchen konkreten und beobachtbaren Einzelfertigkeiten sich die sozial-kommunikative Fertigkeit „aktives Zuhören" zusammensetzt.

b) Die Schüler erarbeiten zusammen mit dem Lehrer/Trainer einen gemeinsamen Verhaltenskodex, der „aktives Zuhören" definiert und eine Orientierungsgrundlage für das Einüben dieser Fertigkeit liefert.

c) Der Lehrer/Trainer verfügt jetzt über konkrete, also beobachtbare Kriterien, an welchen die Fertigkeit „aktives Zuhören" zukünftig besser beurteilt werden kann.

➥ Durchführung:

Der Lehrer/Trainer spielt dem Plenum zusammen mit einem freiwilligen Schüler zwei kurze Gesprächssituationen vor. In der ersten Sequenz versucht der Schüler etwas mitzuteilen, der angesprochene Gesprächspartner schaut dabei, die Körperfront vom Kommunikationspartner abgewandt, unbeteiligt aus dem Fenster. In der zweiten Szene wird genau das Gegenteil gespielt. Der konzentrierte Zuhörer hält unaufdringlich Blickkontakt, verwendet nonverbale Türöffner (nickt z.B. zustimmend oder verneinend mit dem Kopf), stellt Rückfragen, bekundet sein Interesse am Gespräch etc.

Im Anschluss an diese zwei Szenen füllt der Lehrer/Trainer gemeinsam mit den Schülern an der Tafel bzw. am Flipchart eine T-Karte mit der Überschrift „aktives Zuhören" aus. Die T-Karte besteht aus zwei Spalten. In der erste Spalte soll fixiert werden, was man im Falle „aktiven Zuhörens" beim zuhörenden Gesprächspartner beobachten bzw. sehen kann. Die zweite Spalte bietet Platz für Aktivitäten des „aktiven Zuhörers", die außenstehende Beobachter während des Gesprächs hören können.

Beispiel: T-Karte

Aktives Zuhören

Was kann ich sehen?	Was kann ich hören?
- regelmäßiger Blickkontakt	- Aussagen wie: aha, ach, wirklich, echt, geil, krass
- interessierter Blick	
- der Körper ist dem Gesprächspartner zugewandt	- Zwischenfragen, die Interesse wecken: „Und das hat wirklich funktioniert?" „Und was habt ihr anschließend gemacht?"
- zustimmendes oder ver- neinendes Nicken mit dem Kopf (nonverbale Türöffner)	- Das Gesagte wird kurz zusammengefasst: → „Du meinst also....." → „Wenn ich dich richtig verstanden habe ...."
- anteilnehmende Gestik und Mimik (z. B. ein erstauntes bzw. überraschtes Hand-vor-den-Mund-Legen)	- gezieltes Nachfragen, wenn etwas unklar ist: → „Ich habe das gerade nicht verstanden, kannst du dies bitte nochmals wiederholen!" → „Das verstehe ich nicht!" usw.
- lässt den Gesprächspartner aussprechen und spricht nicht ständig dazwischen	- verbale Türöffner: → „Das sehe ich genauso!" → „Finde ich toll!" → „Das ist eine sehr gute Idee!"
	- Der Zuhörer ist in der Lage, auf Bitten des Gesprächs- partners hin das eben Gesagte zu wiederholen: → „Ich habe gerade den Faden verloren, könntest du mir bitte sagen, worauf ich eben hinauswollte?"

Regeln für das Ausfüllen einer T-Karte:[41]

1. Es muss sich um konkret beobachtbare Verhaltensweisen handeln.
2. Die Verhaltensweisen sind positiv zu formulieren.
3. Es sollten insgesamt nicht mehr als 5 - 7 Verhaltensaspekte pro Spalte eingeführt werden.

➡ Materialien: Tafel oder Flipchart, Moderationsstift oder Kreide

➡ Hinweise:

T-Checks können für alle möglichen sozialen Verhaltensweisen erarbeitet werden, z. B. „aktives Teilnehmen", „gegenseitiges Ermutigen" etc.

➡ Auswertung:

Der Lehrer/Trainer macht die Schüler darauf aufmerksam, dass er in den nächsten vier Wochen bei Gruppenarbeiten regelmäßig Beobachtungen hinsichtlich der gemeinsam erarbeiteten T-Karte durchführen wird. In Nachbesprechungen werden dann die Selbsteinschätzungen der Schüler (Selbstbild) mit der Fremdeinschätzung des Lehrers (Fremdbild) und anderer beteiligter Gruppenmitglieder verglichen.

3. Vertrauen schafft Sicherheit im Umgang mit anderen

3.1 Hinführung zum Thema

Das große atmende Tier[42]

➡ Ziele: - Hinführung zum Thema „Vertrauen"
             - sinnliche Wahrnehmungsfähigkeit erweitern
             - Schaffung einer konzentrierten Atmosphäre
             - Gruppenkohäsion steigern

➡ Durchführung:

Die Übung beginnt und endet an zwei räumlich voneinander getrennten Orten. Der Ort, an dem die Übung begonnen wird, kann nach Prüfung der Eignung beliebig gewählt werden. Die Übung endet an dem Ort, an welchem die nachfolgenden Vertrauensübungen durchgeführt werden (Turnhalle, Wiese etc.).

Die Klasse versammelt sich beim Ausgangsort und wird dort in drei Gruppen aufgeteilt (die Schüler die Gruppen ausnahmsweise selbst wählen lassen). Jede Gruppe bekommt einen erwachsenen Betreuer zugewiesen (Lehrer, Trainer, Begleitperson etc.). Die drei Gruppen finden sich zusammen und der Lehrer/Trainer erläutert das weitere Vorgehen: „Wir werden euch jetzt an einen anderen Ort führen. Während der gesamten Übung werdet ihr Augenbinden tragen, also nichts sehen können. Ihr braucht jedoch keine Angst bzw. Bedenken zu haben, denn jede Gruppe wird von einem Erwachsenen geführt, der darauf achtet, dass euch nichts passiert, und dessen Anweisungen ihr aus Sicherheitsgründen unbedingt folgen müsst. Damit diese Übung gelingt, ist es wichtig, dass ihr euch ruhig verhaltet." Dann stellen sich die Teilnehmer einer jeden Gruppe hintereinander auf, binden die Augenbinden um, halten sich an den Schultern des Vordermannes fest und versuchen, so schweigsam wie möglich zu sein. Jetzt werden die drei Gruppen nacheinander vom jeweiligen Spielleiter zum anderen Ort geführt. Sobald die Karawane am Zielort angekommen ist, teilen die Spielleiter ihrer jeweiligen Gruppe mit, dass die Übung noch nicht abgeschlossen ist und sie die Augenbinden weiterhin aufbehalten sollen. Gleich darauf führt der Spielleiter einen beliebigen Schüler einige Meter von der Gruppe weg und fordert diesen auf, sich vorsichtig auf den Rücken zu legen. Sobald der Schüler bequem liegt, holt der Spielleiter die anderen Gruppenmitglieder der Reihe nach und legt sie vorsichtig und behutsam im Reißverschlussverfahren, mit dem Kopf schräg auf den Bauch des Vorder- bzw. Untermannes (einer mit den Füßen nach rechts, der andere mit den Füßen nach links usw.), so dass alle Beteiligten bequem liegen. Sobald alle Schüler wie oben beschrieben schweigend am Boden liegen, erklärt der Lehrer/Trainer ruhig: „Wir sind am Zielort angekommen, alle Aufregung ist vorbei. Du kannst jetzt ganz gelassen und entspannt sein. Gleich wirst du ein Musikstück hören. Bleibe einfach ruhig und schweigsam liegen und genieße die Musik. Atme dabei ganz ruhig ein und aus und achte darauf, wie sich dein Bauch hebt und senkt. Versuche dabei auch den Atem deines Nachbarn zu erspüren." Nach diesen einleitenden Worten erklingt im Hintergrund Entspannungsmusik, die sich das „Große atmende Tier" ruhig und relaxed anhört. Sobald das Musikstück zu Ende ist, schließt der Spielleiter die Übung: „Du kannst jetzt langsam in deinem Tempo hier ankommen ..., vorsichtig die Augenbinde abnehmen ..., dich zur Orientierung umschauen und langsam mit Rücksicht auf die anderen hinsetzen."

➡ Materialien:

pro Schüler eine Augenbinde, Entspannungsmusik (von max. 5 Minuten Dauer)

➡ Sicherheitshinweise:

Man benötigt für diese Übung mindestens drei verantwortungsbewusste Spielleiter. Während der gesamten Übung ist auf eine konzentrierte und ruhige Atmosphäre zu achten. Die Gruppengröße sollte 10 Gruppenmitglieder nicht überschreiten. Die Schüler werden vom jeweiligen Spielleiter während der Führung auf Gefahrenquellen wie z.B. Treppen etc. hingewiesen. Störenfriede werden rechtzeitig aus der Übung herausgenommen.

➡ Hinweise:

Schüler, die sich mit Augenbinde unwohl fühlen, sollte man keinesfalls zwingen, an der Übung teilzunehmen. Wir haben bei allen Aufenthalten diese Übung durchgeführt, und – abgesehen von „Flüstereien" oder „Gekicher" am Rande – gab es dabei keine größeren Schwierigkeiten. Vielmehr waren die Jugendlichen fasziniert von dieser ungewöhnlichen Entspannungsreise.

➡ Varianten:

Die Übung kann in der zweiten Phase noch mit einer Phantasiereise kombiniert werden. Eine geeignete Phantasiereise mit dem Titel „Neues entdecken" findet man bei Teml (1993).

➡ Auswertung:

Im Anschluss an diese Übung kommen die Schüler im Kreis zusammen und der Spielleiter holt ein Stimmungsbild der Teilnehmer ein („Wie fandet ihr die Übung?" „Wie habt ihr euch während der Übung gefühlt?") In der Reflexionsrunde lässt der Lehrer/Trainer einfließen, dass sich die Klasse während dieser Übungseinheit schwerpunktmäßig mit dem Thema „Vertrauen" auseinandersetzen wird.

Kooperativer Iglu[43]

Die Schüler greifen den Fallschirm (ca. 7 m Durchmesser, im Fachhandel für 200 - 300 DM erhältlich) am Rand und halten ihn etwa in Kniehöhe. Auf Kommando des Spielleiters heben alle gleichzeitig den Fallschirm nicht zu schnell an, bis die Hände über dem Kopf durchgestreckt sind und der Fallschirm sich zu einem Riesenpilz aufbläht. Sobald die Hände mit dem Schirm über dem Kopf gestreckt sind, gehen alle Schüler zwei Schritte nach vorn, führen dann den Fallschirm hinter dem Rücken zu Boden und setzen sich auf den Rand des Fallschirms.

Im geschützten Raum des Iglus diskutiert der Lehrer/Trainer gemeinsam mit den Schülern, inwieweit es einfacher ist, sich in einer Gruppe von Personen einbezogen, angenommen und akzeptiert zu fühlen, wenn man diesen vertrauen kann. Dabei knüpft er an die Erfahrungen an, welche die Schüler während der Übung „Das große atmende Tier" gesammelt haben.

3.2 Baukasten: Warming up

➡ Ziele: - Hemmungen abbauen
- Kontakt bzw. Körperkontakt herstellen
- Aktivierung der Teilnehmer
- positive Atmosphäre schaffen
- Kooperation und Abstimmung mit den Spielpartnern schulen
- Rücksicht nehmen, Hilfsbereitschaft und Teamgeist anbahnen

Vogel Strauß[44]

Es wird zunächst wie bei der Übung „Kooperativer Iglu" ein Riesenpilz gebildet. Jetzt setzen sich die Schüler jedoch nicht auf den Rand des Fallschirms, sondern legen sich, ohne den Fallschirmrand loszulassen, vorsichtig auf den Bauch, stecken ihren Kopf unter den Fallschirm und ziehen das Fallschirmtuch um ihre Schultern. Im Innern des Fallschirms sind dann nur die Köpfe der Schüler zu sehen und das Gelächter darüber ist riesengroß.

Herzschlag und Wirbelsturm[45]

Die Teilnehmer zählen sich zu Dreien ab. Die Einser und Zweier fassen den Fallschirmrand. Alle Dreier legen sich unter den Fallschirm und zwar auf den Rücken (die Füße zeigen dabei zur Fallschirmmitte). Auf Kommando des Spielleiters ziehen die Einser und Zweier gleichzeitig das Tuch so weit wie möglich nach oben und gleich wieder ganz nach unten. Dieser Ablauf wird im Rhythmus des Herzschlages einige Male wiederholt. Der Sog, der beim Hochziehen des Fallschirms entsteht, und die verdrängte Luft beim Herunterziehen sorgen für einige Turbulenzen bei den Schülern unter dem Schirm.

Jetzt versuchen die Schüler mit dem Fallschirm eine La-Ola-Welle zu bilden, indem sie mit beiden Händen den Fallschirmrand festhalten. Dann hebt der Spielleiter seine Arme schnell in die Höhe und nimmt sie genauso schnell wieder herunter. Diese Bewegung wird reihum fortgeführt, vergleichbar einer La-Ola-Welle im Fußballstadion. Kommt es zu einem Koordinationsfluss, wandert eine riesige Welle um den Fallschirmrand, die für die am Boden liegenden Schüler einen enormen Wirbelsturm entstehen lässt. Eventuell gibt man zusätzlich Luftballons unter den Schirm, die dann wild im Kreis herumwirbeln. Nachdem beide Übungen durchgeführt wurden, dürfen die Zweier und anschließend die Einser unter den Schirm.

Das Ballonproblem

Jeder Teilnehmer bekommt einen Luftballon, den er aufbläst und auf den Fallschirm wirft. Aufgabe der Schüler ist jetzt, eine Strategie zu entwickeln, die Luftballons möglichst schnell vom Schirm zu bekommen. Zur Strategieoptimierung erhalten sie drei Versuche.

Schleißenscheit und Woschwiewa[46]

Die Schüler stehen im Kreis. Der Spielleiter reicht mit den Worten „Das ist ein Schleißenscheit!" einen beliebigen Gegenstand (z.B. ein Stofftier oder einen Stift) an seinen linken Nachbarn A weiter. A fragt zurück: „Was ist das?" und erhält vom Spielleiter als Antwort „Das ist ein Schleißenscheit!". Nun reicht A den Gegenstand an seinen linken Nachbarn B weiter mit den Worten: „Das ist ein Schleißenscheit!". B fragt bei A zurück: „Was ist das?". Postwendend dreht sich A wieder zurück, um beim Spielleiter nachzufragen: „Was ist das?". Der Spielleiter gibt ihm die Antwort: „Das ist ein Schleißenscheit!". Es muss also nach jeder Weitergabe des „Schleißenscheits" die ganze Reihe bis zum Spielleiter zurückgefragt werden („Was ist das?") und dann dessen Antwort „Das ist ein Schleißenscheit!" reihum weitergesagt werden, bis sie beim momentanen Besitzer des Gegenstandes ankommt. Dieser reicht ihn dann an seinen linken Nachbarn weiter mit den bekannten Worten: „Das ist ein Schleißenscheit!".

Das absolut lustige Chaos bricht aus, wenn der Spielleiter zusätzlich in entgegengesetzter Richtung einen anderen Gegenstand mit den Worten „Das ist ein Woschwiewa!" weitergibt.

Klatschen[47]

Die Schüler bilden einen sehr großen Stirninnenkreis. Der Spielleiter schickt übertrieben gestikulierend und weitausholend einen kräftigen Klatscher im Kreis herum, indem die benachbarten Schüler den Klatscher nacheinander aufnehmen und weitergeben. Sobald der Klatscher wieder beim Spielleiter ankommt, gibt er ihn erneut in Kreisrichtung weiter.

Variationen:
- Durch die Intensität des Klatschers wird die Geschwindigkeit gesteigert.
- Gleich nachdem der Klatscher vom Spielleiter weitergegeben wurde, schickt er einen zweiten Klatscher hinterher, der den ersten einholen bzw. überholen soll.
- Während ein Klatscher linksherum weitergegeben wird, wird vom Spielleiter ein zusätzlicher Klatscher rechtsherum eingeleitet.
- Die Schüler können durch Doppelklatschen einen Richtungswechsel einleiten.

Twizzle[48]

Die Schüler bilden einen großen Flankenkreis (die rechte Schulter zeigt zur Kreismitte). Die Schüler beginnen im Kreis zu joggen, der Spielleiter gibt nun verschiedene Anweisungen:

„Los": Alle joggen im Uhrzeigersinn im Kreis
„Stopp": Alle bleiben auf der Stelle stehen
„Sprung": Sprung mit beiden Beinen
„Kehrt": Die Laufrichtung wird abrupt gewechselt
„Twizzle": Gesprungene 360 Grad Drehung

Nach jedem Kommando müssen alle Spieler absolut bewegungslos stehen bleiben, erst bei „Los" darf wieder losgejoggt werden. Wer im Anschluss an ein Kommando bei einer Bewegung ertappt wird, wird Schiedsrichter und hilft der Spielleitung bei der Beobachtung.

Kleiner Dinosaurier

Die Spieler befestigen sich gegenseitig drei Wäscheklammern auf dem Rücken (Kamm eines Dinosauriers). Auf Kommando des Spielleiters versucht jeder Spieler innerhalb eines begrenzten Spielfeldes (z.B. halbes Volleyballfeld), möglichst viele Wäscheklammern der anderen Dinosaurier zu ergattern und gleichzeitig den Verlust der eigenen Wäscheklammern gering zu halten.

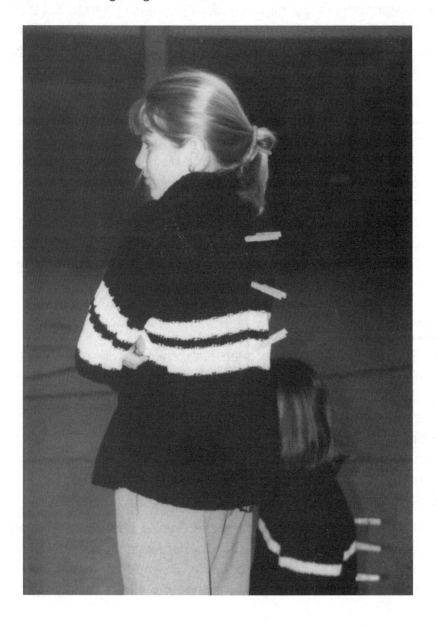

Der Segeltörn[49]

Eine abgegrenzte Spielfläche symbolisiert ein Segelschiff. Der Kapitän des Schiffes (Spielleiter) gibt seiner Mannschaft (Schüler) folgende Anweisungen, die sofort ausgeführt werden müssen:

„Landgang": Alle gehen für den Landgang von Bord und dürfen sich im Dauerlauf frei in der Turnhalle bewegen.

„Wir stechen in See": Alle kommen sofort auf das Schiff zurück.

„Backbord": Alle begeben sich schnellstmöglich auf die linke Seite des Schiffes. Wer in die falsche Richtung läuft, geht über Bord und treibt im Wasser (legt sich auf den Turnhallenboden).

Analoge Befehle: „Steuerbord", „Heck", „Bug"

„Achtung, der Kapitän kommt":

Alle salutieren dem Kapitän, indem sie die Hand an den Kopf legen. Erst beim Kommando „Rühren" darf man sich wieder bewegen. Gibt der Kapitän fälschlicherweise statt „Rühren" ein anderes Kommando, z.B. „Backbord", gehen alle über Bord, die dieses Kommando befolgten.

„Mann über Bord": Entsprechend der Anzahl der im Wasser schwimmenden Seeleute bilden sich Gruppen (z.B. drei Schiffbrüchige erfordern die Bildung von drei Gruppen) und bergen die über Bord gegangenen vor dem Ertrinken, indem sie diese ins Schiff zurückholen.

„Seekrank": Alle übergeben sich geräuschvoll über die Reling ins Meer.

„Setzt die Segel": Die Teilnehmer bilden 6er-Gruppen, fassen sich an den Händen, stellen sich auf ein Bein und strecken das andere Bein nach hinten. Wer übrigbleibt, geht über Bord.

„Ruhe": Alle legen sich auf den Boden und ruhen sich aus.

Wer Befehle falsch ausführt, geht über Bord und wartet auf den Befehl „Mann über Bord".

3.3 Baukasten: Vertrauensübungen

➡ Ziele: - die verschiedenen Dimensionen von Vertrauen thematisieren und analysieren
- Vertrauen anbahnen (sich führen lassen, sich anvertrauen)
- Gruppenkohäsion steigern
- Fairness und Kooperation üben
- kinästhetisches Empfinden schulen
- sinnliche Wahrnehmungs- und Erlebnisfähigkeit erweitern

Vorbemerkungen

Die nachfolgend angeführten Vertrauensübungen spiegeln in ihrer Reihenfolge einen zunehmenden Schwierigkeitsgrad. Vor Beginn dieser Übungssequenz ist es unerlässlich, den Schülern in einer Gesprächsrunde nachhaltig zu verdeutlichen, dass die Übungen konzentriert und mit der notwendigen Ernsthaftigkeit durchgeführt werden müssen. In diesem Zusammenhang ist den Schülern darzulegen, dass Vertrauen zwischen Menschen nur dann wachsen kann, wenn sie das vorgestreckte Vertrauen der anderen nicht missbrauchen. Da die Übungen vom gegenseitigen Vertrauensvorschuss leben, können sie während dieser Übungssequenz ihre Vertrauenswürdigkeit unter Beweis stellen. Bei jeder einzelnen Übung ist es notwendig, die Schüler eindringlich auf mögliche Gefahren und erforderliche Sicherheitsaspekte hinzuweisen. Darüber hinaus wird durch vorausschauendes (antizipierendes) Verhalten des Spielleiters die Sicherheit während der Aktivitäten erhöht.

Kein Schüler sollte während dieser Sequenz zur Übungsteilnahme gezwungen werden. Möchten tatsächlich einzelne Schüler bei bestimmten Aufgaben pausieren, sollte der Lehrer/Trainer für sie verschiedene Beobachtungsaufgaben zur Hand haben. Tauchen bereits bei Übungen mit niedrigem Schwierigkeitsgrad Probleme bzw. Störungen auf, sind auffällige Schüler konsequent von den Übungsausführungen auszuschließen (Beobachtungsaufgaben!). Die Schüler sind vor Beginn dieser Übungssequenz darauf hinzuweisen, dass Uhren, Schmuck, Brillen etc. vorher abgelegt werden müssen.

Aufbau von Körperspannung

Eine wichtige Voraussetzung für viele Vertrauensübungen ist eine
angemessene Körperspannung (z.B. Fly away, Pendel, Jurtenkreis,
Vertrauensfall etc.), da sie einen zu hebenden Körper leicht macht
und eine bessere Griffigkeit beim Heben schafft. Daher wird empfoh-
len, vor den eigentlichen Vertrauensübungen Übungen zum Aufbau
von Körperspannung durchzuführen.

Tipps zum Aufbauen von Körperspannung:[50]
a. Die Schüler begeben sich in Rückenlage und entspannen sich von
   den Zehen bis zum Kiefer. Aus dem entspannten Zustand heraus
   sollen sie jetzt bestimmte Körperteile, z.B. Arme, Beine etc., an-
   spannen und wieder entspannen. Dabei können Bilder als Hilfen
   zur Hand gegeben werden: Zehen lang machen, Bauch einziehen,
   Knie durchdrücken usw.
   Während der Übung auf die Atmung achten!
b. Der Partner tippt Körperteile an, die angespannt werden müssen.
   Dazu kann als Bild die Vorstellung „Strom rein - Spannung" helfen

Kontrolle der richtigen Körperspannung:

a. Ein Schüler A begibt sich in Rückenlage und spannt den Körper. Sein Partner B hebt jetzt A an den Füßen an (Hinweise auf anatomisch richtiges Heben und Tragen: gerader Rücken, Heben nahe am Körper etc.). Liegt ausreichend Körperspannung vor, hebt sich der Po von A gleichzeitig mit den Fersen vom Boden ab.

b. Schüler A begibt sich in gespannte Liegestütz-Stellung: Partner B hebt A an den Beinen hoch. Liegt ausreichend Körperspannung vor, fällt A dabei nicht ins Hohlkreuz!

Auswertung der Vertrauensübungen

Die Auswertung der Vertrauensübungen kann folgendermaßen erfolgen: Im Anschluss an die verschiedenen Vertrauensübungen bzw. Übungssequenzen finden kurze Gesprächsrunden statt, die Vertrauensprozesse aus folgenden drei Blickwinkeln analysieren.

1. Was schafft Vertrauen (Voraussetzungen für Vertrauensbildung)?
2. Warum entsteht Misstrauen (Vertrauenskiller)?
3. Inwieweit spielt Vertrauen im Gruppen- bzw. Projektunterricht eine Rolle?

Dazu werden drei große Wandplakate nebeneinander an der Hallenwand bzw. auf Pinnwänden (diese müssen dann jedoch am Hallenrand stehen) befestigt. Auf dem linken Wandplakat werden verschiedene Dimensionen gegenseitigen Vertrauens gesammelt, die unmittelbar während der Übungen erlebt wurden (z.B. Akzeptanz, Fairness und Toleranz, sich angenommen und ernst genommen fühlen, sich aufeinander verlassen können, Verantwortungsübernahme, Selbstvertrauen, gegenseitige Wertschätzung, fairer und hilfsbereiter Umgang untereinander, emotionale Sicherheit, gegenseitiges Sichern, Unterstützen und Anerkennen etc.). Das mittlere Plakat sichert Aspekte, die Vertrauensprozesse zerstören bzw. Misstrauen fördern (Vertrauenskiller: Hohn; Spott; verlacht, herabgesetzt und lächerlich gemacht werden etc.). Schließlich sollen die Schüler den Transfer zum schulischen Alltag herstellen, indem sie versuchen, die gefundenen Vertrauens-/Misstrauensaspekte bzw. -dimensionen der beiden anderen Plakate auf konkrete Situationen im Gruppen- bzw. Projektunterricht zu übertragen. Dabei sollen sie auch herausarbeiten, inwieweit es einfacher ist, sich in einer Klasse bzw. Lerngruppe einbezogen, angenommen und akzeptiert zu fühlen, wenn man seinen Mitschülern vertrauen kann.

Hierzu einige Beispiele:

- Diskussionen, Präsentationen, Rollenspiele etc. verlaufen weniger angstbesetzt, wenn Schüler darauf vertrauen können, sich dabei nicht Hohn und Spott der Mitschüler auszusetzen, nicht wegen des „roten Kopfes" verlacht zu werden und bei jeder Unsicherheit gleich einen Imageverlust oder bei wiederholtem Erleben einen Schaden des Selbstwerts befürchten zu müssen.
- Ferner muss eine erfolgreiche Lerngruppe auf ihre eigene Leistungsfähigkeit vertrauen können.
- Leistungsfähig ist eine Gruppe jedoch nur dann, wenn sich jeder Einzelne konstruktiv in die Gruppenarbeit einbringt und sich nicht darauf verlässt, dass die anderen Gruppenmitglieder die Arbeit für ihn mitmachen werden.
- Die Leistungsfähigkeit einer Lerngruppe wird auch durch deren Kreativität und Problemlösungsvermögen bestimmt. Daher muss jedes Gruppenmitglied darauf vertrauen können, dass seine Ideen ernstgenommen werden, man von der Gruppe nicht ausgeschlossen wird und ein toleranter, offener und von Akzeptanz bestimmter Umgang im Miteinander vorherrscht.
- Schüler müssen darauf vertrauen können, beim Erhalten von Feedback und Rückmeldungen bezüglich der Zusammenarbeit nicht vernichtend kritisiert bzw. deklassiert zu werden.
- Mitschüler müssen darauf vertrauen können, dass das Geben von konstruktiven Rückmeldungen bzw. Feedback keine Störung der zwischenmenschlichen Beziehung zur Folge hat.

Vertrauensübungen

Blind durch die Gasse[51]

➡ Durchführung:

Die Schüler bilden eine lange, kurvenreiche Gasse (Breite der Gasse 3-4 m). Die beiden am Anfang der Gasse stehenden Schüler legen Augenbinden an und gehen vorsichtig und genügend Abstand haltend „blind" durch die Gasse. Sobald die „Blinden" vom rechten Weg abkommen, geben die in der Gasse stehenden Schüler kurze Zischlaute von sich, um den „Blinden" den richtigen Weg zu weisen. Findet ein Teilnehmer nicht die vorgesehene Route, wird er von den Mitspielern sanft mit den Händen in die richtige Richtung geführt. Sobald die „Blinden" die Hälfte der Strecke zurückgelegt haben, machen sich die nächsten beiden Schüler auf den Weg. Das vorletzte Paar der Gasse ruft laut und deutlich „Stopp", sobald die „Blinden" bei ihnen ankommen; die Augenbinde kann jetzt wieder abgenommen werden und die Läufer reihen sich als Schlusslichter wieder in die Gasse ein. Die Übung ist beendet, sobald alle Schüler die Gasse durchlaufen haben.

➡ Materialien: Augenbinden

➡ Variante:

Eventuell können sich in der Gasse Hindernisse wie z.B. eine Weichbodenmatte befinden. Dann muss allerdings sichergestellt werden, dass kein Schüler von der Matte fallen kann.

➡ Sicherheitshinweise:

Voraussetzung für diese Übung ist Ruhe, Konzentration und Ernsthaftigkeit. Sie ist Gradmesser für die Durchführung weiterer Vertrauensübungen. Der Spielleiter achtet darauf, dass sich kein „blinder" Schüler außerhalb der Gasse bewegt.

➡ Hinweise:

Wichtig ist, dass die „Blinden" während des Spiels langsam gehen und sich auf die Signale der anderen konzentrieren.

Vertrauensspaziergang[52]

➡ Durchführung:

Jedem Schüler wird ein Partner zugelost. Einer der Partner schließt die Augen bzw. verbindet sich die Augen mit einer Augenbinde, der andere Partner übernimmt die Führung des „Blinden". Beide Partner begeben sich nun gemeinsam auf einen Spaziergang, der dem „Blinden" möglichst vielfältige Sinneseindrücke des Berührens, Riechens, Hörens, des Überwindens von Hindernissen, aber auch Begegnungen mit anderen Menschen vermitteln soll. Intensive Erfahrungen diesbezüglich können vor allem im Freien gesammelt werden. Während der Übung darf nicht gesprochen werden und dem sehenden Partner kommt die Aufgabe zu, den „Blinden" vor allen Gefahren zu schützen. Nach etwa 15 Minuten werden die Rollen getauscht.

➡ Hinweis:

Das Übungsgelände ist vorher vom Spielleiter nach Gefahrenquellen abzusuchen (Beseitigung bzw. Sicherung der Gefahrenquellen).

Variante: Vertrauensnetz

Die Schüler legen sich auf den Bauch und bilden am Boden ein großes Netz, indem sich Hände und Füße benachbarter Schüler berühren. Ein Schüler wird mit geschlossenen Augen von einem Partner vorsichtig durch dieses menschliche Netz gelotst, ohne dass die am Boden Liegenden berührt werden.

Variante: „Blindenparcours"[53]

➡ Durchführung:

Zusammen mit den Schülern werden verschiedene Stationen aufgebaut, die dann anschließend „blind" durchlaufen bzw. bewältigt werden müssen. Die Schüler werden paarweise auf die Strecke geschickt, wobei einem die Augen verbunden sind und der Partner als „Blindenführer" agiert. Dem „Blindenführer" kommt die Aufgabe zu, den „Blinden" sicher durch den Parcours zu führen. Sobald der Parcours durchlaufen wurde, tauschen beide die Rollen.

➥ Materialien:

Turnmatten, 1 Weichbodenmatte, Tücher, Papierblätter, Seil oder Klebeband

➥ Stationen:

Station 1

Die Schüler sollen auf Turnmatten (keine Weichbodenmatten!) Rollen vorwärts machen.
Achtung: Dem „Blindenführer" kommt die Aufgabe zu, den „Blinden" genau auf die Matte zu führen und ihn mit einem Signal vor dem Mattenende rechtzeitig zum Aufhören aufzufordern.

Station 2

Die Schüler sollen versuchen, auf einem am Boden liegenden Seil oder auf einer mit Klebeband markierten Linie zu balancieren. Der „Blindenführer" ist ihm dabei behilflich.

Station 3

Der „Blinde" wird (evtl. barfüßig) vom Partner über verschiedene Untergründe (Turnmatte, Hallenboden, Weichbodenmatte) geführt.

Station 4

Es werden Papierknäuel in einem begrenzten Bereich der Halle platziert. Der Sehende muss den „Blinden" durch Zurufe oder durch Tippen auf die linke bzw. rechte Schulter sicher durch den Parcours führen. (Stopp: gleichzeitiges Antippen auf beiden Schultern)

➥ Sicherheitshinweise:

Alle Schüler müssen im Vorfeld der oben beschriebenen Übungen auf die Bedeutung des „Blindenführers" ausdrücklich hingewiesen werden. Darüber hinaus muss vorab in einem Gesprächskreis eindringlich das Verantwortungsbewusstsein der Schüler geweckt werden.
Der Lehrer/Trainer nimmt keinesfalls an diesen Übungen teil, sondern konzentriert sich ausschließlich auf den sicheren Ablauf der Übungen. Besondere Aufmerksamkeit soll der Lehrer/Trainer den als risikofreudig bekannten Schülern widmen. Sollte sich eine Klasse als besonders „draufgängerisch" erweisen, liegt es im Ermessen des Lehrers/Trainers, die Blindenübungen durch- bzw. fortzuführen.
Auf Wettbewerbe oder Zeitnahmen sollte unbedingt verzichtet werden.

Wege, Stationen oder Hindernisse, die eine Erhöhung des Verletzungs-
risikos mit sich bringen, sind ungeeignet (z. B. starre Hindernisse wie
Turnbänke usw.).
Die Schüler sollten darauf hingewiesen werden, dass sie jederzeit die
Augen öffnen oder die Augenbinde abnehmen dürfen, falls sie sich
unsicher fühlen.

Jurtenkreis[54]

➡ Durchführung:

Die Klasse wird in zwei Gruppen mit gerader Teilnehmerzahl aufgeteilt. Dann bildet jede Gruppe einen Innenstirnkreis und es wird reihum 1, 2 - 1, 2 etc. abgezählt. Die Schüler fassen sich fest an den
Händen, die Füße stehen sicher parallel auf dem Boden. Auf ein Signal des Lehrers/Trainers lassen sich alle „Einser" mit geradem Körper (Körperspannung) langsam nach vorne, alle „Zweier" nach hinten
fallen (die Arme bilden eine Zickzacklinie); die Füße bleiben dabei
fest am Boden stehen. Falls dies gelingt, kann die Gruppe versuchen,
gleichzeitig auf Kommando die Position zu wechseln.

➡ Sicherheitshinweise:

Wichtig bei dieser Übung ist das Beibehalten von Körperspannung.
Die Knie dürfen dabei nicht einknicken. Ferner sollte die Spielleitung
darauf achten, dass das Sich-fallen-lassen langsam ausgeführt wird.

Fly away

➥ Durchführung:

Es werden Gruppen mit sechs, besser acht Gruppenmitgliedern gebildet. Ein Gruppenmitglied legt sich ausgestreckt mit dem Rücken auf Turnmatten bzw. den Boden. Die anderen Gruppenmitglieder knien um den Liegenden (je drei auf der linken und der rechten Seite, ein Teilnehmer befindet sich hinter dem Kopf) und üben mit den Händen leichten Druck auf dessen Beine, die Arme und die Stirn aus. Der Druck soll so dosiert sein, dass deutlich eine Kraft spürbar ist, ohne dass Schmerzen entstehen. Auf ein Signal des Spielleiters spannt der liegende Schüler den Körper an. Die anderen Gruppenmitglieder greifen unter den Körper des liegenden Schülers und heben ihn gleich-

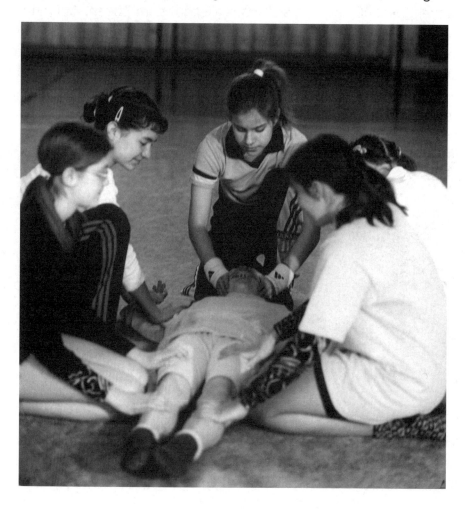

zeitig und ganz vorsichtig mit geradem Rücken auf Hüfthöhe an. Anschließend lassen sie ihn langsam zum Takt der Entspannungsmusik wie ein fallendes Blatt leicht hin- und herschaukelnd wieder auf den Boden zurückschweben. Die Schaukelbewegungen sollen sanft und nicht heftig sein. Schließlich werden die Rollen getauscht.

➥ Materialien: ausreichend Niedersprungmatten, Entspannungsmusik

➥ Sicherheitshinweise:

Der Schwebende darf nicht in der Hüfte einknicken (siehe Hinweise zum Aufbau von Körperspannung, S. 167).
Leichtsinnige Aktivitäten und Blödeleien sind vom Lehrer/Trainer zu unterbinden.
Es sollten so viele Niedersprungmatten pro Gruppe ausgelegt werden, dass die hebenden Schüler nicht an den Mattenrändern aufgrund des Überganges von der Matte zum Boden aus dem Gleichgewicht geraten können. Stehen nicht genügend Matten zur Verfügung, sollte man eher auf Matten verzichten und die Übung auf dem Turnhallenboden durchführen.

➥ Hinweise:

Durch Schweigen der Gruppenmitglieder wird die Atmosphäre der Übung noch gesteigert.

Risiko[55]

➥ Durchführung:

Jeder Schüler überprüft, wie weit er sich ohne umzufallen nach vorne lehnen kann. Dann finden sich in etwa gleichgroße Spielteilnehmer paarweise zusammen, stellen sich „face to face" gegenüber auf und legen die Handflächen mit angewinkelten Armen aufeinander. Nun gehen beide gleichzeitig - ohne den Handkontakt zu lösen - ganz vorsichtig rückwärts. Beide versuchen dabei, ihren individuellen äußersten Punkt zu finden. Sobald sie diesen erreicht haben, gehen sie behutsam, Schritt für Schritt wieder aufeinander zu.

➥ Sicherheitshinweise:

Auf einen rutschfesten Boden und einen sicheren Stand achten!
Die Schüler auf das Beibehalten von Körperspannung hinweisen!

Vertrauenstest[56]

➡ Durchführung:

Die Schüler bilden eine relativ enge Gasse. Ein Schüler balanciert mit geschlossenen Augen auf einem imaginären Drahtseil durch die Gasse. Dabei lässt er sich beliebig oft nach links und rechts in Richtung Mitschüler fallen.

Die Schüler, welche die Gasse bilden, müssen ständig bereit sein, den fallenden Schüler zu fangen. Damit sie dies auch leisten können, stehen sie in Schrittstellung und heben fangbereit die Arme.

➡ Sicherheitshinweise:

Der fallende Schüler muss von seinen Mitschülern sanft aufgefangen und vorsichtig wieder in die Ausgangsstellung zurückgebracht werden; ein wildes Herumgeschubse sollte unbedingt vermieden werden. Wichtig ist auch, dass der auf dem imaginären Seil balancierende Schüler beim Fallen Körperspannung hält.

➡ Hinweise:

Jeder Schüler entscheidet selbst, ob er die Augen schließt und wie oft er sich in die Reihen links und rechts fallen lässt.

Vertrauenspendel[57]

➡ Durchführung:

Die Klasse wird jeweils in Gruppen mit drei (evtl. gleichgeschlechtlichen) Teilnehmern unterteilt. Die drei Gruppenmitglieder stellen sich so auf, dass die beiden äußeren die Gesichter einander zugewandt haben und das dritte Gruppenmitglied in der Mitte dazwischen steht. Der Teilnehmer in der Mitte verschränkt die Arme vor der Brust, spannt den Körper an und lässt sich dann von den beiden Gruppenmitgliedern sanft vor- und zurückschieben. Dabei fangen die beiden Außenstehenden den fallenden Schüler mit nach vorn gestreckten Armen auf (die Hände sind dabei so abgewinkelt, dass die Fingerspitzen zur Hallendecke zeigen) und schieben ihn sanft in die Arme des gegenüber stehenden Schülers. Zu Beginn sollte die Fallstrecke sehr gering gehalten werden. Sobald die Schüler etwas Erfahrung gesammelt haben, kann sie etwas vergrößert werden.

Dem Fallenden sollte freigestellt werden, ob er die Augen während der Übung geöffnet oder geschlossen hält. Nach mehrmaligem Pendeln werden die Rollen getauscht.

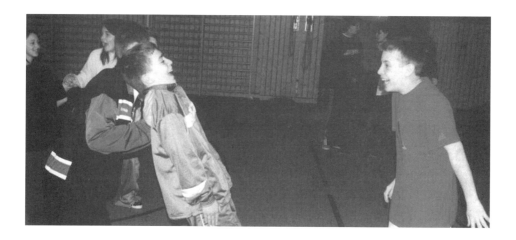

➡ Sicherheitshinweise:

Es ist unbedingt auf einen sicheren Stand der beiden außen stehenden Schüler zu achten (Schrittstellung).

Ferner ist eine konzentrierte und gewissenhafte Durchführung der Übung erforderlich; es darf keinesfalls übereifrig oder gar wild herumgeschubst werden (Verletzungsgefahr und Vertrauensmissbrauch). Die fallende Person muss unbedingt Körperspannung beibehalten und darf nicht in der Hüfte einknicken.

Während der Übungsdurchführung sollte nicht gesprochen werden.

Vertrauensring

➡ Durchführung:

Beim Vertrauensring handelt es sich um eine Variante des Vertrauenspendels. Die Klasse wird in (gleichgeschlechtliche) Gruppen von maximal 12 Teilnehmern aufgeteilt. Die Gruppenmitglieder bilden einen engen Ring bzw. Kreis. Ein Gruppenmitglied steht in der Mitte, macht sich steif, bleibt möglichst mit den Füßen in der Kreismitte stehen und lässt sich in eine beliebige Richtung fallen. Daraufhin wird es von den anderen behutsam in seine Ausgangsstellung zurückbefördert, um sich erneut in eine beliebige Richtung fallen zu lassen. Während der Übung soll keinesfalls geschubst werden. Vielmehr soll der Fallende federnd angenommen und sanft weitergereicht werden. Niemand soll gezwungen werden, in die Mitte des Kreises zu gehen, d.h. nur Freiwillige übernehmen die Rolle des Fallenden.

➡ Sicherheitshinweise:

Siehe Vertrauenspendel

Das menschliche Förderband[58]

➡ Durchführung:

Die Schüler legen sich im Reißverschlussverfahren in Rückenlage auf den Boden. Dabei liegen sie Kopf an Kopf, wobei die Füße von Schüler A nach links zeigen, die von Schüler B nach rechts, die Füße von C wieder nach links, die von D nach rechts usw. Sobald die Schüler den oben beschriebenen Reißverschluss gebildet haben, strecken sie senkrecht die Arme nach oben; dabei ist wichtig, dass die Arme ganz durchgestreckt werden. Ein freiwilliger Schüler legt sich vorsichtig rücklings auf die hochgestreckten Arme der liegenden Schüler und spannt den Körper an. Die ganze Gruppe transportiert ihn dann bis zum Ende des Förderbandes weiter. Sobald er am Ende angelangt ist, wird er Teil des Förderbandes und weitere Freiwillige können über das Vertrauensförderband transportiert werden.

➥ Sicherheitshinweise:

Es ist vorteilhaft, die Schüler im Vorfeld der Größe nach aufstellen zu lassen, damit Schüler mit vergleichbarer Armlänge nebeneinander liegen.

Wichtig ist auch, dass die das Förderband bildenden Schüler eng liegen. Beim zu befördernden Schüler X sollte es sich beim ersten Durchgang nicht um den schwersten Schüler der Klasse handeln.

Ferner ist es erforderlich, dass dem zu befördernden Schüler X geholfen wird, auf das Förderband (also auf die nach oben gestreckten Arme) zu gelangen. Dazu legt sich X vor dem Förderband mit dem Rücken auf den Boden und spannt den Körper an (die Füße zeigen dabei in Transportrichtung). Der Spielleiter und mindestens vier weitere Schüler heben X vorsichtig an (eine Person steht dabei hinter dem Kopf von X, die anderen auf seiner linken und rechten Seite) und legen zunächst die Füße von X auf das Förderband bzw. auf die nach oben gestreckten Arme. Sobald der ganze Körper von X auf dem Förderband aufliegt, begibt sich der Spielleiter mit seinen Helfern zur anderen Seite des Förderbandes und hilft X (sobald er dort ankommt) analog und sicher vom Fließband zu gelangen (Konzentration!).

Vertrauenslauf

➥ Durchführung:

Ein freiwilliger Schüler begibt sich an das eine Ende der Turnhalle und setzt eine Augenbinde auf. Die restliche Klasse befindet sich auf der gegenüberliegenden Hallenseite und bildet eine lebende Schutzmauer vor der Turnhallenwand. Nun läuft der „Blinde" im gemäßigten Dauerlauftempo auf die andere Hallenseite. Vorher versichert er sich, dass die Spieler auf der anderen Seite für seinen Vertrauenslauf bereit sind. Damit er nicht gegen die Wand läuft, wird er von seinen Mitschülern rechtzeitig und vorsichtig aufgehalten (er darf keinesfalls die Reihen seiner Mitspieler durchbrechen!). Sobald der Läufer auf der gegenüberliegenden Seite angekommen ist, nimmt er die Augenbinde ab und gibt sie an den nächsten Freiwilligen weiter.

➡ Sicherheitshinweise:

Für den Fall eines Orientierungsverlustes müssen auch einige Mitschüler an den Seiten der Turnhalle stehen. Es bietet sich an, vorab ein Signal einzuführen (z. B. ein lautes „Stopp" oder einen Pfiff), damit der Spielleiter bei Orientierungsverlust oder einer zu hohen Laufgeschwindigkeit die Übung sofort abbrechen kann.

Der Spielleiter sollte nur gemäßigtes Dauerlauftempo dulden. (Läuft jemand zu schnell, wird die Übung mit einem lauten „Stopp" abgebrochen.)

Die lebende Schutzmauer sollte mindestens fünf Meter vor der Hallenwand platziert werden.

Die Fänger müssen beim Fangen in Schrittstellung stehen, damit sie nicht einfach umgerannt werden.

Die Hände der Fänger dürfen keinesfalls gegen das Gesicht bzw. den Kopf des Läufers greifen.

Bodychecks, ruckartige Stopps oder ähnliche Vergehen sind von vornherein zu untersagen.

Ein immer lauter werdendes „Yeah" der Fänger, sobald sich der Läufer nähert, führt häufig zu einer Verringerung der Laufgeschwindigkeit. Möglich ist auch, dass der Spielleiter ein Signal einführt (z. B. „Achtung"), so dass der Läufer kurz vor den Fängern seine Laufgeschwindigkeit vermindert.

Die Übung sollte nur durchgeführt werden, wenn die Schüler mit der nötigen Konzentration und Ernsthaftigkeit bei der Sache sind.

Vertrauensfall[59]

➡ Durchführung:

Die gesamte Klasse bildet vor einem Sprungkasten eine engstehende Gasse. Die Spieler in der Gasse strecken die Arme im Reißverschlussprinzip angewinkelt etwas nach vorne; die Handflächen zeigen dabei nach oben und die Fingerspitzen haben dieselbe Höhe wie die Ellbogen. Mit Reißverschlussprinzip ist gemeint, dass zwischen den beiden Armen einer Person sich ein Arm der jeweils gegenüberliegenden Person befindet (siehe Skizze S. 181). Sobald die Gasse wie beschrieben steht, lässt sich ein freiwilliger Schüler vom Sprungkasten in die Gasse fallen. Dazu steht er, den Körper der Gasse zugewendet, am

Kastenende. Er nimmt die Arme weit nach vorne hoch und spannt den Körper an (die Körperspannung ist bei dieser Übung sehr wichtig). Die Mitspieler der Gasse konzentrieren sich, kontrollieren nochmals ihre Stellung und geben der Person auf dem Kasten mit dem Ruf „Bereit!" grünes Licht. Die freiwillige Person kündigt an „Ich falle" und lässt sich vorwärts in die Arme der Mitschüler fallen (die Körperspannung muss während des Falles beibehalten werden!). Der Fallende wird von den Mitspielern federnd entgegengenommen.

➡ Sicherheitshinweise:

Uhren, Schmuck, Brillen etc. müssen unbedingt vorher abgelegt werden. Der Vertrauensfall sollte nur durchgeführt werden, wenn sich die Mitspieler bei den vorherigen Vertrauensübungen verantwortungsbewusst und vertrauenswürdig erwiesen haben.

Erst wenn sich der Fallende versichert hat, dass die Mitspieler bereit sind, darf er sich fallen lassen.

Der Fallende muss unbedingt die Arme an den Ohren anliegend nach oben halten und die Körperspannung bis zum Ende des Falles durchhalten.

Sprünge bzw. Hechtsprünge sind untersagt, vielmehr handelt es sich um ein Fallenlassen unter Beibehaltung von Körperspannung.

Die Schüler in der Gasse müssen über einen sicheren Stand verfügen (Schrittstellung) und sollen relativ eng beieinander stehen, damit sich das Gewicht auf viele Arme verteilt.

Die Gasse darf aus nicht weniger als 10 Personen gebildet werden.

In der Gasse sind kräftigere Schüler dort zu platzieren, wo das Be-
cken des Fallenden auftrifft.

Die Kastenhöhe sollte keinesfalls die Schulterhöhe der Teilnehmer in
der Gasse überschreiten.

Die Teilnehmer in der Gasse dürfen sich nicht an den Händen fassen.

Bei dieser Übung sollte keinesfalls eine Weichbodenmatte zum Einsatz kommen (unsicherer Stand), „da auf festem Boden eine bessere Sicherheitsstellung der Helfenden und eine höhere Konzentration
erreicht wird (keine Scheinsicherheit)."[60]

➡ Hinweise:

Die Übung soll auf keinen Fall eine Mutprobe darstellen und unter Gruppenzwang ausgeführt werden. Die Freiwilligkeit steht im Vordergrund. Man sollte auf die Übung verzichten, wenn sich nur einige wenige zur Durchführung bereit erklären. Vielleicht sind alle bereit, sich zumindest einmal auf den Kasten zu stellen und sich dann auch das Recht herauszunehmen, mit einem deutlichen „Nein" wieder vom Kasten zu steigen. Solch ein mutiges „Nein" vor der Gruppe verdient genauso wie der Vertrauensfall einen Applaus und kann gleichzeitig das Vertrauen der Gruppe stärken.

Die Übung sollte nur durchgeführt werden, wenn die Schüler mit der nötigen Konzentration und Ernsthaftigkeit bei der Sache sind.

3.4 Abschlussübungen

Fliegender Teppich[61]

➡ Durchführung:

Eine Weichbodenmatte wird von mindestens je 4 Schülern an ihren Längsseiten hochgehalten. Dabei liegt die Matte auf den Handflächen der Schüler. Jetzt springt ein Schüler mit geringem Anlauf von der Kastentreppe, die Landung erfolgt im Strecksitz. Kurz bevor der Springer die Matte berührt, lassen die die Matte haltenden Schüler dass die Weichder Schüler auf diese auf Kommando fallen, so bodenmatte auf dem Boden und der Weichbodenmatte landet.

➥ Materialien:

1 Weichbodenmatte, Kastentreppe: Kastendeckel und 2-teiliger Kasten

➥ Sicherheitshinweise:

Der Absprung erfolgt vom Kastendeckel und nicht vom Minitrampolin!

Mattensandwich[62]

➥ Durchführung:

Eine Weichbodenmatte wird auf den Boden gelegt (glatte Seite nach oben). Dann platzieren sich mindestens sechs Schüler (Freiwillige) in

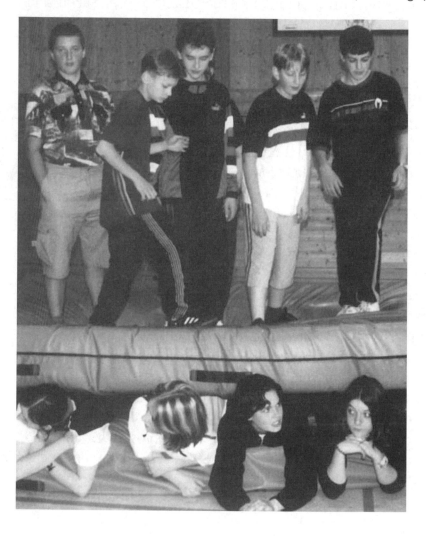

gleicher Richtung bäuchlings auf der Weichbodenmatte, der Kopf ragt dabei vorne über den Mattenrand hinaus (siehe Foto). Anschließend wird eine zweite Weichbodenmatte vorsichtig auf die Schüler gelegt (glatte Seite nach unten). Die Schüler der zweiten Gruppe klettern auf die obenliegende Weichbodenmatte und springen beidbeinig auf dieser herum. Anschließend kann gewechselt werden.

➡ Materialien: 2 Weichbodenmatten

➡ Sicherheitshinweise:

Den Schülern ist vorab der Ablauf der Übung zu erklären.
Der Spielleiter sollte darauf achten, dass die Schüler zwischen den Matten die Fußspitzen etwas seitlich nach außen drehen.
Um Halswirbelverletzungen zu vermeiden, dürfen die Schüler nicht an der Vorderkante der Matte springen.

Vampire[63]

Die Spielteilnehmer bilden einen Außenstirnkreis (alle stehen mit dem Blick nach außen) und halten die Hände hinter den Rücken. Der Spielleiter, der sich innerhalb des Kreises befindet, geht von Schüler zu Schüler und zeichnet nur vier Schülern ein Kreuz auf die Handflächen, ohne dass es die anderen Spieler mitbekommen. Diese vier Schüler sind die Vampire, die anderen gewöhnliche Menschen. Nun laufen alle auf einer begrenzten Fläche durcheinander, ohne dabei miteinander zu sprechen. Auf Kommando des Spielleiters geben sich alle gegenseitig zur Begrüßung die Hände. Gerät dabei ein Mensch an einen Vampir, gibt sich der Blutsauger durch ein Kitzeln mit dem Zeigefinger an den Handflächen des Begrüßungspartners zu erkennen. Sobald ein Kontakt mit einem Vampir erfolgt, sinkt der betroffene Mensch zu Boden. Kontakte zwischen Vampiren bleiben folgenlos. Das Spiel wird solange fortgeführt, bis sich nur noch Vampire begrüßen.

Phase 5:
Persönliche Interaktionsmuster reflektieren, Gruppenregeln anbahnen und erarbeiten

Motto: Geht zusammen immer alles besser?

1. **Warming up und thematische Hinführung:**
   Partnerbild

2. **Die Wirkung von Arroganz, Hochmut und Spott auf den Gesprächsverlauf**
   Das versunkene Schiff

3. **Problematische Szenen aus dem Unterrichtsalltag in Rollenspielen**
   Eine Auswahl an Rollenspielen

4. **Unsere Gruppenregeln**
   Tabula Rasa

Phase 5:
Persönliche Interaktionsmuster reflektieren, Gruppenregeln anbahnen und erarbeiten

Motto: Geht zusammen immer alles besser?

1. Warming up und thematische Hinführung

Partnerbild[64]

➥ Ziele: - erkennen, dass eine Zusammenarbeit mit anderen häufig problembehaftet ist
- Aktivierung der Teilnehmer
- Einfühlungsfähigkeit schulen
- nonverbale Partnerarbeit üben

➥ Durchführung:

Die Schüler sitzen zu zweit am Tisch. Ohne miteinander zu reden, sollen sie gemeinsam ein Haus, eine Katze und eine Blume zeichnen.

Der Haken an der Sache ist, dass sie nur über einen Stift verfügen. Diesen sollen sie beim Malen gemeinsam führen.

➡ Materialien: Bunt- bzw. Moderationsstifte, Wandplakat

➡ Auswertung:

Die Bilder werden in die Mitte des Gesprächskreises gelegt und die Ergebnisse gemeinsam betrachtet. Dann sollen sich die Schüler äußern, inwieweit ihnen die Übung schwer gefallen ist und ihre Antwort auch begründen. Im Anschluss stellt der Lehrer/Trainer kommentarlos folgende (rhetorische) Impulsfrage: „Geht zusammen immer alles besser?" Die Schüler antworten auf die Frage und versuchen, unter Hilfestellung des Lehrers/Trainers Unzulänglichkeiten und Probleme zu formulieren, die sich beim Zusammenarbeiten in Gruppen ergeben können.

2. Die Wirkung von Arroganz, Hochmut und Spott auf den Gesprächsverlauf

Das versunkene Schiff

➡ Ziele: - Hinführung zum Spielen von Rollenspielen
- erkennen, dass Arroganz, Hochmut, Spott, Ignoranz und die Unterbrechung des Sprachflusses einen konstruktiven Gesprächsverlauf einschränken bzw. blockieren können
- einsehen, dass die Problemlösung eines Einzelnen richtig sein kann, auch wenn sie nicht von der Mehrheit getragen wird

➡ Durchführung:

Es werden zwei kurze Rollenspiele vorgespielt. Im Idealfall werden die einzelnen Rollen vom Lehrpersonal vorgetragen. Sollte dies nicht möglich sein, übernimmt der anwesende Lehrer/Trainer die Hauptrolle (Herr Linhardt), die Nebenrollen sind dann auf einzelne Schüler zu verteilen.

➡ Rahmenhandlung (wird den Schülern im Vorfeld erläutert):

Eine Firma, die sich auf Bergungen aller Art spezialisiert hat, wurde beauftragt, ein gesunkenes Schiff zu heben. Alle bisherigen Versuche anderer Firmen, das Schiff zu bergen, sind fehlgeschlagen. In der Firma wird ein Arbeitsteam aus Ingenieuren gebildet, die das Problem lösen sollen. Das Arbeitsteam macht sich gleich an die Aufgabe. In einer Diskussionsrunde soll jeder spontane Ideen einbringen, die zur Lösung des Problems beitragen.

➡ Szene 1:

Herr Kaiser (Firmenchef):
„Sehr geehrte Herren, wie Sie alle wissen, soll unser Unternehmen eine Lösung finden, um das gesunkene Schiff zu bergen. Da alle herkömmlichen Mittel bisher versagt haben, wird uns wohl nichts anderes übrigbleiben, als eine völlig neue Form der Bergung zu entwickeln. Ich vertraue dabei auf Ihren Sachverstand."

Herr Hoffmann:
„Also ich bin der Meinung, wir müssten uns zuerst einmal eingehend darüber unterhalten, welche Bergungsversuche bisher unternommen wurden und herausfinden, weshalb sie fehlgeschlagen sind."

Herr Franzen:
„Mir fällt da gerade spontan was ein. Ich habe am Wochenende zufällig ein Mickey-Mouse-Heft meines zwölfjährigen Sohnes in die Hand bekommen und ...!"

Herr Kaiser fällt Herrn Franzen ins Wort:
„Herr Franzen, wollen Sie sich lustig über unsere Firma machen. Wir sind ein ernstzunehmendes Unternehmen, das sich großen Aufgaben stellt und in der ganzen Welt angesehen ist. Das hat mit Dagobert Duck nichts, aber auch gar nichts zu tun." (Alle Teammitglieder bis auf Herrn Franzen nicken zustimmend.)

Herr Linhardt (äußerst spöttisch):
„Vielleicht ist Herr Franzen der Meinung, dass wir in der nächsten Zeit die letzten 500 Mickey-Mouse-Hefte studieren sollten, damit wir das Problem lösen können. Sicherlich hat Daniel Düsentrieb bereits eine geniale Bergungsmöglichkeit entwickelt."

Herrn Kaiser wird es jetzt zu bunt:

„Meine Herren, bitte kommen Sie wieder mit etwas mehr Ernst zur Sache. Ich finde, wir sollten über den Vorschlag von Herrn Hoffmann abstimmen, der lautet: Herausfinden, warum die bisherigen Bergungsversuche fehlgeschlagen sind. Wer stimmt dafür?" Darauf heben alle bis auf Herrn Franzen zustimmend die Hand.

➡ Szene 2:

Herr Kaiser (Firmenchef):

„Sehr geehrte Herren, wie Sie alle wissen, soll unser Unternehmen eine Lösung finden, um das gesunkene Schiff zu bergen. Da alle herkömmlichen Mittel bisher versagt haben, wird uns wohl nichts anderes übrigbleiben, als eine völlig neue Form der Bergung zu entwickeln. Ich vertraue dabei auf Ihren Sachverstand."

Herr Hoffmann:

„Also ich bin der Meinung, wir müssten uns zuerst einmal eingehend darüber unterhalten, welche Bergungsversuche bisher unternommen worden sind, und herausfinden, weshalb sie fehlgeschlagen sind."

Herr Franzen:

„Mir fällt da gerade spontan was ein. Und zwar habe ich am Wochenende ein Mickey-Mouse-Heft meines zwölfjährigen Sohnes in die Hand bekommen, in dem ein ähnliches Problem von der Comicfigur Daniel Düsentrieb gelöst wurde."

Herr Kaiser:

„Ein etwas ungewöhnliches Vorgehen, aber sprechen Sie bitte weiter, Herr Franzen."

Herr Franzen:

„Daniel Düsentrieb ging so vor, dass er das gesunkene Schiff mit Tischtennisbällen füllte, so dass es durch die Luft in den Tischtennisbällen nach oben gedrückt wurde."

Herr Linhardt:

„Die Idee finde ich gar nicht so schlecht, nur mit Tischtennisbällen wird das kaum funktionieren."

Herr Franzen:

„Es könnte aber funktionieren, wenn man das Schiff mit großen Styroporkugeln anfüllen würde."

Herr Kaiser:

„Meine Herren, ich bin beeindruckt. Solch kreative Mitarbeiter wie Sie kann sich jedes Unternehmen nur wünschen."

➡ Anmerkung:

Die Geschichte des Rollenspiels ist authentisch. Aufgrund einer Assoziation (Tischtennisbälle) eines Mitarbeiters, die durch einen Comic angestoßen wurde, entwickelte ein Team im Rahmen eines Unternehmensprojektes eine neue Verfahrenstechnik zur Bergung gesunkener Schiffe.[65]

➡ Auswertung:

Die nicht agierenden Schüler sitzen im Plenum und verfolgen die beiden Rollenspielsequenzen. Daran schließt sich eine Diskussion an, in der die Schüler die möglichen Folgen von Arroganz, Hochmut und Spott auf den Gesprächsverlauf unter folgenden Fragestellungen herausarbeiten sollen:

a) Was ist geschehen in Szene 1 und Szene 2?
b) Hältst du die Rollenspiele für realitätsnah?
c) Welche Besonderheiten fielen dir auf?
d) Was fandest du am Gesprächsverlauf gut, was weniger gut?
e) Kannst du dir bezüglich der schulischen Gruppenarbeit Situationen vorstellen, in denen ein ähnliches Problem vorkommen könnte?

3. Problematische Szenen aus dem Unterrichtsalltag in Rollenspielen

➡ Ziele: - selbständiges Durchführen von Rollenspielen üben
          - problematisches Arbeits- und Interaktionsverhalten während der Arbeit in Gruppen analysieren und reflektieren (Trittbrettfahren; Sensibilisierung für Kommunikationsbarrieren, die resultieren aus: Beleidigungen, aneinander vorbeireden, nicht aktiv zuhören können, Killerphrasen usw.)

- Anbahnung einer fundierten Argumentationsgrundlage, um einem zukünftigen problematischen Arbeits- und Interaktionsverhalten konstruktiv begegnen zu können
- Gruppenregeln thematisieren und anbahnen

➡ Vorbemerkungen:

Die nachfolgend angeführten Rollenspiele fokussieren problematische Verhaltensweisen beim Arbeiten in Gruppen in überspitzter Form. Dieses problematische Verhalten ist eventuell nachhaltiger herauszuarbeiten, wenn der Lehrer/Trainer sich am Rollenspiel beteiligt und in die Rolle eines Schülers schlüpft. Indem die Defizite der Gruppenarbeit anregend in Szene gesetzt und reflektiert werden, wird eine kritisch-konstruktive Auseinandersetzung mit der heiklen Thematik in Gang gesetzt. Gleichzeitig wird durch die Formulierung positiver Gruppenregeln der Blick für prosoziale bzw. teamförderliche Verhaltensweisen geschärft.

Die angeführten Rollenspiele sind nur als Anregung für den Lehrer/Trainer gedacht, eigene Rollenspielsequenzen zu entwerfen, die auf dem persönlichen Erfahrungshintergrund beruhen und problematische Verhaltensmuster der Klasse thematisieren.

➥ Durchführung:

Die Schüler werden per Los in vier Gruppen eingeteilt. Jede Gruppe erhält eine Rollenspielkarte, auf der sich Arbeitsauftrag, Zeitangaben und die zu spielende Szene befinden. Die einzelnen Gruppen haben circa 45 Minuten Zeit, ihr jeweiliges Rollenspiel vorzubereiten. Anschließend spielt jede Gruppe ihr Rollenspiel vor. Die nicht spielenden Gruppen sind während der Spielphasen Zuschauer und als solche gehalten, die agierenden Gruppenmitglieder genau zu beobachten.

Eine Auswahl an Rollenspielen

➥ Rahmenhandlung der Rollenspiele:

Die Rahmenhandlung der inhaltlich unterschiedlichen Rollenspiele ist folgende:

In der Klasse soll die nächste Klassenfahrt vorbereitet werden. Die Klasse hat sich bereits auf zwei konkrete Ausflugsziele geeinigt: a) ein Tagesausflug nach München und b) ein Besuch im Freizeitland Geiselwind. Der Klassenleiter erteilt den Schülern den Auftrag, in Kleingruppen das Für und Wider der beiden Ausflugsziele zu diskutieren. Die Argumente der einzelnen Gruppen sollen die Basis für eine gemeinsame Klassenentscheidung bilden.

- Rollenspiel 1
  Drei von euch diskutieren konstruktiv darüber, ob die Abschlussfahrt eher nach München oder ins Freizeitland gehen soll. Die Restlichen blenden sich aus dem Gespräch aus und diskutieren recht lebhaft, was am kommenden Wochenende noch Sinnvolles unternommen werden kann. Die drei, die versuchen ernsthaft zu diskutieren, fordern die anderen mehrmals auf, sich an der Diskussion zu beteiligen - allerdings ohne Erfolg.

- Rollenspiel 2
  Ihr seid eifrig in euerer Kleingruppe am Diskutieren, ob die Abschlussfahrt eher nach München oder ins Freizeitland gehen soll. Euer Problem ist jedoch, dass ihr ständig vom Hundersten ins Tausendste kommt und laufend in neue bzw. fremde Themen abgleitet, die sehr wenig oder nur am Rande mit München oder Geiselwind zu tun haben.

- Rollenspiel 3

  Ihr spielt eine recht langsame Gruppe. Zunächst muss die Hälfte der Klasse erst mal auf die Toilette. Bis ihr dann alle die Schreibsachen auf dem Tisch habt und dann euch darüber einig werdet, worum es jetzt eigentlich genau geht, ist die Zeit für die Gruppenarbeit zu Ende.

- Rollenspiel 4

  Ihr wollt eifrig darüber diskutieren, ob es mehr bringt nach München oder nach Geiselwind zu fahren. Doch ihr habt einen Schüler in der Klasse, der zu überhaupt nichts Lust hat und an beiden Ausflugs-zielen herumnörgelt. Ihr versucht am Anfang noch weiterzudisku-tieren, verliert aber immer mehr das Interesse, euch darüber zu unterhalten, so dass ihr zum Schluss zu keinem Ergebnis kommt.

- Rollenspiel 5

  Ihr wollt eifrig darüber diskutieren, ob es mehr bringt, nach München oder Geiselwind zu fahren. In euerer Gruppe sind jedoch zwei Schüler, die sehr ehrgeizig sind. Allerdings neigen sie dazu, anderen durch ihre Worte, Mimik und Gestik zu zeigen, dass sie etwas Besseres sind.
  Sie machen die anderen nieder, indem sie z.B. ihre Augenbrauen verächtlich verziehen, sobald irgendjemand etwas vorschlägt. Des Weiteren sorgen sie für eine unangenehme Stimmung durch Äu-ßerungen wie: „Du hast doch eh keine Ahnung" usw.

- Rollenspiel 6

  Ihr habt in euerer Gruppe zwei Schüler, die sich extrem gerne selbst reden hören, aber enorme Probleme haben, den anderen zuzuhö-ren. Folglich gehen sie auf die Argumente der anderen Gruppen-mitglieder überhaupt nicht ein.

- Rollenspiel 7

  Ihr wollt in euerer Gruppe ernsthaft darüber diskutieren, wohin die Abschlussfahrt gehen soll. Doch habt ihr einen sehr tonangeben-den und ungeduldigen Schüler in der Klasse, für den bereits fest-steht, dass die Fahrt nach München geht. Andersdenkenden fährt er schon mal aggressiv über den Mund. Toleranz anderen gegen-über ist ein Fremdwort für ihn.

➡ Auswertung der Rollenspiele:

Die nicht agierenden Schüler sitzen im Plenum und verfolgen die Rollenspiele. An jede Rollenspielsequenz schließt sich eine kurze Diskussionsphase mit folgenden Fragestellungen an:

a) Was ist geschehen? (Inhaltswiedergabe des Rollenspieles)

b) Welche Besonderheiten fielen auf?

c) Wenn du dich in die verschiedenen Schüler des Rollenspiels hineinversetzt: „Wie werden sich diese fühlen?"

d) Welche Regeln zur Gruppenarbeit könnte man aus dem Verhalten der Schüler ableiten?

Während der Diskussion werden wichtige Begriffe und geäußerte Gruppenregeln vom Lehrer/Trainer an der Tafel, am Overheadprojektor oder am Flipchart festgehalten. Diese Fixierungen sollten „konserviert" werden, damit die Schüler in der Erarbeitungsphase der Gruppenregeln (siehe Übung „Tabula Rasa") darauf zurückgreifen können.

➡ Materialien:

Rollenspielkarten, Tafel/Flipchart/Overheadprojektor, Schreibmaterial

4. Unsere Gruppenregeln

Tabula Rasa

➡ Ziele: - verbindliche Arbeits- und Verhaltensregeln erstellen
- selbständiges Arbeiten üben
- gewonnene Einsichten der letzten Tage aktivieren
- Entscheidungsfähigkeit trainieren

➡ Übungsdurchführung:

• Arbeitsschritt 1:
Die Klasse wird per Zufallsprinzip in 4er-Gruppen aufgeteilt. Jede Gruppe bekommt eine sogenannte „Tabula Rasa". Dabei handelt es sich um ein weißes Wandplakat (ca. 80 x 60 cm), auf dem sich vier Individualfelder und ein großes Gemeinschaftsfeld befinden. Zunächst versuchen die Schüler, in Einzelarbeit Gruppen- bzw. Interaktionsregeln zu formulieren, die sie persönlich als wichtig erachten. Ihre Vorschläge und Wünsche schreiben sie – jeder für

sich - in das Individualfeld. Dabei können die Schüler auch auf die in den Rollenspielen erarbeiteten Gruppenregeln zurückgreifen.

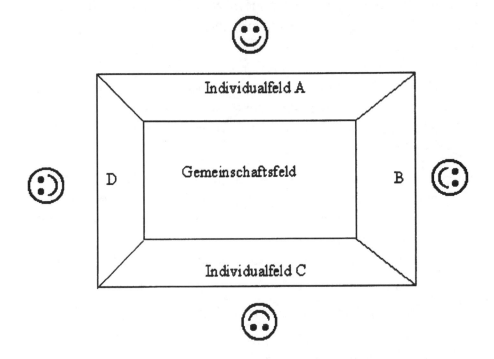

- Arbeitsschritt 2:
  Im zweiten Arbeitsschritt stellen die Schüler den anderen Gruppen- mitgliedern ihre in Einzelarbeit gefundenen Gruppen- bzw. Interak- tionsregeln vor, diskutieren kurz darüber und einigen sich dann auf maximal zehn gemeinsame Gruppenregeln. Diese Regeln werden in Schlagworten auf das Gemeinschaftsfeld (Hochformat) geschrie- ben. Dabei ist darauf zu achten, dass die Schüler Druckbuchstaben verwenden und groß genug schreiben. Dann wird das Gemeinschafts- feld entlang der inneren Rechteckslinie ausgeschnitten. Anschlie- ßend zerschneidet jede Gruppe ihr Gemeinschaftsfeld in einzelne Regelkarten und übergibt diese dem Lehrer/Trainer.

- Arbeitsschritt 3:
  Der Lehrer/Trainer sortiert die gefunden Regeln (Doppelungen auf einen Haufen) und befestigt sie übersichtlich mit Nadelsteckern an der Pinnwand (bei Wiederholungen wird eine Regel exempla- risch ausgewählt). Alle Schüler erhalten jetzt drei gleichfarbige

Klebepunkte. Mit diesen drei Klebepunkten markiert jeder Schüler die Regeln bzw. Regelkarten, die er für die wichtigsten hält. Dabei ist darauf zu achten, dass die Punkte nicht aufeinander, sondern nebeneinander geklebt werden. Die zehn Regelkarten mit den meisten Punkten bilden nun die Interaktionsregeln der Klasse. Die anderen werden von der Pinnwand genommen.

➡ Variante:

Abschließend kann der Lehrer/Trainer noch eine Regel hinzufügen, die er persönlich für die Klasse als bedeutsam erachtet. Hierbei kann er auf eine Regel zurückgreifen, die zwar von den Schülern erwähnt, aber nicht ausreichend gepunktet wurde. Oder er formuliert eine zusätzliche von den Schülern nicht bedachte Regel. Wählt man diese Variante, sollte man im Arbeitsschritt 3 nur die neun meistgepunkteten Regeln berücksichtigen.

➡ Materialien:

ein Wandplakat pro Gruppe, Moderations- bzw. Filzstifte, Pinn- bzw. Stecknadeln, Pinnwand

Phase: 6
Einführung in grundlegende Präsentations- und Visualisierungstechniken

Motto: Präsentationen mit Pfiff

1. **Warming up: Gordischer Knoten**

2. **Ergebnisse präsentieren - aber wie?**

   THEX-Methode: Präsentation
   Thema 1:   Arbeitsschritte bei der Erarbeitung einer
              Präsentation
   Thema 2:   Vortragstechniken
   Thema 3:   Visualisieren
   Thema 4:   Redeangst

   Lernzielkontrolle: Nummerierte Köpfe

3. **Gruppenregeln visualisieren und präsentieren**

   Gruppenregeln aussagekräftig darstellen
   Galerie: Gruppenregeln präsentieren

Phase 6:
Einführung in grundlegende Präsentations- und Visualisierungstechniken

Motto: Präsentationen mit Pfiff

1. Warming up: Gordischer Knoten

➡ Ziele: - Berührungsängste vermindern
- Kooperation üben
- Schaffung einer positiven Atmosphäre

➡ Durchführung:

Die Klasse bildet einen sehr engen Innenstirnkreis (Schulter an Schulter). Alle strecken die Hände nach vorne. Auf ein Kommando des Lehrers/Trainers ergreift jeder eine fremde Hand. Dabei ist darauf zu achten, dass niemand beide Hände eines Schülers hält und auch nicht die Hand des Nachbarn ergriffen wird. Durch das Fassen der anderen Hände entsteht ein Knoten, der nun durch Drehen, Durchsteigen, Hinübersteigen entknotet werden soll, ohne dass hierbei die Hände losgelassen werden.

➡ Sicherheitshinweise:

Die Schüler müssen darauf achten, dass sie beim Lösen des Knotens die Hände bzw. Arme anderer Mitspieler nicht verdrehen (ein kurzes Lösen der Hände erlauben).

➡ Hinweise:

Manchmal entstehen Knoten, die nicht zu entwirren sind. In diesem Fall kann man erlauben, dass an neuralgischen Punkten die Hände kurzfristig gelöst und neu gefasst werden können.
Sollte sich die Klasse als zu große Gruppe erweisen, kann sie in zwei Gruppen aufgeteilt werden.

2.   Ergebnisse präsentieren - aber wie?

THEX-Methode: Präsentation *(THEX = Themen-/Expertengruppe)*

➡ Ziele: - sich mit grundlegenden Präsentations- und Visuali-
              sierungstechniken auseinandersetzen
            - einen Kurzvortrag erarbeiten und das Präsentieren bzw.
              freie Reden zu einem vorgegebenen Thema üben

➡ Durchführung:

• Themengruppen
Die Klasse wird zunächst nach dem Zufallsprinzip in vier Gruppen aufgeteilt. Diese Gruppen werden als Themengruppen bezeichnet. Jede Themengruppe bearbeitet ein Themengebiet (die dazugehörigen Infobausteine finden sich im Anhang, S. 272-299):

- Themengruppe 1: Arbeitsschritte bei der Erarbeitung
                   einer Präsentation
- Themengruppe 2: Vortragstechniken
- Themengruppe 3: Visualisieren
- Themengruppe 4: Redeangst

Bei einer Klasse mit z.B. 28 Schülern befinden sich in jeder Themengruppe sieben Gruppenteilnehmer. (Hier empfiehlt es sich eventuell, die Themengruppen nochmals in eine 3er- und eine 4er-Gruppe zu unterteilen.)

Die Themengruppen beginnen nun mit der Bearbeitung ihres jeweiliges Themengebiets. Dabei bearbeitet jedes Mitglied innerhalb einer Themengruppe den gleichen Text- bzw. Infobaustein, jedoch beschäftigen sich die unterschiedlichen Themengruppen mit vier verschiedenen Themengebieten.

Zunächst sollen die Schüler in Einzelarbeit den Text durchlesen, Wichtiges unterstreichen und sich Fragen und Anmerkungen notieren.

Anschließend tauschen sich die Schüler der jeweiligen Themengruppe über ihre Anmerkungen aus und klären in der Gruppe etwaige Unklarheiten. Schließlich erarbeiten sie gemeinsam einen themenbezogenen fünfminütigen Kurzvortrag bzw. eine Präsentation. Hierbei sollen sie versuchen, das jeweilige Informationsmaterial auf einem Stichwort- bzw. Spickzettel übersichtlich darzustellen.

Der Lehrer/Trainer erläutert den Schülern im Vorfeld, dass jedes Gruppenmitglied das vorgegebene Ziel, also die gemeinsame Erarbeitung eines Kurzvortrages, unter der Hilfestellung der anderen Gruppenmitglieder erreichen muss und dass am Ende der Übung per Los ermittelte Schüler eine zusammenfassende Darstellung ausgewählter Inhalte vortragen müssen.

- Bildung der Themengruppen:

Die verschiedenen Themenbausteine befinden sich gut gemischt auf einem Stapel. Die Schüler nehmen sich nacheinander einen Infobaustein vom Stapel. Schüler mit gleichem Themengebiet finden sich zu einer Gruppe zusammen.

➡ Expertengruppen:

Nachdem die verschiedenen Themengruppen ihren jeweiligen Kurzvortrag erarbeitet haben, finden sich diese in Expertengruppen mit jeweils vier Gruppenmitgliedern zusammen. Hierbei handelt es sich um Querschnittgruppen, in welchen sich Vertreter bzw. Experten aller Themengebiete befinden. Im Wechsel tragen die einzelnen Experten in einem maximal fünfminütigen Kurzvortrag nach der Reihe ihr Wissen vor und tauschen sich anschließend kurz darüber aus.

- Bildung der Expertengruppen:

Die in den Themengruppen verteilten Infobausteine werden mit verschiedenfarbigen Klebepunkten folgendermaßen markiert: Jeder Schüler innerhalb der Themengruppe hat zwar den gleichen Infobaustein bzw. das gleiche Themengebiet, allerdings befinden sich auf den Infobausteinen unterschiedliche Farbpunkte (grün, blau, gelb etc.). Für die Zusammensetzung der Expertengruppen werden nun Farbgruppen gebildet, d.h. alle, die einen grünen Punkt haben, bilden eine Gruppe,

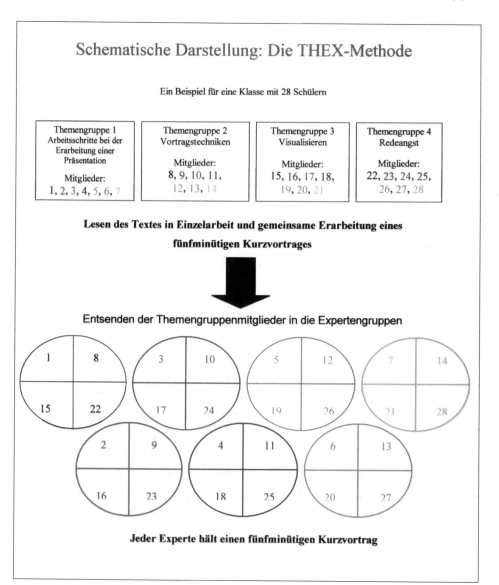

alle mit gelbem Punkt eine weitere Gruppe usw.. Durch dieses Vorgehen erhält man Expertengruppen, in denen sich jeweils vier Experten mit unterschiedlichen Spezialgebieten befinden.

➥ Materialien:

Infobausteine im Anhang, S. 272-299, verschiedenfarbige Klebepunkte

➥ Hinweise:

Falls die Gruppenaufteilung aufgrund der Klassenstärke nicht aufgehen sollte, kann man z.B. einem schwächeren Schüler einen guten Schüler (Joker) an die Seite stellen. Beide lösen dann die vorgegebene Aufgabenstellung zusammen; sie zählen bei der Gruppenaufteilung faktisch als eine Person und halten den Vortrag in der Expertengruppe gemeinsam. Allerdings muss bei diesem Vorgehen sichergestellt werden, dass beide den Stoff auch bearbeiten.

Lernzielkontrolle: Nummerierte Köpfe

➥ Ziele: - Lernzielkontrolle
           - freies Sprechen vor der Klasse üben

➥ Durchführung:

Nachdem alle Expertengruppen ihre Vorträge abgeschlossen haben, wird in jeder Expertengruppe von 1-4 durchgezählt. Der Lehrer/Trainer nennt nun eine Zahl zwischen 1 und 4, z.B. die Zahl 2. Die 2er tragen - auf der Basis vom Lehrer gestellter Fragen - nochmals die wichtigsten Punkte der vier Kurzvorträge in einer Kurzpräsentation für das Plenum vor. Dabei werden sie vom Lehrer/Trainer mit ergänzenden Hinweisen und Kommentaren unterstützt.

Anmerkung:

Wenn diese Methode in der Klasse eingeführt wird, stellt anfangs das unerwartete „An-die-Reihe-Kommen" für manchen Schüler eine Bedrohung dar. Es ist wichtig, dass der Lehrer/Trainer dieses Gefühl auffängt. In einem solchen Fall könnte ein Gruppenmitglied, welches während der Nachbesprechung „die Sprache verliert", von der eigenen Gruppe Hilfe erfahren. Wenn es nötig erscheint, können Schüler auch zu zweit das Wort übernehmen oder ein Schüler spricht im Namen eines anderen Schülers.

Die Methode „Nummerierte Köpfe" kann auch zum Verteilen von bestimmten Rollen verwendet werden. Die Rollen werden entsprechend
der Nummern über die Gruppe verteilt, z. B. alle Einser übernehmen
die Rolle des Zeitmanagers, alle Zweier die des Gesprächsführers usw.
(Bezüglich der Verteilung von Rollen siehe auch Teil 1, S. 56 ff)

3. Gruppenregeln visualisieren und präsentieren

Gruppenregeln aussagekräftig darstellen

➡ Ziele: - Ergebnissicherung
            - aktive Auseinandersetzung mit den selbsterstellten
               Regeln
            - üben, die Gruppenregeln in der Praxis anzuwenden
            - Visualisieren üben

➡ Durchführung:

Die Klasse wird in 4er-Gruppen aufgeteilt (man kann auch wieder die
Expertengruppen der THEX-Methode zusammenarbeiten lassen). In
jeder Gruppe wird ein Regelbeobachter ausgelost, der auf die Einhaltung der Regeln während der Gruppenarbeit achtet. Die Gruppen sollen nun unter verschiedenen Aufgabenstellungen ihre Gruppen- bzw.
Interaktionsregeln möglichst ansprechend visualisieren. Dabei sollen
der Phantasie der Schüler keine Grenzen gesetzt werden. Allerdings
ist es erforderlich, dass der Lehrer/Trainer vorab darauf hinweist,
dass die Visualisierungstipps aus der vorherigen Übung berücksichtigt werden müssen:

• genügend Abstand halten,
• in Druckbuchstaben schreiben,
• Druckbuchstaben so groß schreiben, dass sie auch in einiger Entfernung noch lesbar sind,
• die ausschließliche Verwendung von Großbuchstaben vermeiden,
  denn Schriften in Groß- und Kleinbuchstaben bieten dem Auge
  charakteristische Anhaltspunkte durch ihre Ober- und Unterlän-
  gen,

- dosiert eingesetzte Farben setzen optische Schwerpunkte und erleichtern die Orientierung,
- Blöcke bilden: Abstände nach oben und unten, Einrückungen, Spiegelstriche oder ähnliche Markierungszeichen,
- Überschriften durch größer geschriebene Buchstaben oder Unterstreichungen hervorheben usw.

Gruppe 1 + 2
erstellen jeweils ein großes, ansprechendes Regelplakat, das später im Klassenraum bzw. an geeigneter Stelle in der Schule aufgehängt wird.

Gruppe 3 + 4
gestalten mit den Gruppenregeln eine witzige und kreative Folie, die in der Schule während des Gruppenunterrichts aufgelegt werden kann.

Gruppe 5 + 6
entwerfen einen Gruppenvertrag in Posterformat, der feierlich von allen unterschrieben wird. Zu einem späteren Zeitpunkt kann sich die Klasse auf entsprechende Sanktionen bei Regelverstößen einigen.

Gruppe 7 + 8
gestalten jeweils ein Wandplakat mit kreativen Piktogrammen, welche die Regeln symbolisch auf den Punkt bringen. Sicherlich ist es sinnvoll, den Schülern vorab einige Piktogramme zu zeigen und kurz deren Sinn zu erläutern. Die Wandplakate werden im Klassenzimmer bzw. Schulgebäude ausgestellt.

➥ Materialien:
Wachsmalstifte, dicke Filzstifte, Zeichenstifte, Folienstifte, Packpapier oder weiße Grundplakate (80 x 110 cm), Folien, Schreibpapier, Zeichenblöcke

Galerie: Gruppenregeln präsentieren

➥ Ziele:　　- Präsentieren üben
　　　　　　- Redeangst vor Publikum mindern
　　　　　　- aktive Auseinandersetzung mit den selbsterstellten Regeln

➥ Durchführung:

Die verschiedenen Wandplakate und Folien (Overhead!) werden in einem geeigneten Raum ausgestellt. Die Klasse wandert von Station zu Station. Die jeweilige Gruppe, die für das Plakat verantwortlich zeichnet, präsentiert im Team kurz ihr Regelwerk und erläutert, was sie gut und was sie weniger gut an ihren Entwürfen findet, welche Schwierigkeiten sich bei der Bearbeitung ergaben und was man im Nachhinein hätte besser machen können. Schließlich sollen sich verschiedene Schüler aus dem Plenum zu den unterschiedlichen Entwürfen im Hinblick auf den gestalterischen Aspekt äußern.

➥ Variante: Jede Gruppe präsentiert ihr gestaltetes Regelwerk im Plenum.

Phase 7:
Durchführung eines Kleinprojekts: Mein eigenes Interaktionsverhalten auf dem Prüfstand

Motto: Als Team zum Erfolg!

1. Warming up: Unsere Stärken

2. Baukasten: Kleinprojekte

Das Kokapu-Problem
Global Player - Das Globalisierungsprojekt
Empire State Building

3. Trainingsabschluss

Erweiterte Motorinspektion
Blitzlicht
Abschließende Gesprächsrunde

Phase 7:
Durchführung eines Kleinprojekts: Mein eigenes Interaktionsverhalten auf dem Prüfstand

Motto: Als Team zum Erfolg

1. Warming up: Unsere Stärken[66]

➥ Ziele: - Vertrauen gewinnen
- Gruppenpotential der Klasse erkennen

➥ Durchführung:

Jeder Schüler schreibt in Einzelarbeit zwei Sachen bzw. Dinge, die er gut kann, auf zwei Moderationskarten (z. B. kochen, tüfteln, malen usw.). Dann werden die Moderationskarten verdeckt in die Mitte des Raumes gelegt. Anschließend zieht jeder Schüler zwei beliebige Moderationskarten aus dem Kartenhaufen und heftet sie an ein vom Lehrer vorbereitetes Wandplakat, das den Titel trägt: „Unsere Stärken und Fähigkeiten".

Abschließend kommentiert der Lehrer/Trainer das Plakat mit den Worten: „Unglaublich, was wir alles können. Wenn jeder Schüler seine Stärken in die Klasse einbringt, werden wir das nachfolgende Kleinprojekt, aber auch zukünftige schulische Projekte ohne größere Probleme meistern."

2. Baukasten: Kleinprojekte

➥ Ziele: - Trainingsinhalte in der Praxis erproben und einüben
- mit Projektarbeit vertraut werden
- selbständiges Arbeiten üben; Eigeninitiative und Kreativität fördern
- gemeinsames Entwickeln von Problemlösungsstrategien üben
- Präsentieren und freies Sprechen vor Publikum üben

Das Kokapu-Problem[67]

➥ Szenario:

Der flugunfähige „Kokapu" ist einer der seltensten Vögel der Welt. Von dieser Vogelart gab es bis vorige Woche weltweit noch genau drei Exemplare. Ein Pärchen befand sich im Frankfurter Zoo, wobei das Weibchen letzte Woche, während es ein Ei legte, an Altersschwäche starb. Ein weiteres Weibchen lebt auf einem unzugänglichen Hochplateau auf der Insel „Gough Island".

Der männliche Kokapu in Frankfurt weigert sich jedoch beharrlich, das Ei auszubrüten. Folglich muss das einzige Kokapu-Ei auf das Hochplateau von „Gough Island" zum letzten Kokapu-Weibchen gelangen, will man die vom Aussterben bedrohte Vogelart erhalten. Die 120 m hohe Steilküste des Hochplateaus und die schroffe und zerklüftete Hochplateauebene ermöglichen es nur, das Ei von einem Hubschrauber aus ca. 2,5 m Höhe abzuwerfen.

Anmerkung:

Das Szenario mit den Kokapus ist frei erfunden. Jedoch fußt es auf folgendem realen Hintergrund. Es gibt tatsächlich einen sehr seltenen Vogel, der allerdings den Namen „Kakapo" trägt. Diese flug-

unfähige und nachtaktive Papageienart lebt auf zwei kleinen neusee-
ländischen Inseln und galt lange Zeit als ausgestorben. Sie zählt zu
den weltweit seltensten Vogelarten. Aufgrund aufwendiger Arten-
schutzprogramme beläuft sich ihr Bestand gegenwärtig auf circa 60
Exemplare.

➡ Durchführung:

Die Schüler werden in Kleingruppen aufgeteilt. Jede Gruppe erhält
1 rohes Ei, 25 Strohhalme (keine Plastikhalme verwenden) und 1,5
m Tesafilm. Der Arbeitsauftrag jeder Gruppe besteht nun darin, ausschließlich aus den vorgegebenen Materialien eine Konstruktion zu
entwerfen, die einen Sturz aus 2,5 m Höhe übersteht. Gleichzeitig

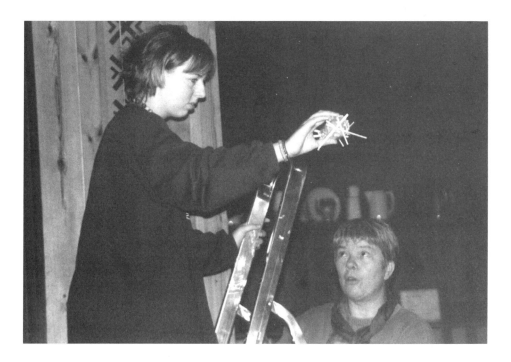

soll von jeder Gruppe ein geeigneter Name für die Eier-Freiflug-Konstruktion gefunden, eine Konstruktionszeichnung angefertigt und eine
witzige Teampräsentation erarbeitet werden, welche die Vorzüge und
die Funktionsweise der Konstruktion anschaulich verdeutlicht. Damit
die Teams ungestört arbeiten können und nicht zu sehr voneinander
„abkupfern", sollten die einzelnen Gruppen in verschiedenen Räumen
arbeiten.

➡ Materialien:

25 Strohhalme, Tesafilm, 1 rohes Ei pro Gruppe, Wandplakate, Moderations- bzw. Filzstifte, Wachsmalkreide, 1 Leiter, Plastikfolie

➡ Hinweise:

Die 1,5 m Tesafilm können auf ein Film- bzw. Fotodöschen aufgewickelt werden. Die Schüler sind bereits in der Einführung darauf hinzuweisen, dass sie keinen Probeversuch mit ihrer Eier-Freifall-Konstruktion durchführen sollen und der erste und (vielleicht letzte) Versuch während der Präsentation stattfindet.

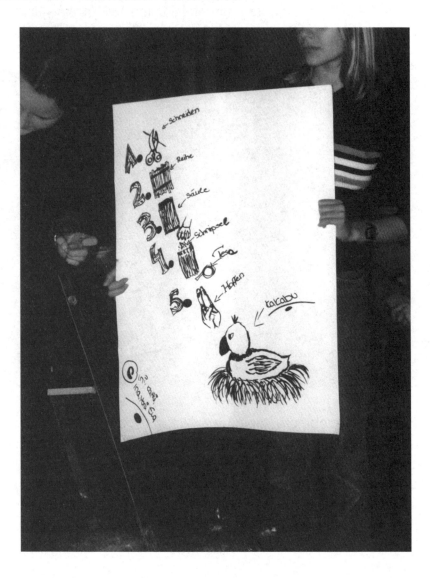

Der Eierfall-Test während der Präsentation erfolgt von einer Leiter; der Boden wird mit Plastikfolie ausgelegt.

Abschließend können an die verschiedenen Gruppen kleine Preise bzw. Belohnungen verteilt werden.

Mögliche Kriterien für die Preisverleihung:
Eier-Freiflug-Konstruktion: Praxistauglichkeit (das Ei bleibt beim Sturz heil), Kreativität, Design, Materialverbrauch
Präsentation: witzigster bzw. überzeugendster Name, anschaulichste Konstruktionszeichnung, verständlichste Funktionserklärung, beste Teampräsentation etc.

➡ Sicherheitshinweise:
Der Spielleiter sichert den auf der Leiter stehenden Schüler; Hände waschen wegen Salmonellengefahr.

➡ Variante:
Aus Luftballons, Papier und Klebstoff wird eine Konstruktion gebaut, die aus dem ersten bzw. zweiten Stock des Gebäudes geworfen wird.

Global Player - Das Globalisierungsprojekt[68]

➡ Szenario:
Die Firmenleitung eines weltweit operierenden Konzerns vergibt an ihre Produktionsstätten in München, Tokio und Chicago den Auftrag, gemeinsam einen innovativen Computerstuhl zu entwickeln. Die zentrale Herausforderung besteht also darin, dass alle drei Standorte einen identischen bzw. exakt baugleichen Computerstuhl konstruieren, der jedoch deutsche, amerikanische und japanische Kreativität berücksichtigt. An den Stuhl werden folgende Anforderungen gestellt: Er soll funktional, modern, kreativ und vielseitig verwendbar sein; u.a. muss der Stuhl so beschaffen sein, dass mit ihm auch eine Person sicher transportiert werden kann.

Darüber hinaus sollen von jedem Standort zusätzlich folgende Dienstleistungen erbracht werden:
- eine Skizze (Technische Zeichnung) des Computerstuhls mit einer Bedienungsanleitung zum sicheren Gebrauch (Wandplakate verwenden)

- eine durchdachte Werbekampagne, die einen kreativen Namen, einen pfiffigen Werbespot inklusive Verkaufsslogans und ein originelles Werbeplakat beinhaltet

➡ Durchführung:

Die Klasse wird per Zufallsprinzip in drei gleichgroße Gruppen aufgeteilt, diese finden sich in ihren jeweiligen internationalen Produktionsstätten (München, Chicago, Tokio) ein. Dort liegen für alle die gleichen Materialen bereit. Ein Besuch der jeweils anderen Produktionsstätten ist aufgrund der räumlichen Distanz nicht möglich. Jedoch können die Teilnehmer für sogenannte Teamkonferenzen an einen gesonderten Ort geflogen werden.

Teamkonferenzen:

An den Teamkonferenzen dürfen jeweils höchstens zwei Mitarbeiter eines Produktionsstandortes teilnehmen. „Time is money" - daher ist die Besprechungsgesamtzeit auf 30 Minuten begrenzt. Die Zeit kann natürlich auch auf mehrere Treffen verteilt werden. Zeitpunkt, Häufigkeit und Dauer der Teamkonferenzen legen die Konferenzteilnehmer selbst fest. Zur Teamkonferenz dürfen keine Aufzeichnungen oder Materialien mitgebracht werden, ebenfalls ist es untersagt, während der Teamkonferenz schriftliche Notizen zu machen.

Sobald die Teamkonferenz-Teilnehmer beginnen, sich verbal auszutauschen, nimmt der Spielleiter die Zeit. Dies gilt auch für den Fall, dass nicht alle Vertreter der Produktionsstätten zur Teamkonferenz anwesend sind. Die Zeit wird erst gestoppt, wenn nicht mehr gesprochen wird und sich die Konferenzteilnehmer wieder zu ihrem Standort begeben.

Zeit: Die Gesamtzeit für das Projekt beträgt drei Stunden.

Präsentation:

Die hoffentlich baugleichen Computerstühle werden in einer Präsentationsshow vorgeführt und von einer neutralen Jury verglichen. Dabei kann ein kleiner Preis an alle Gruppen für Baugleichheit vergeben werden. Darüber hinaus ist die Honorierung mit kleinen Sonderpreisen für die beste Skizze mit der verständlichsten Bedienungsanleitung, dem beeindruckendsten Werbespot, Produktnamen usw. möglich.

➡ Sicherheitshinweise:

Die Stuhlkonstruktion sollte in jedem Fall so beschaffen sein, dass damit eine Person gefahrlos transportiert werden kann. Auf unbedachte Konstruktionen sollte der Spielleiter aufmerksam machen. Es hat sich auch bewährt, dass in jeder Gruppe ein Schüler die Rolle eines Sicherheitsbeauftragten übernimmt und auf die Einhaltung erforderlicher Sicherheitsstandards achtet.

➡ Hinweise:

Für die Projektdurchführung benötigt man drei räumlich getrennte Arbeitsbereiche und zusätzlich einen Raum zur Durchführung der Teamkonferenzen. Wichtig ist, dass die Mitarbeiter verschiedener Standorte während der Übungsdurchführung keinen Kontakt zueinander aufnehmen bzw. sich gegenseitig in den Arbeitsräumen aufsuchen (Ausnahme: Teamkonferenz).
Gelegentlich passiert es, dass eine Gruppe nicht weiterkommt und frustriert ist. In diesem Fall sollte man erlauben, dass von den anderen beiden Standorten jeweils ein Mitarbeiter (Task Force) den Problemstandort aufsuchen darf.

➡ Materialien pro Gruppe:

1 stabiler Stuhl, 1 leerer Bierkasten, 2 Bretter, 2 Gymnastikstäbe, reißfeste Schnüre, Stifte, 1 Plastikplane, mehrere Luftballons, 3 verschiedenfarbige große Müllbeutel, eine breite Rolle durchsichtiges Klebeband, Tücher, 10 Pfeifenputzer, 1 Rolle Kreppapier, Papierblätter, Schere, Plakate, evtl. 1 Kissen, Moderations- bzw. Filzstifte
Anmerkung: Viele der Materialien können mehrmals verwendet werden.

Empire State Building

➡ Durchführung:

Die Klasse wird in drei bis vier Gruppen unterteilt. Jede Gruppe erhält 100 große Luftballons (im Großhandel kaufen) und eine Luftballonpumpe. Alle Gruppen sollen nun in 45 Minuten einen möglichst hohen Turm bauen, der frei im Raum stehen kann und einfallsreich konstruiert wurde.

Zum Aneinanderheften der Luftballons verwendet man doppelseitiges, transparentes Klebeband oder einseitig klebendes Transparenttape. Beim einseitigen Klebeband kann das Befestigen der Luftballons erleichtert werden, wenn man ein Stück abschneidet und dieses mit der Klebefläche nach außen zu einer Rolle zusammenklebt.

Präsentation:
Die Luftballontürme werden nebeneinandergestellt. Dann stellt jede Gruppe in einer kurzen Teampräsentation ihren Turm vor, dabei können die einzelnen Gruppen erläutern, wie sie das Problem angegangen sind, wie sie das Fundament gestaltet haben, was sie gut an der Gestaltung und Konstruktion finden und was sie bei einem zweiten Versuch besser machen würden. Anschließend werden die Türme von einer Jury begutachtet, dabei

können folgende Vergleichskriterien herangezogen werden: Höhe, steht frei im Raum, tragfähiges Fundament, einfallsreiche Gestaltung, beste Präsentation etc.

➡ Sicherheitshinweise:

Unter Umständen ist es aufgrund der Turmhöhe erforderlich, dass die Schüler auf Stühle oder Tische steigen müssen, um weiterarbeiten zu können. In diesem Fall muss von verantwortlicher Seite sichergestellt werden, dass auf Schülerseite keine unnötigen Risiken eingegangen werden.

➡ Hinweise:

Der Turm wird um so höher und standfester, je intensiver sich die Gruppe mit dem Fundament beschäftigt. Daher ist es zu Beginn wichtig, den Schülern zu erläutern, dass sie nicht einfach unüberlegt loslegen sollen, sondern ihr Vorhaben im Vorfeld durchdenken und planen müssen. Die Türme können im Schulgebäude ausgestellt werden.

Rollenverteilung macht Sinn

Damit die Gruppenarbeit während des Kleinprojekts reibungsloser und zielgerichteter erfolgt, bietet es sich an, den Schülern verschiedene Verantwortungsbereiche bzw. Rollen zu übertragen. Die Übernahme verschiedener Rollen sollte im schulischen Gruppenunterricht bzw. bei der Projektarbeit weitergeführt werden. Dazu können Rolleninstruktionskarten angefertigt werden.

Materialmanager:
Passt darauf auf, dass die Gruppe über alle benötigten Materialien verfügt.

Kommunikator:
Sorgt dafür, dass die Gespräche in einer angenehmen Atmosphäre verlaufen und sich jeder an der Diskussion und Problemlösung beteiligt.

Regelbeobachter:
Achtet auf die Einhaltung der Gruppenregeln.

Zeitmanager:
Ist für die Einhaltung der Zeitvorgaben verantwortlich.

Auswertung des Kleinprojekts

Im Anschluss an das Kleinprojekt sollen sich die Schüler im Plenum gegenseitig darüber informieren, welche Schwierigkeiten sie überwinden mussten und welche Probleme dabei auftauchten. Daneben sollte zur Sprache kommen, inwieweit während der Gruppenarbeit die Interaktionsregeln eingehalten wurden und die Zusammenarbeit innerhalb der einzelnen Gruppen funktioniert hat.

3. Trainingsabschluss

Erweiterte Motorinspektion[69]

➡ Ziele: - Trainingswoche nochmals Revue passieren lassen
       - Reflexion der Trainingswoche und Stimmungsbild einholen

➡ Durchführung:

● 1. Schritt:
Der Lehrer/Trainer bereitet Kärtchen vor, auf denen die Bezeichnung der verschiedenen Trainingsbausteine bzw. die Namen einzelner Übungen stehen. Mit diesen Kärtchen legt er im Arbeitsraum einen Kreis mit ca. 1,5 m Durchmesser. Dann werden in ausreichender Zahl Stühle um den Kreis aufgestellt, auf welchen die Trainingsteilnehmer Platz nehmen.
Der Spielleiter fordert die Schüler auf, sich die einzelnen Karten durchzulesen und sich nochmals zu vergegenwärtigen, welche Fülle an Übungen und Inhalten während des Trainings bearbeitet wurde. Dann nimmt der Spielleiter eine beliebige Karte aus dem Kartenkreis, klebt einen roten Punkt auf die Karte und fragt: „Wie hat euch die Übung „Das Spinnennetz" gefallen?" Daraufhin positionieren sich die Schüler je nach Einschätzung in den verschiedenen Bewertungszonen (siehe Skizze) und tauschen dort kurz ihre Meinungen aus (d.h. es diskutieren nur Schüler aus einer Bewertungszone miteinander). Während die Schüler ihr Meinung darlegen, klebt der Spielleiter drei Schülern ebenfalls einen roten Klebepunkt auf den Handrücken (konkret: ein Schüler A in der Zone „sehr gut", ein Schüler B in der Zone „es geht"

und ein Schüler, der außerhalb des Stuhlkreises Position bezogen hat, erhält jeweils einen roten Klebepunkt).

Die Schüler nehmen wieder Platz, der Spielleiter wählt eine weitere Karte, fixiert diesmal einen grünen Klebepunkt darauf und fordert die Schüler auf, Stellung zu beziehen. Während der Diskussion vergibt der Spielleiter wiederum drei grüne Klebepunkte an die Schüler in den verschiedenen Bewertungszonen. Diese Prozedur wird noch ein- bzw. zweimal wiederholt.

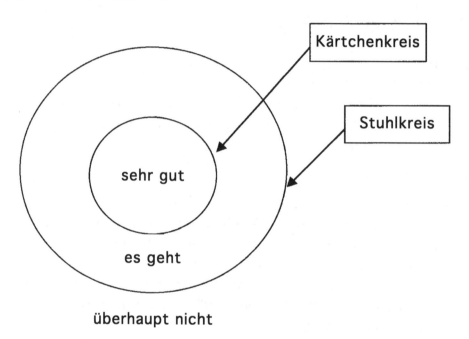

- 2. Schritt:

Es werden vier Stühle in die Mitte des Sitzkreises gestellt. Der Lehrer/Trainer bittet die Schüler mit rotem Punkt, auf den Stühlen Platz zu nehmen, der vierte Stuhl bleibt zunächst unbesetzt. Die Schüler auf den Stühlen innerhalb des Sitzkreises begründen nun kurz ihre Bewertung, eventuell können auch Meinungsunterschiede andiskutiert werden. Die im Sitzkreis sitzenden Zuhörer schweigen. Möchte jedoch jemand aus dem Sitzkreis einen ergänzenden Einwand oder Kommentar abgeben, kann er sich auf den vierten freien Stuhl begeben und dies tun. Sobald er seine Meinung kundgetan hat, begibt er sich wieder in den Sitzkreis.

Anschließend erfolgt eine weitere Diskussionsrunde der Schüler mit grünen Punkten im Sitzkreis usw.

Blitzlicht

In einem abschließenden Blitzlicht gibt jeder Schüler im Sitzkreis (mit Ausnahme der „gepunkteten" Schüler) reihum ein kurzes Statement mit folgendem Wortlaut ab: „Wenn ich an das Training denke, dann fällt mir ein, dass...".

Abschließende Gesprächsrunde

➡ Durchführung:

Alternativ zur erweiterten Motorinspektion können sich die Schüler in einer kurzen Reflexionsrunde zu verschiedenen Fragen äußern:

- Wie hat dir das Training gefallen bzw. was hat dir nicht gefallen?
- Hat dir die Woche etwas gebracht?
- Was war für dich wichtig?
- Was hat die Woche für die Klasse gebracht?
- Welche Übungen des Trainings sollten beibehalten und welche sollten verändert bzw. verbessert werden? usw.

Anhang

Phase 2: Für Gruppenarbeit motivieren

◆ Das verzwickte Dreieck
◆ Das Neun-Gesichter-Problem
◆ Brain-Network

Phase 3: Expedition ins Land der Kooperation: Gruppenprozesse bewusst erleben – Kooperation üben

◆ Balltransport ohne Hände
   (Organisations-, Fragen-, Auswertungskarte)
◆ Das Hindernisfeld (Organisations-, Fragen-, Auswertungskarte)
◆ Gefahrentransport (Organisations-, Fragen-, Auswertungskarte)
◆ Rettung des verlorenen Juwels
   (Organisations-, Fragen-, Auswertungskarte)
◆ Die Schlucht (Organisations-, Fragenkarte)
◆ Gletscherüberquerung (Organisations-, Fragenkarte)
◆ Kommunikationszone (Organisations-, Fragenkarte)
◆ Puzzleplan
◆ Schlucht, Gletscherüberquerung, Kommunikationszone
   (Auswertungskarte)
◆ Das Spinnennetz (Organisations-, Fragen-, Auswertungskarte)
◆ Sieben Menschen mit fünf Füßen
   (Organisations-, Fragen-, Auswertungskarte)
◆ Der Tisch (Organisations-, Fragen-, Auswertungskarte)
◆ Kooperativer Raub der Kronjuwelen
   (Organisations-, Fragen-, Auswertungskarte)

Phase 4: Für Kommunikations- und Interaktionsprozesse sensibilisieren und Vertrauen thematisieren

◆ Materialien für Impulskarussell – Kommunikation, Impulse 1-6
◆ Geometrische Bilder 1-4

Phase 6: Einführung in grundlegende Präsentations- und Visualisierungstechniken

◆ Die Präsentation: Arbeitsschritte
◆ Die Präsentation: Vortragstechniken
◆ Die Präsentation: Visualisieren
◆ Die Präsentation: Redeangst

Das verzwickte Dreieck

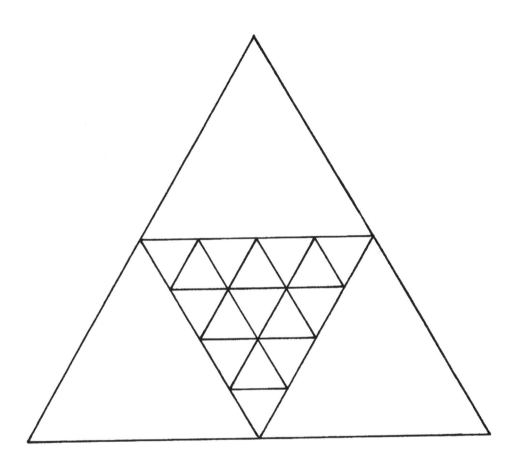

Finde so viele gleichseitige Dreiecke wie möglich!

Das Neun-Gesichter-Problem

Bild: Chris McEwan, in: Thomson, R. (1995): Ich sehe was, was du nicht siehst, München, S. 16

In diesen Gemälden sind 9 Gesichter versteckt.

Finde sie!!!

Achtung: Es geht nur um die Gesichter in den Gemälden; alle Gesichter außerhalb der Gemälderahmen gehören nicht mehr dazu!

Brain-Network

Kooperation   Sonne

Flugzeug   Baum

Stuhl   Igel

Balltransport ohne Hände

Bestimmt zuerst einen Organisator, der euch den weiteren Text vorliest und euch dann noch einige Fragen stellt!

Aufgabenbeschreibung

Aufgabe der Gruppe ist es, fünf verschiedene Strategien zu finden, den Ball vom Autoreifen A zum Autoreifen B zu transportieren. Dabei dürfen jedoch die Hände und Arme nicht benützt werden.

Regeln und Regelverletzungen

■ Der Ball muss auf fünf verschiedene Arten von einem Autoreifen zum anderen Autoreifen transportiert werden.

■ Dabei darf der Ball nicht...
⇨ mit den Händen und Armen berührt werden,
⇨ den Boden berühren,
⇨ geworfen werden.

■ Die Autoreifen dürfen nicht berührt werden.

■ Es dürfen keine anderen Hilfsgegenstände als die Körper der Teilnehmer zum Einsatz kommen.

■ Alle Gruppenmitglieder müssen am Transport beteiligt sein.

■ Negative Äußerungen gegenüber anderen Gruppenmitgliedern sind nicht gestattet.

■ Vorab ist ein Plan zu entwickeln; hierbei darf der Ball nicht zu Hilfe genommen werden. (Sobald ihr eine Lösung gefunden habt, könnt ihr sie mit dem Ball ausprobieren.)

■ Bei Verstößen gegen die obigen Regeln beginnt die Übung von vorne.

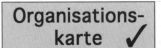

| Organisations-karte ✓ | Fragen-karte | Auswertungs-karte |

Balltransport ohne Hände

Fragen, die der Organisator stellt und die von der Gruppe zu beantworten sind:

Was ist eure Aufgabe?

Welche Körperteile dürfen den Ball nicht berühren?

Wie viele Gruppenmitglieder müssen am Balltransport beteiligt sein?

Organisations-
karte   Fragen-
karte ✓   Auswertungs-
karte

Balltransport ohne Hände

1. Inwieweit setzt die Teamübung „Balltransport
   ohne Hände" eine gewisse Offenheit und Kreativität
   voraus?

   _____

   _____

   _____

   _____

2. a) Was schränkt unsere Offenheit im Umgang
      miteinander ein?
   b) Durch welchen Umgang miteinander kann Offenheit
      gefördert werden?

   _____

   _____

   _____

   _____

3. Stellt euch vor, ihr arbeitet während eines schulischen Projekts in
   einer Arbeitsgruppe, in der ein Schüler ständig folgende Bemerkungen von sich gibt:

   „Das funktioniert doch nie!"
   „Was sollen nur die anderen von uns denken!"
   „Es hat ja eh keiner Lust dazu...!"
   „Das schaffen wir nicht!"

   Was würden solche Sätze bei dir/euch bewirken?

   _____

   _____

   _____

   _____

| Organisations- | Fragen- | Auswertungs- |
| karte | karte | karte ✓ |

Das Hindernisfeld

Bestimmt zuerst einen Organisator, der euch den weiteren Text vorliest und euch dann noch einige Fragen stellt!

Aufgabenbeschreibung

Auf eurer Expedition ins „Land der Kooperation" seid ihr zu einem
Hindernisfeld gelangt, welches ihr so schnell wie möglich durchqueren müsst. Da die Dunkelheit bereits hereingebrochen ist, müsst ihr
das Hindernisfeld „blind" durchlaufen.
Geht dabei folgendermaßen vor:
Einige Gruppenmitglieder binden sich die Augenbinden um und versuchen, ohne ein Hindernis zu berühren, auf die andere Seite zu gelangen. Die übrigen Gruppenmitglieder helfen von den Seiten des
Hindernisfeldes durch sprachliche Kommandos.
Um festzustellen, welche Gruppe am schnellsten durch das Hindernisfeld gelangt, sollt ihr die benötigte Zeit mit einer Stoppuhr festhalten und auf die Fragenkarte schreiben. Vermerkt dort auch ein Codewort (Gruppenname), damit wir später feststellen können, welche
Gruppe am schnellsten durch das Hindernisfeld gelangt ist.

**Organisations-
karte 1 ✓**   Fragen-
karte   Auswertungs-
karte

Das Hindernisfeld

Regeln und Regelverletzungen

■ Die ganze Gruppe muss so schnell wie möglich das Feld durchqueren (das heißt alle Gruppenmitglieder müssen durch das Hindernisfeld).

■ Die Stoppuhr wird erst in Gang gesetzt, sobald das erste Gruppenmitglied das Hindernisfeld betritt. Folglich habt ihr beliebig viel Zeit, um euer gemeinsames Vorgehen zu planen.

■ Die Teilnehmer, die sich im Feld bewegen, müssen einen Augenschutz tragen, durch den sie nichts sehen dürfen.

■ Tritt jemand auf ein Hindernis, muss er regungslos an Ort und Stelle stehen bleiben und laut bis 30 zählen.

■ Es dürfen sich mehrere Gruppenmitglieder gleichzeitig im Feld bewegen.

■ Es ist erlaubt, von den Seiten des Hindernisfeldes helfende Kommandos zu geben.

■ Ohne Augenbinde darf keiner das Hindernisfeld betreten.

■ Schreibt ein Codewort (Gruppenname) auf die Fragenkarte und notiert dort die benötigte Zeit!

■ Die Zeit wird erst gestoppt, sobald alle das Hindernisfeld durchquert haben.

■ Der Organisator beteiligt sich aktiv an der Übung.

Organisations-karte 2 ✓	Fragen-karte	Auswertungs-karte

Das Hindernisfeld

Fragen, die der Organisator stellt und die von der Gruppe zu beantworten sind:

1. Was ist eure Aufgabe?

2. Ab wann wird die Zeit gestoppt?

3. Was passiert, wenn jemand auf ein Hindernis tritt?

4. Wie viele Gruppenmitglieder dürfen sich im Hindernisfeld bewegen?

5. Wann ist die Aufgabe bewältigt?

Codewort: ....

Benötigte Zeit:............................. Minuten

Organisations- karte	Fragen- karte ✓	Auswertungs- karte

Das Hindernisfeld

Aufgabe:

Setzt euch in eurer Gruppe zusammen und
diskutiert gemeinsam folgende Fragen:

1. Frage: Wie ging es euch beim Durchqueren
   des Hindernisfeldes?
   Was war leicht, was schwierig?
   Schreibt die Ergebnisse der Diskussion
   in die Zeilen!

_____

_____

_____

_____

2. Frage: Beim Durchqueren des Hindernisfelds kommt es auf „gutes
   Zuhören" und „genaues Formulieren" an.
   Wie wichtig ist es eurer Meinung nach, dass man beim Arbeiten in
   Gruppen den anderen Gruppenmitgliedern gut zuhört und das Ge-
   sagte möglichst genau formuliert?

❏ sehr wichtig

❏ wichtig

❏ weniger wichtig

❏ völlig unwichtig

Kreuzt in der Tabelle zur Beantwortung der Frage nur ein Kästchen an!

3. Frage: Was passiert beim Arbeiten in Gruppen in der Schule,
   wenn man
   a) den anderen Gruppenmitgliedern nicht gut zuhört und
   b) das, was man sagen will, nicht genau formuliert?
   Schreibt die Ergebnisse der Diskussion auf die Rückseite des Blattes!

Organisations- karte	Fragen- karte	Auswertungs- karte ✔

Gefahrentransport

Bestimmt zuerst einen Organisator, der euch den weiteren Text vorliest und euch dann noch einige Fragen stellt!

Aufgabenbeschreibung

Eure Aufgabe ist es, hochgiftiges Material mit einem Transportbehälter zu einem Sicherheitsbehälter zu transportieren.

Stellt euch dazu im Kreis um den Gefahrentransporter auf (= Eimer mit Styroporfüllmaterial). Durch eine gute Zusammenarbeit soll der mit „Giftmaterial" gefüllte Eimer vom Ausgangspunkt zu einem ca. 3 m entfernten Sicherheitsbehälter (leerer Eimer) transportiert werden.

Indem ihr geschickt an den Seilen zieht, soll das „Giftmaterial" des Transporteimers in den Sicherheitsbehälter umgefüllt werden. Bestimmt einen Gefahrentransport-Experten, bevor ihr mit der Übung beginnt. Ihm kommt die Aufgabe zu, das auf den Boden gefallene Material wieder in den Transporteimer zurückzufüllen. Der direkte Kontakt mit dem „vergifteten" Material ist äußerst gefährlich, daher muss der Gefahrentransport-Experte einen Augenschutz tragen (Augenbinde) und das Material darf nur mit speziellen Werkzeugen (Eimer und Schaufel) berührt werden. Folglich setzt er, sobald Material verloren geht, seine Augenbinde auf und versucht unter Anleitung der anderen Gruppenmitglieder, die Materialien mit den vorgesehenen Hilfswerkzeugen in den Transporteimer zurückzufüllen. Der Gefahrentransport-Experte ist immer nur dann aktiv, wenn Giftmaterial auf den Boden fällt, ansonsten nimmt er am Gefahrentransport wie alle anderen Gruppenmitglieder ohne Augenbinde teil.

Entwickelt vorab einen geeigneten Plan! Während der Planungsphase darf nicht mit dem Transporteimer experimentiert werden.

Organisations- **karte 1** ✓	Fragen- karte	Auswertungs- karte

Gefahrentransport

Regeln und Regelverletzungen

■ Die Seile dürfen nur an den Seilenden angefasst werden.

■ Nur der Gefahrentransport-Experte darf mittels der Hilfswerkzeuge das aus dem Transporteimer gefallene Material in diesen zurück-füllen; dabei muss er eine Augenbinde tragen. Die anderen Gruppen-mitglieder sind angehalten, ihm dabei verbal (mit Worten) Hilfe-stellung zu leisten.

■ Der Eimer darf während der Übung nicht abgestellt werden. (Soll-te sich die Übung als zu schwierig erweisen, kann von dieser Regel abgesehen werden.)

■ Bei Regelverletzungen muss die Gruppe zum Ausgangspunkt zu-rück und erneut beginnen.

■ Die Übung ist auch von vorne zu beginnen, wenn Gruppenmitglieder beschimpft werden.

■ Gegenseitige Ermutigungen sind erwünscht.

■ Der Organisator nimmt an dieser Übung aktiv teil.

■ Die Übung ist erst dann abgeschlossen, wenn sich das komplette Giftmaterial im Sicherheitsbehälter befindet.

| Organisations-karte 2 ✓ | Fragen-karte | Auswertungs-karte |

Gefahrentransport

Fragen, die der Organisator stellt und die von der Gruppe zu beantworten sind:

1. Was ist eure Aufgabe?

2. Wer darf ausschließlich das zu Boden gefallene Material in den
   Sicherheitsbehälter zurückfüllen?

3. Was macht der Gefahrentransportexperte, wenn kein Giftmaterial
   am Boden liegt?

4. Wann ist die Übung abgeschlossen?

| Organisations-
karte | Fragen-
karte ✓ | Auswertungs-
karte |

Gefahrentransport

Diskutiert gemeinsam in eurer Gruppe folgende Fragen:

1. Wie hat euch die Teamübung „Gefahrentransport" gefallen?

❏ sehr gut   ❏ gut   ❏ weniger   ❏ überhaupt nicht

2. a) Was habt ihr als Team bei der Lösung der Problemaufgabe gut
        gemacht?
   b) Was hättet ihr besser machen können?

_____

_____

_____

_____

_____

3. Wie wichtig sind bei der Übung „Gefahrentransport" gemeinsame
   Absprachen? Warum?

4. Warum sind bei der schulischen Gruppenarbeit (z.B. Projektarbeit)
   ebenfalls Absprachen erforderlich?

| Organisations-
karte | Fragen-
karte | Auswertungs-
karte ✓ |

Rettung des verlorenen Juwels

Aufgabenbeschreibung

Der verlorene Juwel befindet sich auf einem großen Stein inmitten eines Dschungelflusses, in welchem es Piranhas und Krokodile gibt. Eure Aufgabe ist es zu versuchen, den verlorenen Juwel zu retten. Allerdings dürft ihr dabei weder das Wasser des Flusses noch den kostbaren und äußerst empfindlichen Edelstein mit dem Körper berühren.

Regeln und Regelverletzungen

- Bestimmt zuerst einen Organisator (er liest die Regeln vor, stellt die Fragen und fragt den Lehrer, wenn etwas nicht funktioniert).
- Die gesamte Gruppe muss unterwegs sein, um den Juwel zurückzuholen.
- Der Edelstein darf nicht mit den Händen bzw. dem Körper berührt werden.
- Der Edelstein darf den Boden nicht berühren.
- Falls in der Übung Hürden verwendet werden, dürfen diese nicht berührt werden.
- Die Gruppenmitglieder dürfen den Boden nicht berühren.
- Auf den Rollbrettern dürft ihr euch nur sitzend, kniend oder liegend fortbewegen. Keinesfalls dürft ihr darauf stehen!
- Negative Äußerungen (z.B. „Du Blödmann") gegenüber anderen Gruppenmitgliedern bilden einen Regelverstoß.
- Wird eine Regel verletzt, muss die gesamte Gruppe von vorne beginnen.
- Entwickelt unbedingt vorab einen Plan!

Merke: Es zählt nicht als Lösung, wenn nur zwei oder drei Gruppenmitglieder den Juwel zurückholen und die übrigen Gruppenmitglieder die Bergung mit dem Rollbrett einfach ohne aktive Beteiligung begleiten.

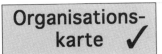

Organisations-karte ✓   Fragen-karte   Auswertungs-karte

Rettung des verlorenen Juwels

Fragen, die der Organisator stellt und die von der Gruppe zu beantworten sind:

1. Was ist eure Aufgabe?

2. Was passiert, wenn der Boden mit dem Körper berührt wird oder
   der Edelstein auf den Boden fällt?

3. Was passiert, wenn ihr den Juwel mit den Händen berührt?

4. Wie könnte der Edelstein transportiert werden?

5. Was ist bei den Rollbrettern aus Sicherheitsgründen zu beachten?

Organisations-karte | Fragen-karte ✓ | Auswertungs-karte

Rettung des verlorenen Juwels

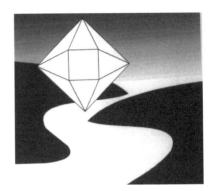

Aufgabe:

Setzt euch in eurer Gruppe
zusammen und diskutiert
gemeinsam folgende Fragen:

1. Wie sehr seid ihr mit eurer Lösung, den Juwel zurückzuholen, zufrieden?

   ☐ sehr   ☐ weniger   ☐ überhaupt nicht

2. Was hat bei eurer Zusammenarbeit gut geklappt?
   Was hättet ihr eventuell besser machen können?
   Schreibt eure Diskussionsergebnisse in die Zeilen!

   _____

   _____

   _____

   _____

3. Diskutiert: Inwieweit ist eine gelungene Teamarbeit abhängig von
   der Beteiligung beziehungsweise dem Einsatz aller Gruppenmitglieder?
   Schreibt eure Diskussionsergebnisse in die Zeilen!

   _____

   _____

   _____

   _____

Organisations- karte	Fragen- karte	Auswertungs- karte ✓

Die Schlucht

Bestimmt zuerst einen Organisator, der euch den weiteren Text vorliest und euch dann noch einige Fragen stellt!

Aufgabenbeschreibung

Ihr befindet euch auf einem Felsen, direkt am Abgrund einer schwindelerregenden Schlucht. Diese Schlucht müsst ihr unbedingt überqueren. In dieser trostlosen Gegend findet ihr jedoch nur zwei Bretter, die ihr zur Überquerung der Schlucht verwenden müsst. Entwickelt vorab einen Plan!

Regeln und Regelverletzungen

- Alle Gruppenmitglieder starten auf der gleichen Seite der Schlucht.

- Als Hilfsmaterialien stehen nur zwei Bretter zur Verfügung.

- Der Organisator beteiligt sich aktiv an der Übung.

- Das Springen von einer Seite der Schlucht zur anderen (oder von einem Brett auf die andere Seite) ist nicht erlaubt.

- Lösungen direkt an der Schlucht auszuprobieren, ist zu gefährlich und deswegen untersagt.

- Verletzende Äußerungen gegenüber anderen Gruppenmitgliedern bilden eine Regelverletzung; die gesamte Gruppe beginnt die Übung von vorne.

- Die Übung ist erst abgeschlossen, sobald alle Gruppenmitglieder das gegenüberliegende Ufer erreicht haben.

Achtung: Die Übung darf aus Sicherheitsgründen erst begonnen werden, wenn der Trainer/Lehrer grünes Licht für eure Lösung gibt!

| Organisations-karte ✓ | Fragen-karte | Auswertungs-karte |

Die Schlucht

Fragen, die der Organisator stellt und die von der Gruppe zu beantworten sind:

1. Was ist eure Aufgabe?

2. Welche Materialien dürft ihr ausschließlich verwenden?

3. Wann kann mit der Übung begonnen werden?

4. Was ist bei dieser Übung nicht erlaubt?

| Organisations-karte | Fragen-karte ✓ | Auswertungs-karte |

Gletscherüberquerung

Aufgabenbeschreibung

Ihr seid auf ein schwer zugängliches Gletschergebiet geraten. Dieses kann nur mit einem Spezialgefährt durchquert werden. Versucht nun gemeinsam, den Gletscher zu überwinden, indem ihr damit von der Startseite zur Zielseite gelangt.

Regeln und Regelverletzungen

■ Die Übung beginnt an der Startlinie und endet an der Ziellinie.

■ Keiner von euch darf den Gletscher zwischen Start- und Ziellinie mit dem Körper bzw. den Füßen berühren, da man sofort im ewigen Eis bzw. einer Gletscherspalte versinken würde.

■ Die Team-Skier sind das einzig verfügbare Hilfsmittel.

■ Es dürfen gegenüber anderen Gruppenmitgliedern keine negativen Äußerungen getätigt werden.

■ Wird eine Regel verletzt, beginnt ihr die Übung von vorne.

Falls die Übung scheitert, versucht eure Absprachen zu verbessern!

| Organisations-karte ✓ | Fragen-karte | Auswertungs-karte |

Gletscherüberquerung

Fragen, die der Organisator stellt und die von der Gruppe zu beantworten sind:

1. Was ist eure Aufgabe?

2. Wann beginnt die Übung von vorne?

3. Was sollt ihr tun, wenn die Übung nicht gelingt?

| Organisations-karte | Fragen-karte ✓ | Auswertungs-karte |

Kommunikationszone

Aufgabenbeschreibung

Eure Aufgabe ist es, ein riesiges Puzzle zusammenzulegen. Allerdings hat die Sache einen kleinen Haken, denn das Puzzle muss blind zusammengebaut werden. Auf der einen Seite der Sprossenwand stehen maximal drei Schüler mit dem Puzzleplan. Auf der anderen Seite befinden sich mehrere Sehende und mehrere „blinde" Gruppenmitglieder (Puzzlegruppe). Die Gruppenmitglieder mit dem Puzzleplan erklären den sehenden Schülern auf der anderen Seite der Sprossenwand, wie die Puzzleteile zusammengesetzt gehören. Diese geben die Informationen an die „blinden" Gruppenmitglieder weiter.

Regeln und Regelverletzungen

■ Die Puzzleteile werden auf die „blinden" Gruppenmitglieder verteilt.

■ Die Schüler mit dem Puzzleplan erklären den Sehenden der Puzzlegruppe durch die Sprossenwand, wie das Puzzle zusammengelegt wird.

■ Die Sehenden der Puzzlegruppe erklären den „Blinden", wo und wie sie die Puzzleteile platzieren müssen.

■ Die Übung ist von vorne zu beginnen,

- sobald die sehenden Gruppenmitglieder die Teile des Puzzles berühren.

- sobald die sehenden Gruppenmitglieder die „Blinden" berühren.

- wenn die Kommunikationszone während der Übung von einem Gruppenmitglied verlassen wird (der Organisator ausgenommen).

- Bestimmt zum Organisator ein sehendes Gruppenmitglied.

Wenn ihr wollt, könnt ihr in einem zweiten Durchgang die Rollen (Sehende und „Blinde") tauschen!

| Organisations-karte ✓ | Fragen-karte | Auswertungs-karte |

Kommunikationszone

Fragen, die der Organisator stellt und die von der Gruppe zu beantworten sind:

1. Was ist die Aufgabe der Gruppenmitglieder mit dem Puzzleplan?

2. Was sollen die sehenden Schüler der Puzzlegruppe tun?

3. Wann ist die Übung von vorne zu beginnen?

| Organisations-
karte | Fragen-
karte ✓ | Auswertungs-
karte |

Puzzleplan

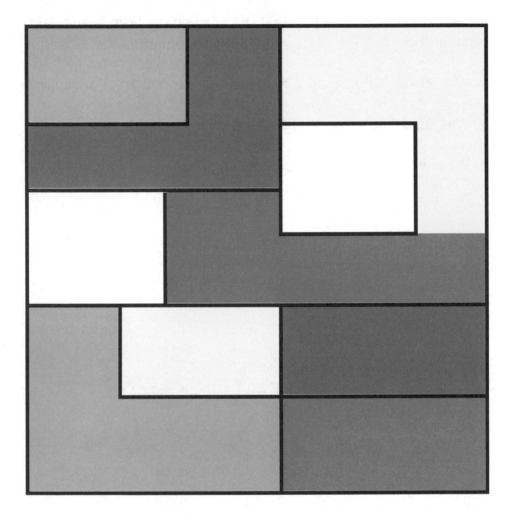

Schlucht · Gletscherüberquerung · Kommunikationszone

Aufgabe: Diskutiert gemeinsam folgende Fragen:

Welche Fähigkeiten sind bei den jeweiligen Übungen besonders gefragt?

1. Die Schlucht:

_____

_____

_____

_____

_____

2. Gletscherüberquerung:

_____

_____

_____

_____

_____

3. Kommunikationszone:

_____

_____

_____

_____

Organisations- karte	Fragen- karte	Auswertungs- karte ✓

Das Spinnennetz

Bestimmt zuerst einen Organisator, der euch den weiteren Text vorliest und anschließend zum Text einige Fragen stellt!

Aufgabenbeschreibung

Bei dieser Übung gilt es, durch ein gefährliches Riesenspinnennetz zu gelangen. Die Riesenspinne registriert jede kleinste Berührung. Versucht, das Spinnennetz von einer Seite zur anderen zu durchqueren, ohne dabei einen Spinnfaden des Netzes zu berühren. Die Übung ist erst dann abgeschlossen, wenn alle Gruppenmitglieder (mit Ausnahme des Organisators) das Spinnennetz ohne Berührung durchquert haben.

Regeln und Regelverletzungen

- Alle Gruppenmitglieder starten auf einer Seite des Spinnennetzes.

- Jedes Loch im Spinnennetz darf nur von einer Person passiert werden. Sobald also ein Loch im Netz durchquert wurde, wird es von euch mit einem Tuch verhangen.

- Jede Person darf durch das vorher von ihr benutzte Feld zurückkehren und es so für ein anderes Gruppenmitglied wieder durchlässig machen.

- Kein Faden darf während der Ausführung berührt werden.

- Berührt eine Person den Faden, so müssen alle Gruppenmitglieder die Übung von vorne beginnen.

- Verletzende Äußerungen und Beleidigungen gegenüber anderen Gruppenmitgliedern bilden eine Regelverletzung. Die gesamte Gruppe beginnt von vorne!

- Dem Organisator ist es freigestellt, ob er sich aktiv an der Ausführung der Übung beteiligt. Allerdings ist er dazu verpflichtet, den anderen Gruppenmitgliedern aktive Hilfestellung bei der Ausführung der Übung zu leisten.

Organisations-karte ✓	Fragen-karte	Auswertungs-karte

Das Spinnennetz

Fragen, die der Organisator stellt und die von der Gruppe zu beantworten sind:

1. Was ist eure Aufgabe?

2. Was geschieht, sobald ein Gruppenmitglied das Netz berührt?

3. Was passiert, wenn jemand erfolgreich auf die andere Seite des
   Netzes gelangt ist?

4. Was könnt ihr tun, wenn ein Gruppenmitglied durch die Netzöffnung
   zurückkehrt, die es vorher benutzt hat?

5. Was passiert, wenn jemand andere Teammitglieder beleidigt oder
   ausschließt?

| Organisations-karte | Fragen-karte ✓ | Auswertungs-karte |

Das Spinnennetz

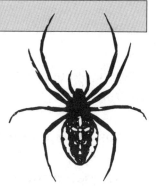

Aufgabe:

Setzt euch in eurer Gruppe zusammen
und diskutiert gemeinsam folgende Fragen:

1. Frage: Wie hat euch die Übung „Spinnennetz" gefallen?

❏ sehr gut   ❏ gut   ❏ weniger   ❏ überhaupt nicht

2. Frage: Warum ist beim Durchqueren des Spinnennetzes die gegenseitige Unterstützung und Hilfestellung wichtig?

_____

_____

_____

_____

_____

_____

3. Frage: Was passiert in der Schule, wenn es während einer Gruppenarbeit unter den Schülern an einer guten Zusammenarbeit mangelt und die Schüler sich nicht gegenseitig unterstützen und weiterhelfen?

_____

_____

_____

_____

_____

Organisations-karte	Fragen-karte	Auswertungs-karte ✔

7 Menschen mit 5 Füßen

Bestimmt zuerst einen Organisator, der euch den weiteren Text vorliest und anschließend zum Text einige Fragen stellt!

Aufgabenbeschreibung

Die Gruppe soll eine Strecke von ca. zehn Metern zurücklegen und dabei gemeinsam als Gruppe den Boden zum gleichen Zeitpunkt mit nur maximal fünf Körperteilen (Fußkontakte) berühren. Das heißt, wenn jemand mit zwei Beinen auf den Matten bzw. dem Boden steht, verursacht er bereits zwei Bodenkontakte. Bei dieser Übung erweist es sich als wesentlich, vorab verschiedene Strategien zu entwickeln und sich für eine zu entscheiden.

Der Organisator sorgt für die Sicherheit bei dieser Übung (Hilfestellung usw.).

| Organisations-
karte 1 ✓ | Fragen-
karte | Auswertungs-
karte |

7 Menschen mit 5 Füßen

Regeln und Regelverletzungen

■ Die Gruppe darf den Boden zu jedem Zeitpunkt mit nur maximal fünf Körperteilen berühren; werden mehr als die vorgegebenen Körperkontakte in Anspruch genommen, muss die gesamte Gruppe an der Startlinie erneut beginnen.

■ Solltet ihr mit 5 Kontakten Schwierigkeiten haben, probiert es zunächst mit 6 Bodenkontakten.

■ Alle Gruppenmitglieder müssen an der Startlinie beginnen und die Ziellinie überschreiten.

■ Es dürfen keine weiteren Hilfsmittel als die Körper der Spieler benutzt werden.

■ Alle Spieler müssen in körperlichem Kontakt zueinander stehen.

■ Das Hüpfen auf einem Bein ist nicht gestattet.

■ Die Übung ist auch von vorne zu beginnen, sobald ein Gruppenmitglied beschimpft wird („put-downs").

■ Es darf maximal eine Person auf dem Rücken getragen werden (huckepack ist O.K. – richtiges bzw. hohes Schultern ist aus Sicherheitsgründen zu vermeiden).

■ Der Organisator nimmt nicht aktiv an dieser Übung teil, ist aber immer zur Hilfestellung verpflichtet (Sicherheitsstellung).

■ Entwickelt vorab unbedingt eine Problemlösungsstrategie!

■ Geht keine unnötige Verletzungsgefahr ein, vermeidet unsichere Pyramiden!

Organisations-karte 2 ✓   Fragen-karte   Auswertungs-karte

7 Menschen mit 5 Füßen

Fragen, die der Organisator stellt und die von der Gruppe zu beantworten sind:

1. Was passiert bei mehr als 5 Körperkontakten zwischen Start- und Ziellinie?

2. Dürfen Pyramiden gebildet werden?

3. Wie viele Personen dürfen huckepack genommen werden?

4. Wie können wir unnötige Stürze vermeiden?

| Organisations-
karte | Fragen-
karte ✓ | Auswertungs-
karte |

7 Menschen mit 5 Füßen

1. Wie hat euch die Teamübung „7 Menschen mit 5 Füßen" gefallen?

   ❏ sehr gut   ❏ gut   ❏ weniger   ❏ überhaupt nicht

2. Warum ist es wichtig, bei der Übung „7 Menschen mit 5 Füßen" gemeinsame Absprachen zu treffen und vorab gemeinsam einen Plan zu entwerfen?

_____

_____

_____

_____

_____

_____

_____

3. a) Ist das Treffen von gemeinsamen Absprachen und das Entwerfen eines Planes auch bei der schulischen Gruppenarbeit von Bedeutung (zum Beispiel bei der Durchführung eines Projekts)?
   b) Warum?

_____

_____

_____

_____

_____

_____

_____

Organisations- karte	Fragen- karte	Auswertungs- karte ✓

Der Tisch

Bestimmt zuerst einen
Organisator, der euch den weiteren
Text vorliest und anschließend zum
Text einige Fragen stellt!

Aufgabenbeschreibung

Jede Person der Gruppe soll versuchen, den Tisch unterhalb zu durchqueren, ohne dabei den Boden zwischen der Start- und Ziellinie zu
berühren. Während der Übung dürfen sich Gruppenmitglieder auf dem
Tisch befinden und von dort aus den anderen Hilfestellung leisten.

Regeln und Regelverletzungen

■ Sobald ein Gruppenmitglied den Boden zwischen der Start- und
der Ziellinie berührt, müssen dieses und eine weitere Person die
Übung von vorne beginnen.

■ Gruppenmitglieder, die hinter der Start- bzw. Ziellinie stehen, dürfen Hilfestellung leisten.

■ Die Gruppenmitglieder dürfen von der Startlinie aus den Tisch zur
Ziellinie umlaufen und von dort aus Hilfestellung leisten.

■ Die Übung ist komplett von vorne zu beginnen, wenn Gruppenmitglieder beschimpft oder mit dem Nachnamen angesprochen
werden.

■ Dem Organisator bleibt es freigestellt, ob er sich aktiv an der Bewältigung dieser Aufgabe beteiligt. Jedoch ist er verpflichtet, den
anderen Gruppenmitgliedern immer Hilfestellung zu leisten.

■ Führt die Übung konzentriert und keinesfalls hektisch durch!

Zusatzregel: Solltet ihr Schwierigkeiten mit der Übung haben, könnt
ihr den Abstand zwischen Start- und Ziellinie verändern.

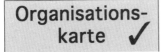

**Organisations-
karte** ✓   Fragenkarte   Auswertungskarte

Der Tisch

Fragen, die der Organisator stellt und die von der Gruppe zu beantworten sind:

1. Was ist eure Aufgabe?

2. Was passiert, wenn ein Gruppenmitglied den Bereich zwischen Start- und Ziellinie berührt?

3. Darf der Tisch von der Start zur Ziellinie und zurück umlaufen werden?

4. Dürfen Gruppenmitglieder vom Tisch aus Hilfestellung leisten?

Der Tisch

Sobald ihr die Übung abgeschlossen habt, beantwortet bitte gemeinsam den Fragebogen, indem ihr Noten von 1 bis 6 verteilt. Gebt ihr beispielsweise eine 1, bedeutet dies, dass die Aussage voll und ganz zutrifft. Eine 6 bedeutet dagegen, dass ihr der Aussage überhaupt nicht zustimmen könnt.

Note:	1	2	3	4	5	6
Die Übung hat uns Spaß gemacht.						
Wir haben einander geholfen und uns gegenseitig Mut gemacht.						
Wir haben die Lösungsvorschläge aller Gruppenmitglieder ernst genommen.						
Die Zusammenarbeit in der Gruppe hat gut funktioniert.						
In der Gruppe konnte sich jeder auf den anderen verlassen.						
Gruppenmitglieder, die Schwierigkeiten mit der Übung hatten, haben wir tatkräftig unterstützt.						

Weitere Anmerkungen könnt ihr auf die Rückseite schreiben!

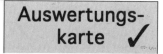

Organisations-karte	Fragen-karte	Auswertungs-karte ✓

Kooperativer Raub der Kronjuwelen

Bestimmt zuerst einen Organisator, der euch den weiteren Text vorliest und anschließend zum Text einige Fragen stellt!

Szenario

Nach einer Einbruchsserie im Londoner Tower will die Versicherungsgesellschaft Lloyd's der Öffentlichkeit demonstrieren, dass die Alarmanlage des Museums veraltet ist. Dazu versuchen die Sicherheitsexperten von Lloyd's in einer Nacht- und Nebelaktion in den Museumsraum einzudringen und die Kronjuwelen zu stehlen.

Die Bewegungsmelder haben sie bereits ausschalten können, doch gelingt es ihnen nicht, den Infrarot-Wärmemelder außer Betrieb zu setzen. Trotzdem geben sie ihr Unterfangen nicht auf.

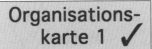

| Organisations-karte 1 ✓ | Fragen-karte | Auswertungs-karte |

Kooperativer Raub der Kronjuwelen

Aufgabenbeschreibung

Versucht an die Kronjuwelen zu gelangen, die in der Mitte des Museumsraumes in einem Sicherheitsbehälter aufbewahrt werden! Seid dabei sehr vorsichtig, denn jeder Körperkontakt mit und auch über dem abgegrenzten Raum löst aufgrund der Körperwärme sofort Alarm aus! Daher dürft ihr keinesfalls mit den Händen oder sonstigen Körperteilen über die durch das Seil dargestellten Grenzen reichen bzw. gelangen.

Zum Raub der Kronjuwelen stehen euch ein zweiter Eimer (Transportbehälter), kleinere Seile, diverse Plastikschläuche und ein Fahrradschlauch zur Verfügung. Diese Hilfsgegenstände dürfen zwar in den Sicherheitsbereich eingeführt werden, aber nicht den Boden berühren. Gelöst habt ihr die Aufgabe, sobald sich die Kronjuwelen außerhalb des Sicherheitsbereichs befinden. Der Sicherheitsbehälter kann dabei zwar bewegt werden, darf aber nicht über die abgesteckten Grenzen der Sicherheitszone gelangen.

Regeln und Regelverletzungen

- Jeder Körperkontakt mit und über dem abgegrenzten Raum löst Alarm aus. Folglich ist die Übung von vorne zu beginnen.

- Nur die zur Verfügung gestellten Gegenstände dürfen in den Sicherheitsbereich eingelassen werden.

- Der Sicherheitsbehälter darf nicht über die abgesteckten Grenzen des Raumes gelangen.

Organisations- | **Fragen-** | **Auswertungs-**
karte 2 ✓ | **karte** | **karte**

Kooperativer Raub der Kronjuwelen

Fragen, die der Organisator stellt und die von der Gruppe zu beantworten sind:

1. Was ist eure Aufgabe?

2. Was löst Alarm aus, so dass die Aufgabe von vorne begonnen
   werden muss?

3. Welche Hilfsmaterialien bzw. -werkzeuge dürft ihr verwenden?

| Organisations-
karte | Fragen-
karte ✓ | Auswertungs-
karte |

Kooperativer Raub der Kronjuwelen

Sobald ihr die Übung abgeschlossen habt, beantwortet bitte gemeinsam den Fragebogen, indem ihr Noten von 1 bis 6 verteilt. Gebt ihr beispielsweise eine 1, bedeutet dies, dass die Aussage voll und ganz zutrifft. Eine 6 bedeutet dagegen, dass ihr der Aussage überhaupt nicht zustimmen könnt.

Note:	1	2	3	4	5	6
Die Übung hat uns Spaß gemacht.						
Wir haben einander geholfen und uns gegenseitig Mut gemacht.						
Wir haben die Lösungsvorschläge aller Gruppenmitglieder ernst genommen.						
Die Zusammenarbeit in der Gruppe hat gut funktioniert.						
In der Gruppe konnte sich jeder auf den anderen verlassen.						
Gruppenmitglieder, die Schwierigkeiten mit der Übung hatten, haben wir tatkräftig unterstützt.						

Weitere Anmerkungen könnt ihr auf die Rückseite schreiben!

Organisations-karte	Fragen-karte	Auswertungs-karte ✓

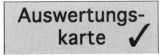

Materialien für Impulskarussell – Kommunikation

Impuls 1

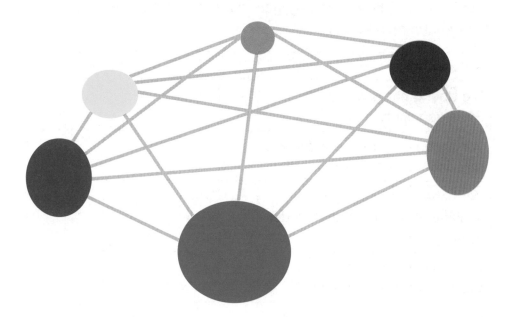

Materialien für Impulskarussell – Kommunikation

Impuls 2

Materialien für Impulskarussell – Kommunikation

Impuls 3

Zeichnung: Thomas Kugelmeier

Materialien für Impulskarussell – Kommunikation

Impuls 4

Zeichnung: Thomas Kugelmeier

Materialien für Impulskarussell – Kommunikation

Impuls 5

Zeichnung: Thomas Kugelmeier

Materialien für Impulskarussell – Kommunikation

Impuls 6

Zeichnung: Thomas Kugelmeier

Geometrisches Bild 1

Geometrisches Bild 2

Geometrisches Bild 3

Geometrisches Bild 4

Die Präsentation – Arbeitsschritte

Immer wieder kommt es am Ende einer Gruppenarbeit, einer Erkundung oder eines Projekts vor, dass Schüler ihren Klassenkameraden, Eltern und eventuell sogar einer größeren Öffentlichkeit ihre Ergebnisse und Erkenntnisse in Form einer Arbeitsrückschau präsentieren sollen. Die Begeisterung darüber hält sich bei vielen Schülern in Grenzen. Denn Präsentieren vor der Klasse bedeutet auch immer, sich selbst zu präsentieren. Gleichzeitig ist man häufig damit konfrontiert, dass die zuhörenden Mitschüler die Präsentation als langweilig empfinden und abschalten. Damit deine Präsentation nicht scheitert, findest du auf den nachfolgenden Seiten Tipps und Anregungen, wie man eine Präsentation erarbeitet. Diese Tipps kannst du auch bei der Erarbeitung eines Referates anwenden.

Die acht Schritte der Infoverarbeitung:

① Thema/Aufgabe erfassen
② Infos einholen
③ Infos sichten und auswählen
④ Infos gewichten und ordnen
⑤ Infos aufbereiten und gestalten
⑥ Stichwortzettel erarbeiten
⑦ Organisatorische Rahmenbedingungen klären
⑧ Präsentation halten

1. Das Thema bzw. die Aufgabe erfassen

Bevor du loslegst und dich an die Erarbeitung der Präsentation machst, ist es erforderlich, dass du dir vergegenwärtigst, wie das eigentliche Thema und dein konkreter Arbeitsauftrag lauten oder welche konkreten Aufgaben zu lösen sind. Am besten notierst du dir das Thema sowie den konkreten Arbeitsauftrag mit seinen Teilaufgaben in Stichworten auf einen Zettel!

Leitfragen: Wie lauten das Thema und der Arbeitsauftrag?
               Welche einzelnen Aufgaben sind zu lösen?

2. Informationen einholen

Im zweiten Arbeitsschritt geht es darum, dass du dir möglichst viel Material zum Thema beschaffst. Dabei sammelst du alle Informationen, Ergebnisse, Grafiken und Abbildungen, die mit dem Thema in Zusammenhang stehen.

In der Regel wirst du bei Kurzpräsentationen – z.B. beim Gruppenunterricht – nicht lange suchen müssen, weil dein Lehrer bzw. deine Lehrerin dir die notwendigen Informationen zur Verfügung stellen wird.

Anders sieht dies aus bei der Durchführung eines Projekts oder der Erarbeitung eines Referates. Hier wirst du zur Informationsbeschaffung beispielsweise die Schulbibliothek aufsuchen müssen, häufig findet man auch brauchbare Informationen im Internet.

Was ist zu tun?:   - Bücher, Nachschlagewerke, Zeitschriften besorgen
                   - Im Internet recherchieren bzw. nachforschen
                   - Beobachtungen, Untersuchungen, Befragungen durchführen
                   - Bildmaterial besorgen: im Internet, aus Büchern oder Zeitschriften; Präsentations-CD-Roms (Clip Arts etc.)
                   - Geeignete Filme besorgen, Fernsehsendungen aufzeichnen

3. Das Material sichten und geeignete Inhalte auswählen

Sobald du ausreichend Informationen gesammelt hast und vielleicht vor einem unübersichtlichen Berg von Informationen stehst, beschleicht dich eventuell das Gefühl, dass du komplett den Überblick verloren hast. Doch keine Panik! Du gewinnst den Überblick schnell wieder, wenn du das ganze gesammelte Material in Ruhe sichtest und mit Blick auf dein Thema und den Arbeitsauftrag eine Grobauswahl triffst. Alle nebensächlichen und belanglosen Informationen legst du beiseite, auch wenn deren Beschaffung wirklich anstrengend war.

Nach folgenden Kriterien solltest du deine Auswahl treffen:

● Das Thema deiner Präsentation:
Dein Thema bzw. der Arbeitsauftrag bilden die wichtigste Richtschnur für die Auswahl. Die Auswahl triffst du mit Hilfe deines Stichwortzettels. Nur was wirklich zum Thema gehört, bleibt in der Informationssammlung, alles andere wird beiseite gelegt.
Merke: Nicht alles, was sich zum Thema finden und sagen lässt, ist für deine Präsentation wichtig.

● Präsentationsteilnehmer:
Denke bei der Auswahl der Informationen auch an die Zuhörer bzw. Teilnehmer deiner Präsentation. Damit diese sich nicht langweilen, sollten Informationen, die ihnen bereits bekannt sind, nur kurz oder überhaupt nicht erwähnt werden.

● Dauer der Präsentation:
Bereits bei der Auswahl der wichtigen Informationen ist es notwendig, dass du dir ins Gedächtnis rufst, wie viel Zeit dir für die Präsentation zur Verfügung steht. Zeit während der Präsentation kannst du sparen, wenn du anstatt vieler Worte eine Abbildung oder Folie auflegst.

4. Das Infomaterial ordnen und gewichten

Gewichten und Markieren:

Jetzt, nachdem sich der unübersichtliche Berg an Informationen etwas gelichtet hat, ist es wichtig, dass du nochmals eine Auswahl triffst. Mit Blick auf dein Thema und den Arbeitsauftrag versuchst du nun, Kernaussagen von Hintergrundinformationen zu trennen. Kennzeichne die Kernaussagen zunächst mit rotem Textmarker und die Hintergrundinformationen mit grüner Farbe.

Die Kernaussagen müssen in jedem Fall in der Präsentation mitgeteilt werden! Die Hintergrundinformationen helfen dir, eventuelle Verständnisfragen der Zuhörer zu beantworten oder liefern einen interessanten Einstieg oder Abschluss der Präsentation.

Ordnen:

Bringe auch die gewichteten Informationen in eine sinnvolle Reihenfolge bzw. einen sinnvollen Zusammenhang.

Dabei kannst du folgende Grobgliederung zu Hilfe nehmen:

● Anfang:

Aussagen oder Fragen, die zum Thema hinführen und die Aufmerksamkeit der Zuhörer wecken.

Beispiele: Beginne mit einer kurzen, aber interessanten Geschichte oder Story zum Thema.
Oder leite deine Präsentation mit einer Frage an deine Mitschüler ein: Wisst ihr eigentlich, warum ...?
Was glaubt ihr, wie viele ...?

● Hauptteil:

Informationen, die wirklich wichtig sind und unbedingt in der Präsentation mitgeteilt werden müssen: Was, Wer, Wo, Wie und Warum?

● Schluss:

Aussagen, die die Präsentation abrunden und klar beenden, z.B. Zusammenfassungen der im Hauptteil genannten Punkte oder ein persönlicher Kommentar (z.B. „Darum denke ich, dass ...)

Merke: Einleitung und Schluss sollen möglichst kurz und knapp sein! Der Zuhörer will keine langen, umständlichen Vorreden.

5. Informationen aufbereiten und gestalten

Versuche möglichst viele deiner Informationen anschaulich in Schau-
bildern, Diagrammen, Symbolen darzustellen. Mit Bildern lassen sich
auch schwierige Informationen leichter erklären.

6. Stichwortzettel erarbeiten

Nun fasst du die Informationen auf einem Blatt Papier oder am Computer mit eigenen Worten zusammen; diesen Vorgang nennt man
auch Exzerpieren. Anschließend versuchst du einen gegliederten
Stichwortzettel anzufertigen, auf dem du die wichtigsten Inhalte
deiner Präsentation in Schlagworten festhältst. Der Stichwortzettel
dient dir beim freien bzw. halbfreien Vortrag als Wegweiser und Ge-
dächtnisstütze und stellt einen reibungslosen Ablauf sicher.

7. Organisatorische Rahmenbedingungen klären

Willst du bei deinem Vortrag bestimmte Hilfsmittel wie Overheadprojektor, Beamer, Videogerät usw. einsetzen, musst du zunächst
klären, ob sie für den Zeitpunkt der Präsentation verfügbar sind. Ist
dies der Fall, kannst du die erforderlichen Materialien (z.B. Folien)
anfertigen.

Vorher solltest du allerdings besonders sorgfältig überlegen, welche
und vor allem wie viele Medien zu welchem Zeitpunkt eingesetzt
werden.

8. Präsentation halten

Du bist nun gut vorbereitet und kannst anhand deines Stichwortzettels sowie angefertigter Folien und sonstigem Bildmaterial deinen
Vortrag halten.

Literatur:

Decker, F. (1994): teamworking, Gruppen erfolgreich führen und moderieren, München

Decker, F. (1988): Gruppen moderieren eine Hexerei? Die neue Team-arbeit - Ein Leitfaden für Moderatoren zur Entwicklung und Förderung von Kleingruppen, München

Lenzen, A. (1999): Präsentieren-Moderieren, Berlin

Pabst-Weinschenk, M. (1995): Reden im Studium, Ein Trainings-programm, Frankfurt a. M.

Schneider, W. (1995): Informieren und Motivieren, Eine Einführung in die Präsentationstechnik für Erwachsenenbildner, Hochschulrektoren und Oberstufenlehrer, Wien

Links:

http://www.teachsam.de/arb/arb_praes_ref_as.htm
(teachSam: Arbeitstechniken)

http://www.rhetorik.ch/
(Knill + Knill Kommunikationsberatung)

Die Präsentation – Vortragstechniken

Zeichnung: Thomas Kugelmeier

Immer wieder kommt es am Ende einer Gruppenarbeit, Erkundung oder eines Projekts vor, dass Schüler ihren Klassenkameraden, Eltern und eventuell sogar einer größeren Öffentlichkeit ihre Ergebnisse und Erkenntnisse in Form einer Arbeitsrückschau präsentieren sollen. Die Begeisterung darüber hält sich bei vielen Schülern in Grenzen. Denn Präsentieren vor der Klasse bedeutet auch immer, sich selbst zu präsentieren. Gleichzeitig ist man häufig damit konfrontiert, dass die zuhörenden Mitschüler die Präsentation als langweilig empfinden und abschalten. Damit deine Präsentation nicht scheitert, findest du auf den nachfolgenden Seiten Tipps und Anregungen, wie man eine Präsentation interessant vorträgt.

Versuche deinen Zuhörern das Zuhören zu erleichtern!

Sprich mit deinen eigenen Worten!

Häufig wird bei Präsentationen der Fehler gemacht, dass ganze Text- oder Buchpassagen abgeschrieben und dann bei der Präsentation wortwörtlich abgelesen werden. Dies ruft bei den Zuhörern meist gähnende Langweile hervor und kaum einer kann deinen Ausführungen folgen oder sie verstehen. Versuche deshalb, die Inhalte mit deinen eigenen Worten zu formulieren. Darüber hinaus kommst du erst gar nicht in die Versuchung wortwörtlich abzulesen, wenn du dir auf einem Spickzettel nur einige Schlagworte notierst, die du mit knappen hilfreichen Anmerkungen ergänzen kannst.

Sprich abwechslungsreich und melodiös!

Häufig wird der Fehler gemacht, dass die Präsentation unnatürlich monoton und somit einschläfernd vorgetragen wird. Zuhörer können deinen Ausführungen leichter folgen, wenn du deine Stimme ganz natürlich einsetzt: Laut - leise, schnell - langsam, hoch - tief. Betone beispielsweise Dinge, die dir wichtig sind, um die Aufmerksamkeit deiner Zuhörer zu wecken. Vermeide dabei jedoch Übertreibungen.

Führe folgende Übung mit deiner Gruppe durch:
Zunächst versucht ein Schüler eine Minute lang, monoton aus einem Telefonbuch vorzulesen. Dann wird das Telefonbuch weitergereicht. Ein jeder von euch liest eine Minute aus dem Telefonbuch vor. Dabei stellt sich jeder vor, er befände sich in einer ganz bestimmten Situation:

> Situation 1: eine Liebeserklärung
> Situation 2: eine Sportberichterstattung
> Situation 3: ein Streitgespräch
> Situation 4: eine Beerdigung
> Situation 5: ein Lottogewinn
> Situation 6: die Tagesschau

Auswertung:
a) Sprecht kurz über die Unterschiede der Vortragsweisen und woran ihr diese Unterschiede festmachen könnt.

b) Wenn ihr nur auf die Sprache achtet, woran könnt ihr erkennen, dass jemand gehemmt, selbstbewusst, unglaubwürdig, gelangweilt, hektisch wirkt?

Sprich laut und deutlich!

Gib deinen Zuhörern die Chance, dass sie dich wirklich verstehen. Versuche nicht zu wirken wie ein Flüster-Libellchen, ein Nuschel-Dromedar oder ein Nasen-Bär. Öffne beim Sprechen deutlich den Mund und vermeide, die Hand aus Verlegenheit vor den Mund zu halten oder Endungen zu verschlucken.

Vermeide unnötige Wortwiederholungen!

Dann passierte ..., dann sagte ..., dann folgte ..., dann ..., dann, dann ...

Versuche deinen Vortrag flüssig und zusammenhängend zu gestalten. Dabei können eventuell folgende Formulierungen hilfreich sein: Ferner..., allerdings..., des Weiteren..., darüber hinaus..., schließlich..., endlich..., daraus folgt..., andererseits..., abgesehen davon..., deswegen etc.

Spicke die Präsentation nicht mit Fremdwörtern!

Gehe mit dem Einsatz von Fremdwörtern sparsam um. Eine allzu häufige Verwendung von Fremdwörtern - außer den zwingend notwendigen Fachbegriffen - führt zu Verständnisschwierigkeiten bei deinen Zuhörern. Die Fremdwörter, die du verwendest, solltest du in jedem Fall deinen Zuhörern erklären bzw. übersetzen.

Lege auch einmal eine kurze Pause ein!

Ein häufig gemachter Fehler bei Präsentationen ist, dass zu schnell und ohne Unterbrechung gesprochen wird; Pausen sind ein unverzichtbares rhetorisches Hilfsmittel bei Vortrag und Präsentation. Daher ist es wichtig, dass du versuchst, langsam zu sprechen und gelegentlich Pausen einzulegen. Nutze die Pausen auch, um Blickkontakt mit deinen Zuhörern aufzunehmen.

Verwende kurze Sätze!

Zu lange Sätze sind grundsätzlich für Zuhörer schwer zu verstehen, ein Mitdenken wird für den Zuhörer unmöglich. Damit deine Zuhörer sich nicht langweilen, solltest du dich bemühen, kurze Sätze zu formulieren. Vermeide im Vortrag auch Schachtelsätze.

Vergiss deine Körpersprache nicht!

Während des Vortrages teilst du mit deiner Körperhaltung dem Zuhörer deine Gefühle mit. Das heißt, die Zuhörer können beispielsweise an deiner Körperhaltung erkennen, ob du von der Thematik begeistert bist oder dich im Moment unsicher fühlst.

Versuche während des Vortrages nicht ständig auf dein Manuskript, das Wandplakat, den Tisch oder in eine Raumecke zu schauen. Lasse vielmehr den Blick zwischen deinen Zuhörern hin und her wandern, so dass sich jeder angesprochen fühlt.

Vermeide es, die Hände in die Hosentaschen zu stecken oder vor den Mund zu halten. Nimm vielmehr eine unverkrampfte, offene, dem Publikum zugewandte Körperhaltung ein und benutze z.B. deine Hände, wenn du etwas erklären oder zeigen willst. Versuche gleichzeitig deine Gliedmaßen unter Kontrolle zu halten, indem du dir nervöse Angewohnheiten wie z.B. Zupfen an der Kleidung, sich Kratzen etc. bewusst machst.

Literatur:

Decker, F. (1994): teamworking, Gruppen erfolgreich führen und moderieren, München

Decker, F. (1988): Gruppen moderieren eine Hexerei? Die neue Teamarbeit - Ein Leitfaden für Moderatoren zur Entwicklung und Förderung von Kleingruppen, München

Kliebisch, U./Rauh, G. (1996): Keine Angst vor Referaten, Mühlheim an der Ruhr

Lenzen, A. (1999): Präsentieren - Moderieren, Berlin

Pabst-Weinschenk, M. (1995): Reden im Studium, Ein Trainings-programm, Frankfurt a. M.

Schneider, W. (1995): Informieren und Motivieren, Eine Einführung in die Präsentationstechnik für Erwachsenenbildner, Hochschulrektoren und Oberstufenlehrer, Wien

Die Präsentation – Visualisieren

Zeichnung: Thomas Kugelmeier

Immer wieder kommt es am Ende einer Gruppenarbeit, Erkundung oder eines Projekts vor, dass Schüler ihren Klassenkameraden oder sogar einer größeren Öffentlichkeit ihre Ergebnisse und Erkenntnisse in Form einer Arbeitsrückschau präsentieren sollen. Die Begeisterung darüber hält sich bei vielen Schülern in Grenzen. Denn Präsentieren vor der Klasse bedeutet auch immer, sich selbst zu präsentieren. Gleichzeitig ist man häufig damit konfrontiert, dass die zuhörenden Mitschüler die Präsentation als langweilig empfinden und abschalten.

Damit du deine Präsentation interessant gestalten kannst, findest du auf den nachfolgenden Seiten Tipps und Anregungen zur visuellen bzw. bildhaften Unterstützung deines Referates.

Ein Bild sagt mehr als 1000 Worte

Stelle dir folgende Szene vor: Du möchtest deinen Freunden Erlebnisse des letzten Urlaubs mitteilen. Dies ist möglich, wenn du deine Erlebnisse nur mit Worten beschreibst. Schneller, interessanter, anschaulicher und für deine Freunde auch einprägsamer kannst du dies jedoch tun, wenn du ihnen einfach deine Urlaubsfotos zeigst und die Bilder mit Worten kommentierst.

Diesen Effekt kannst du auch während deiner Präsentation nutzen. Eine kleine Skizze, ein Schaubild oder ein Symbol weckt nicht nur die Aufmerksamkeit der Zuhörer, vielmehr erleichtern sogenannte Visualisierungen auch das Behalten und Erinnern von Informationen.

Visualisierungen

1. tragen dazu bei, die Aufmerksamkeit der Zuhörer zu erhöhen
2. lenken die Konzentration der Zuhörer auf das Wesentliche
2. unterstützen das Behalten und Erinnern von Informationen
3. bieten einen schnellen Überblick über einen Sachverhalt oder ein Thema
4. veranschaulichen bzw. vereinfachen komplizierte Vorgänge und Sachverhalte
5. sorgen dafür, dass das Klassenzimmer interessanter und farbiger wirkt

Womit kannst du visualisieren?

Tafel, Overheadprojektor, Diaprojektor, Computer, Wandplakate oder Poster, Pinnwände etc.

Was eignet sich besonders für Visualisierungen?

1. Damit deine Zuhörer nicht die Übersicht verlieren, kannst du z.B. eine Gliederung auf Folie zeigen
2. Zahlenmaterialien aller Art, wie Mengenangaben, Prozent und Jahreszahlen kannst du anschaulich mit Diagrammen (Kreisdiagramm, Stab- und Balkendiagramm usw.) darstellen

3. Technische Dokumentationen und Experimente

4. Ergebnisse der Gruppen- und Projektarbeit

5. Bilder, die anderen die Vorstellung erleichtern

Tipps für die Gestaltung von Folien für den Overheadprojektor

Nicht zu viele Folien zeigen!

Folien nicht überladen!

Die Folie sollte nicht zu viele Informationen enthalten, da sie sonst unübersichtlich wird.

Mehr Bilder, weniger Text!

Folien eignen sich ideal, um Bilder für jeden erkennbar an die Wand zu projizieren. Bilder sind in der Regel verständlicher und einprägsamer als der reine Text! Durch Abbildungen, schematische Darstellungen, kopierte Fotos, Piktogramme oder Symbole kannst du das gesprochene Wort ergänzen bzw. ersetzen.

Weniger ist mehr!

Ist es erforderlich, Text auf Folie zu bringen, dann verwende Stichworte statt ganzer Sätze. Schreibe auch nicht mehr als sechs bis neun Zeilen untereinander. In einer Zeile sollten nicht mehr als fünf bis sieben Worte stehen. Auch solltest du nicht die Folie bis zum Rand beschreiben.

Groß- und Kleinschreibung ist besser als nur Großbuchstaben!

Dem Auge fehlt sonst die Orientierung.

Farben überlegt einsetzen!

Farbe kann als Mittel zur Gliederung, Hervorhebung etc. eingesetzt werden. Bei Schriftfolien sollte man allerdings nicht mehr als drei

Farben verwenden. Die Farbe „Gelb" ist für die Schrift unbedingt zu vermeiden. Im Gegensatz dazu ist „Gelb" für die Gestaltung von Flächen sehr zu empfehlen.

Schreibe groß genug!

Kleine und damit unleserliche Schrift ist der häufigste Fehler beim Overhead-Einsatz.
Schreibe so groß, dass deine Zuhörer in der letzten Reihe die Information lesen können.
Verwendest du den Computer, dann darf der Schriftgrad nicht kleiner als 20 Punkte sein.

Folien lange genug liegen lassen!

Lasse dem Plenum genug Zeit, um das Gezeigte erfassen zu können.

Bei längeren Pausen: Projektor ausschalten!

(Aber nicht nach jeder Folie!)
Der Brummton stört, die weiße Fläche lenkt die Aufmerksamkeit ab.

Welche Präsentationstechniken bietet der Overheadprojektor?

Live-Folien

Sie werden während des Vortrages geschrieben/gezeichnet; manchmal als Tafelersatz; achte dabei auf eine gut lesbare Schrift.

Vorgefertige Folien ergänzen

Eine teilweise fertige Folie wird während des Vortrags ergänzt (z.B. Oberbegriffe vorgefertigt, Beispiele gemeinsam gesammelt).

Overlay-Technik

Mehrere fertige Folien werden nacheinander übereinandergelegt. Mehr als drei Folien sind allerdings allein schon wegen des Lichtverlustes problematisch. Um ein Verrutschen der Folie zu verhindern, kann man die nachträglich aufzulegenden Folien an die Grundfolie rechts und links ankleben, sie werden dann wie Fensterläden zugeklappt.

Striptease-Technik

Mehrere Folien liegen übereinander auf der Projektionsfläche, die oben aufliegenden werden nach und nach entfernt.

Striptease und Overlay-Technik können bei Bedarf miteinander kombiniert werden.

Folienpuzzle

Eine Folie wird zerschnitten, die einzelnen Schnipsel nach und nach aufgelegt.

Abdecktechnik

Informationen, die zunächst ablenken würden, werden mit kartoniertem Papier abgedeckt und verdunkelt und Stück für Stück freigegeben.

Auflegen von Originalgegenständen

Bewegliche Auflageelemente

Mit Pfeilen, Punkten, Symbolen aus Folienstreifen kannst du Vorgänge bildhaft veranschaulichen (z.B. einen farbigen Punkt auf einen Folienstreifen malen; dieser Punkt kann nun z.B. durch einen Körper wandern und die Ausbreitung eines Erregers verdeutlichen).

Anmerkung: Der Overheadprojektor ist ein Kurzzeitmedium: Bilder und Texte sind nur kurz zu sehen. Es bietet sich an, den Overheadprojektor mit Dauermedien zu ergänzen: z.B. Übersicht, Thesen usw. an die Pinnwand heften oder an die Tafel schreiben; Einzelheiten, nähere Erläuterungen etc. auf Folien zeigen.

Gruppenposter - Wandplakate

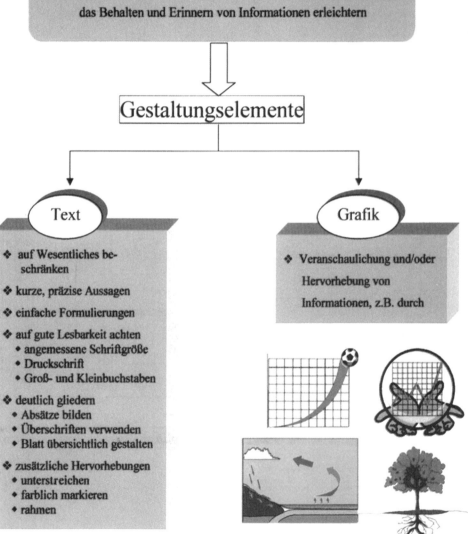

sollen

die Aufmerksamkeit der Zuhörer auf das Wesentliche lenken,

einen schnellen Überblick über das Thema oder die Ergebnisse liefern,

das Behalten und Erinnern von Informationen erleichtern

Gestaltungselemente

Text

- ❖ auf Wesentliches beschränken
- ❖ kurze, präzise Aussagen
- ❖ einfache Formulierungen
- ❖ auf gute Lesbarkeit achten
  - ◆ angemessene Schriftgröße
  - ◆ Druckschrift
  - ◆ Groß- und Kleinbuchstaben
- ❖ deutlich gliedern
  - ◆ Absätze bilden
  - ◆ Überschriften verwenden
  - ◆ Blatt übersichtlich gestalten
- ❖ zusätzliche Hervorhebungen
  - ◆ unterstreichen
  - ◆ farblich markieren
  - ◆ rahmen

Grafik

- ❖ Veranschaulichung und/oder Hervorhebung von Informationen, z.B. durch

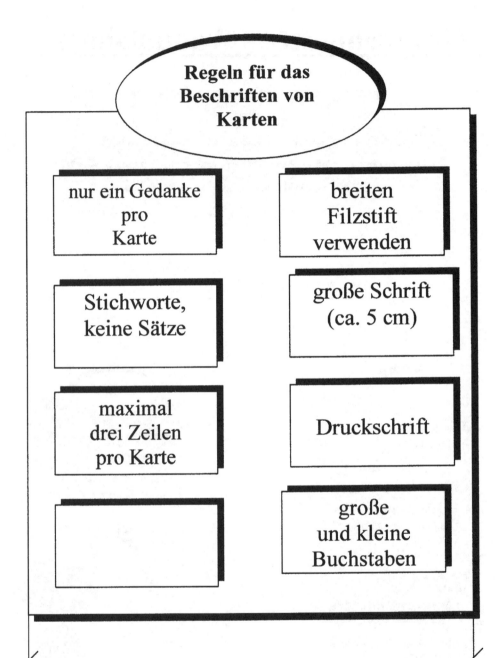

Piktogramme selbst gestalten

Piktogramme sind Bildsymbole, die Informationen leicht und schnell zugänglich machen:

Piktogramme und Bilder prägen sich sehr gut ein. Vielleicht kannst du auch Piktogramme in deine Präsentation einbauen.

So gestaltet man Piktogramme:

1. Zuerst musst du klären, was du mit deinem Piktogramm aussagen willst.
2. Dann überlegst du, wie sich deine Aussage darstellen lässt.
3. Schließlich zeichnest du nur das Wesentliche.

Literatur:

Decker, F. (1994): teamworking, Gruppen erfolgreich führen und moderieren, München

Decker, F. (1988): Gruppen moderieren eine Hexerei? Die neue Teamarbeit - Ein Leitfaden für Moderatoren zur Entwicklung und Förderung von Kleingruppen, München

Lenzen, A. (1999): Präsentieren-Moderieren, Berlin

Nissen, P./Iden, U. (1995): KursKorrektur Schule – Ein Handbuch zur Einführung der ModerationsMethode im System Schule für die Verbesserung der Kommunikation und des miteinander Lernens, Hamburg

Pabst-Weinschenk, M. (1995): Reden im Studium, Ein Trainingsprogramm, Frankfurt a. M.

Schneider, W. (1995): Informieren und Motivieren, Eine Einführung in die Präsentationstechnik für Erwachsenenbildner, Hochschulrektoren und Oberstufenlehrer, Wien

Stary, J. (1997): Visualisieren, Ein Studien- und Praxisbuch, Berlin

Batzner et al. (1997) : Mit eigenen Worten, Braunschweig

Links:

http://www.teachsam.de/arb/arb_praes_ref_as.htm
(teachSam: Arbeitstechniken)

htpp://www.rhetorik.ch/
(Knill + Knill Kommunikationsberatung)

Die Präsentation – Redeangst

Zeichnung:
Thomas Kugelmeier

Immer wieder kommt es am Ende einer Gruppenarbeit, Erkundung oder eines Projekts vor, dass Schüler ihren Klassenkameraden, Eltern oder eventuell sogar einer größeren Öffentlichkeit ihre Ergebnisse und Erkenntnisse in Form einer Arbeitsrückschau präsentieren sollen. Die Begeisterung darüber hält sich bei vielen Schülern in Grenzen. Denn Präsentieren vor der Klasse bedeutet auch immer, sich selbst zu präsentieren. Viele Schüler haben dabei mit Redeangst bzw. Lampenfieber zu kämpfen. Obwohl die Präsentation gut vorbereitet ist, kämpfen sie mit flauem Gefühl im Magen, roten Flecken am Hals, Herzrasen und schweißnassen Händen. Auf den nächsten Seiten findest du einige Anregungen, was man gegen Redeangst tun kann.

Redeangst vermindern

Nicht nur Schüler kennen das Phänomen Redeangst. Redeangst ist ein weit verbreitetes Phänomen, und auch zahlreichen Politikern, Sängern und Schauspielern sind diese Ängste nicht fremd. In verschiedenen Untersuchungen konnte festgestellt werden, dass viele Menschen vor öffentlichen Reden Angst haben. Angst vor den vielen Augen, die einen beobachten, Angst in der Rede „hängen zu bleiben" oder den „Faden zu verlieren". Frage doch einmal deine Mitschüler, inwieweit es ihnen genauso geht. Viele von ihnen werden sich ebenfalls nervös, angespannt und unsicher fühlen, obwohl man es nicht gleich jedem ansieht.

Wichtig ist, dass du dir bewusst machst, dass nicht nur du, sondern viele Menschen unter Redeangst leiden.

Lampenfieber kann hilfreich sein

Es ist auch wichtig und normal, dass man eine gewisse Angst bzw. Anspannung vor einem Redeanlass empfindet. Ein gesundes Maß an Lampenfieber schützt nämlich vor Nachlässigkeit und Schludrigkeit und motiviert für eine gute Vorbereitung. Darüber hinaus steigert eine leichte Anspannung sogar die Konzentration und Leistungsbereitschaft. Daher ist es wichtig, dass du dein Lampenfieber nicht verdrängst. Was man jedoch tun kann, wenn die Angst unmäßige Formen annimmt, zeigen die nachfolgenden Tipps, Anregungen und Übungen.

Entspanne dich bewußt!

Deine Redeangst kannst du durch Entspannung vermindern. Um in einen entspannten Körperzustand zu kommen, reicht es häufig aus, wenn man einen kleinen Spaziergang unternimmt oder zu sich selbst sagt: „Das schaffe ich, eigentlich freue ich mich auf den Auftritt." Manchmal genügt dies jedoch nicht. In diesem Falle haben sich folgende Entspannungsübungen bewährt:

Atemübung

Das Atmen funktioniert normalerweise automatisch, so dass wir nicht darauf achten müssen.

Treiben wir Sport, haben wir automatisch einen höheren Sauerstoffbedarf und atmen schneller. Genau dasselbe passiert auch bei Aufregung oder Angst. Die Anspannung vor oder während der Präsentation kannst du verringern, wenn du ein paarmal ruhig und tief durchatmest. Dabei solltest du darauf achten, dass sich dein Bauch beim Einatmen langsam hebt.

Vorstellungsübung I

Bei dieser Übung geht es um eine Technik, die sich nicht nur beim Sport bewährt hat. Beispielsweise stellt sich ein Slalomfahrer den Pistenverlauf immer wieder im Gedächtnis vor.

Versuche dich wie der Slalomfahrer vorab in die Redesituation hineinzuversetzen. Stelle dir vor deinem inneren Auge die folgende Situation so deutlich wie möglich vor: Du stehst vor deinen Klassenkameraden bzw. dem Publikum und hältst gerade deinen Vortrag. Dabei bist du völlig unbeschwert und locker, so dass dein Vortrag ein Erfolg wird. In deiner Vorstellung verläuft dein Vortrag also genau so, wie du ihn am liebsten erleben möchtest.

Solltest du sehr große Angst haben, die Redesituation durch deine eigenen Augen wahrzunehmen, kannst du in deiner Vorstellung eine Zuschauerrolle übernehmen. Das heißt, du beobachtest dich als Zuschauer selbst, wie du eine erfolgreiche Rede vorträgst.

Eine regelmäßige Wiederholung dieser Übung kann sehr wirksam sein.

Vorstellungsübung II

Stelle dir die angstmachende Redesituation vor. Nun mache die Leute, die du vor dir siehst, winzig klein oder puste sie auf wie Luftballons oder lasse sie sich in Zeitlupe bewegen. Egal was du dir vorstellst, es kommt darauf an, dass du die Situation so veränderst, dass du sie lustig findest. Versuche diese Übung regelmäßig zu wiederholen.

Übung gegen Panik

Wenn die Redeangst bei dir Panik auslöst, kannst du folgende Übung durchführen:
Setze dich ruhig hin und schüttle beide Hände ca. 20 mal nach unten aus. Lasse anschließend die Hände kurz hängen und konzentriere dich auf das Pulsieren und Kribbeln in den Händen. Diese Übung kannst du auch kurz vor der Präsentation durchführen.

Lockere deine hochgezogenen Schultern!

Psychologen haben festgestellt, dass Körperhaltungen unsere Gefühle beeinflussen bzw. verstärken können. Empfindet man Angst oder ist aufgeregt, zieht man häufig die Schultern nach oben. Diese verspannte Haltung verstärkt jedoch gleichzeitig dein Angstgefühl. In solch einer Situation solltest du deine Muskeln bewusst lockern, Hände und Kopf ausschütteln, den Kiefer lockern und vor allem die Schultern entspannt hängen lassen.

Bereite dich gut vor!

Beschäftige dich intensiv mit dem Themengebiet oder den Inhalten deiner Präsentation. Denn wenn du weißt, worum es bei deinem Vortrag geht, wird sich deine Angst vermindern. Darüber hinaus gilt: Wenn deine Zuhörer wahrnehmen, dass du Redeangst hast, dich aber trotz dieser Schwierigkeit mit Erfolg bemühst, kannst du mit gesteigerter Zustimmung deiner Zuhörer rechnen. Sicherer wird man auch, wenn man die Präsentation zu Hause alleine, vor Freunden oder den Eltern übt.

Stichwortzettel anfertigen!

Viele Anfänger machen bei Präsentationen aufgrund ihrer Unsicherheit den Fehler, dass sie alles wortwörtlich aufschreiben, was sie sagen wollen. Bei der Präsentation bzw. dem Kurzvortrag lesen sie dann wortwörtlich ihr Konzept ab. Das Ergebnis dabei ist, dass die Zuhörer sich langweilen, überfordert sind und einschlafen. Der Redner fühlt sich dabei sichtlich unwohl und wird während des Vortrages noch aufgeregter. Sein Vortrag wird immer leiser und unsicherer. Besser ist es, wenn du deine Aussagen bzw. Informationen, die du mitteilen möchtest, in Stichworten auf einen Zettel schreibst. So schaffst du dir eine Stütze gegen die Redeangst. Denn die Stichworte schaffen die notwendige Sicherheit während der Präsentation. Gleichzeitig dienen sie dir als Formulierungshilfe und führen dich wie ein roter Faden durch die Präsentation.

So fertigst du ein Stichwortkonzept an:
Du nimmst ein oder mehrere Blätter Papier im Format DIN A 4 oder postkartengroße Karteikarten zur Hand. Darauf schreibst du nun in Stichworten die wesentlichen Kernaussagen deines Vortrages. Schreibe dabei nur auf die Vorderseite(n) des Papiers oder der Karteikarten; denn wenn du erst umdrehen musst, verlierst du schnell den roten Faden. Hilfreich ist auch, wenn du die Papierseiten bzw. Karten entsprechend ihrer Reihenfolge durchnummerierst. So verhinderst du die Katastrophe, dass die Karten während der Präsentation auf den Boden fallen und durcheinander geraten. Beachte bei der Erstellung deines Stichwortzettels unbedingt folgende Grundregel: So wenig Text wie möglich, so groß geschrieben wie möglich und so übersichtlich angeordnet wie möglich.

Beispiel für ein Stichwortkonzept*:

E: - Unsere Stadt 1910
     - Dia/Zeitungsartikel „Rundschau
     - Verkehr zerstört Stadtzentrum

H: - Zerstörungen: Gründe - Wirkungen

     ① - Tempo, Staus, Aggressivität
       - hohes Tempo, Unübersichtlichkeit
       - Risiko: Unfälle

     ② - Tempo, Bremsen, Beschleunigen
       - Lärmverschmutzung: Tag + Nacht
       - Schlafstörungen, Nervosität, Krankheiten
       - Kleinkinder, Ältere, Anwohner

     ③ - Dichte, Kolonne, enge Straßen
       - CO, Blei, Stickoxide
       - Grenzüberschreitung: Lebensgefahr!!!

S:
  Zus.: ① Unfälle: mehr Verletzte/Tote
        ② Lärm: Gesundheitsschäden, Stimmung
          leidet
        ③ Luftverschmutzung: schleichende
          Vergiftung

Ziel: Fernverkehr raus! - Umgehungsstraße

E: _____   _____

H: _____   _____

  ① _____
    _____

  ② _____   _____
    _____

  ③ _____
    _____

S:
  Zus.: ① _____
        ② _____
        ③ _____

E = Einleitung, H =Hauptteil, ①②③ = Argumente 1-3,
S = Schluss, Zus. = Zusammenfassung

---

* Entnommen aus: Schuh/Watzke (1983): Erfolgreich Reden und Argumentieren: Grundkurs Rhetorik, München

Veranschauliche deine Aussagen!

Sehr hilfreich bei Redeangst sind auch Visualisierungen. Verwende unbedingt Bilder, Zeichnungen, Skizzen etc., um Sachverhalte oder Ergebnisse zu präsentieren bzw. zu erklären. Diese schaffen dir notwendige Verschnaufpausen und sorgen ebenfalls dafür, dass du während der Präsentation nicht den roten Faden verlierst. Darüber hinaus wird dein Vortrag für die Zuhörer verständlicher und interessanter.

Üben! Üben! Üben!

Viele gute Redner haben sich die Sicherheit bei ihren Vorträgen durch zahlreiche praktische Versuche erworben, denn Begabung allein reicht oft nicht aus. So wie man Schwimmen im Wasser lernt, kannst du Präsentieren nur durch Präsentieren lernen.
Wenn du dich immer wieder in Präsentationssituationen begibst und dich nicht davor drückst, wird deine Sicherheit bei Präsentationen wachsen und sich deine Redeangst vermindern.

Suche den Augenkontakt!

Baue eine Brücke zu den Zuhörern auf, indem du zu Beginn der Präsentation deinen Blick kurz über die Zuhörer schweifen lässt. Nehme auch während des Vortrages immer wieder Blickkontakt zum Publikum auf. Suche dabei Personen, die dich anlächeln oder dir wohlgesinnt sind (Freunde etc.). Dies entlastet enorm und reduziert die Redeangst.

Literatur:

Berthold, S.(1997): Reden lernen im Deutschunterricht, Übungen für die Sekundarstufe I und II, Essen

Lenzen A. (1999): Präsentieren - Moderieren, Berlin

http://www.rhetorik.ch/Redeangst/Redeangt.html

Kliebisch, U./Rauh, G. (1996): Keine Angst vor Referaten, Ein Lern- und Trainingsbuch, Mühlheim an der Ruhr

Papst-Weinschenk, M. (1995): Reden im Studium, ein Trainingsprogramm, Frankfurt am Main

Schuh, H./Watzke, W. (1983): Erfolgreich Reden und Argumentieren: Grundkurs Rhetorik, München

Anmerkungen

Teil 1 Rahmenbedingungen und theoretische Grundlagen

[1] vgl. Oechsler (1997): Personal und Arbeit, S. 260

[2] vgl. Widmaier/Sauerwein (1996): „Warum es nicht wie geschmiert läuft", S.31

[3] Sozialkompetenz in Betrieben (1998): http://www.bibb.de/pm/pm98/pm040698.htm, (04.06.98)

[4] Dietzen/Kloas (1998): Stellenanzeigenanalyse – eine effektive Methode zur Früherkennung des Qualifikationsbedarfes, S. 11

[5] vgl. iwd (1997): Schulabgänger – Für den Berufsstart schlecht gerüstet, S. 6

[6] vgl. ebd., S. 6

[7] Tillmann (1993): „Leistung muß auch in der Schule neu definiert werden", S. 7

[8] vgl. ebd., S. 8

[9] Klippert (1998): Teamentwicklung im Klassenraum, S. 14

[10] Beck (1993): Schlanke Produktion – Schlüsselqualifikationen und schulische Bildung, in: Pädagogik, S. 16

[11] Gudjons (1993): Gruppenunterricht, S. 42

[12] Klafki (1992): Lernen in Gruppen – ein Prinzip demokratischer und humaner Bildung in allen Schulen, S. 17-18

[13] ebd., S. 18

[14] vgl.Gmelch/Stein (2002): Sozialkompetenz - Anforderungen der Gesellschaft und Herausforderungen für die Schule, in: Bayerische Schule (in Druck)

[15] ebd.

[16] Strategien gegen Mobbing (2001): Fränkischer Tag, 56. Jahrgang

[17] Schon an der Schule wird gemobbt (2001), Fränkischer Sonntag, S. 3, in: Fränkischer Tag vom 16.06.01, 56. Jahrgang

[18] ebd.

[19] Rosenbusch et al. (1991): Neuere Untersuchungen zum Gruppenunterricht, S. 118

[20] vgl. Frey (1995): Die Projektmethode, S. 120 und 138

[21] Rosenbusch et al. (1991): Neuere Untersuchungen zum Gruppenunterricht, S. 118

[22] Huber (2001): Psychologie der pädagogischen Interaktion, S. 398

[23] Gmelch/Stein (2002): Sozialkompetenz - Anforderungen der Gesellschaft und Herausforderungen für die Schule, in: Die bayerische Schule (in Druck)

24   Gudjons (1993): Gruppenunterricht, S. 35

25   Seyfried (1995): Team und Teamfähigkeit, S. 28

26   vgl. Huber (2001): Psychologie der pädagogischen Interaktion, S. 398

27   vgl. u.a. Gudjons (1993), Dann et al. (1999), Meyer (1987)

28   vgl. Heckhausen (1989): Motivation und Handeln, S. 10

29   Reinmann - Rothmeier/Mandl (2001): Unterrichten und Lernumge-
      bungen gestalten, S. 636

30   vgl. ebd., S. 638

31   vgl. Klippert (1998): Teamentwicklung im Klassenraum, S. 35–45 und
      Gudjons (1993): Gruppenunterricht, S. 39-42

32   ebd.

33   Rosenbusch et al. (1999): Gruppenunterricht – kooperatives Handeln
      in einer konkurrenzorientierten Umwelt, S. 372

34   vgl. ebd.

35   vgl. Besemer (1998) Team(s)lernen, S. 42

36   vgl. Klippert (1998): Teamentwicklung im Klassenraum, S. 38 und
      Gudjons (1993): Gruppenunterricht, S. 40

37   vgl. hierzu auch Gudjons (1993), S. 129

38   vgl. Wellhöfer (1993), Gruppendynamik und soziales Lernen, S. 51-55 und
      Huber (2001): Psychologie der pädagogischen Interaktion, S. 400-401

39   vgl. Johnson/Johnson, Leading the Cooperative School, 4 : 10

40   Vopel (1994): Handbuch für Gruppenleiter, S. 11

41   vgl. Heimlich (1988): Soziales und emotionales Lernen in der Schule,
      S. 16

42   Wahren (1994): Gruppen- und Teamarbeit in Unternehmen, S. 179

43   Wild et al. (2001): Psychologie des Lerners, S. 258

44   vgl. Wellhöfer (1993): Gruppendynamik und soziales Lernen, S. 32

45   vgl. Gordon (1977): Lehrer-Schüler-Konferenz, Nerdinger (1997):
      Führung durch Gespräche S. 26-27 oder Wellhöfer (1993): Gruppen-
      dynamik und soziales Lernen, S. 30 f

46   Nerdinger (1997): Führung durch Gespräche, S. 27

47   vgl. Huber (2001): Psychologie der pädagogischen Interaktion, S. 398

48   Bürger (1978): Teamfähigkeit im Gruppenunterricht, S. 61

49   vgl. Bürger (1978): Teamfähigkeit und Watzlawick (1980): Menschli-
      che Kommunikation, S. 74, 85

50   Besemer et al. (1998): TEAM(S)LERNEN, S. 92

51   vgl. http://htdig.nextra.at/14/05/14/scheibel/killerph.htm und Cice-
      ro et al. (2001): Clevere Antworten auf dumme Sprüche, S. 11-16

52   vgl. Besemer et al. (1998): TEAM(S)LERNEN, S.55

53   Diegritz et al. (1999): Intragruppenprozesse und Gruppenstrukturen
      in Schülerarbeitsgruppen, S. 104

54   Niedermair (1994): Von der Klasse zum Team, S. 284

55   vgl. Gudjons (1993): Gruppenunterricht, S. 32

56   vgl. Besemer et al. (1998): TEAM(S)LERNEN, S. 79

57   Rosenbusch et al. (1999): Gruppenunterricht – kooperatives Handeln in einer konkurrenzorientierten Umwelt, S. 372

58   vgl. Diegritz et al. (1999): Neue Aspekte einer Didaktik des Gruppenunterrichts, S. 351

59   vgl. Senninger (2000): Abenteuer leiten, S. 123

60   vgl. Newcomb (1959): Sozialpsychologie, S. 568

61   Keil/Piontkowski (1973): Strukturen und Prozesse im Hochschulunterricht [zitiert in Sader (1998), S. 103]

62   vgl. Szymanski/Harkins (1987): Social loafing and self-evaluation with social standards, S. 891–897

63   vgl. Trow et al. (1970): Psychologie des Gruppenverhaltens, S. 287

64   Mueller/Thomas (1974): Einführung in die Sozialpsychologie, S. 337

65   vgl. Horak (1992): Kooperatives Lernen an der Hauptschule und Sonderschule für Lernbehinderte, S. 22

66   vgl. Bierhoff/Müller (1993): Kooperation in Organisationen, S. 42-51

67   vgl. Sader (1998): Psychologie der Gruppe, S. 236

68   Dann et al. (1999): Gruppenunterricht im Schulalltag, S. 371

69   Sader (1998): Psychologie der Gruppe, S. 104

70   vgl. ebd., S. 236

71   ebd., S. 105

72   vgl. Gudjons (1993): Neues aus der Gruppenforschung, S. 129

73   Dietrich (1974): Auswirkungen und Bedingungsfaktoren kooperativen Lernens, S. 20

74   vgl. Sader (1998): Psychologie der Gruppe, S. 69

75   vgl. Besemer et al. (1998): TEAM(S)LERNEN, S. 54

76   vgl. Diegritz et al. (1999): Intragruppenprozesse und Gruppenstrukturen in Schülerarbeitsgruppen, S. 100

77   vgl. ebd., S. 103

78   http://guterunterricht.de/Unterricht/Ergebnisse_prasentieren/ergebnisse_prasentieren.html

79   vgl. Gudjons (1993): Gruppenunterricht, S. 32

80   vgl. Diegritz et al. (1999): Neue Aspekte einer Didaktik des Gruppenunterrichts, S. 350

81   vgl. Bürger (1978): Teamfähigkeit im Gruppenunterricht, S. 149 und Hurrelmann (1971): Unterrichtsorganisation und schulische Sozialisation, S. 209

82   vgl. Sjolund (1973): Gruppenpsychologie für Erzieher, Lehrer und Gruppenleiter, S. 102

83   vgl. ebd.
84   vgl. Dietrich (1974): Auswirkungen und Bedingungsfaktoren kooperativen Lernens, S. 21
85   Klippert (1998): Teamentwicklung im Klassenraum, S. 49
86   vgl. Besemer et al. (1998): Team(s)lernen, S. 119-120
87   vgl. Lenzen (1999): Präsentieren – Moderieren, S. 10
88   vgl. Nissen/Iden (1995): Kurskorrektur Schule, S. 21, Nissen (1998): Die Moderationsmethode in der Schule und Gudjons (1998): Die Moderationsmethode in Schule und Unterricht
89   Diegritz et al. (1999): Intragruppenprozesse und Gruppenstrukturen in Schülerarbeitsgruppen, S. 84
90   Diegritz et al. (1999): Neue Aspekte einer Didaktik des Gruppenunterrichts, S. 347

Teil 2 Phasen, Bausteine und Übungen

1   in Anlehnung an Sikora (1976), S. 104 - 105
2   diese Übung habe ich durch Stefan Wolfsteiner kennengelernt
3   die Idee stammt von Petra Stein
4   diese Übung wurde mir von Petra Stein mitgeteilt
5   dieses Spiel habe ich durch Michael Stürmer kennengelernt
      vgl. auch Gilsdorf/Kistner (1997), S. 32
6   in Anlehnung an Baer (1994), S. 259
7   vgl. Senninger (2000), S. 136
8   vgl. Gilsdorf/Kistner (1997), S. 34 bzw. Rohnke (1994), S. 10
9   abgewandelt nach Böttger/Reich (1998), S. 68
10   in Anlehnung an Baer (1994), S. 338
11   dieses Spiel habe ich durch Michael Stürmer kennengelernt
12   in Anlehnung an Senninger (2000), S. 138
13   vgl. gruppe & spiel (97/3), S. 18
14   in Anlehnung an Senninger (2000), S. 162
15   vgl. Glover/Midura (1995), S. 7
16   die Idee mit den Schirmmützen stammt von Felix Fröhlich
17   Glover/Midura (1995), S. 4
18   die Übungsabfolge wurde in Anlehnung an isolierte Einzelübungen erarbeitet, die ich durch Petra Stein, Michael Stürmer und Rudolf Schönauer kennengelernt habe
19   vgl. Reiners (1993), S. 95
20   vgl. Rohnke (1984), S. 60 und Gilsdorf/Kistner (1997), S. 82
21   vgl. Harjung (1997), S. 8

22   vgl. Blumenthal (1993), S. 32
23   vgl. Harjung (1997), S. 8
24   in Anlehnung an Blumenthal (1993), S. 42 und Gilsdorf/Kistner (1997),
     S. 55
25   vgl. Reiners (1993), S. 82
26   abgewandelt in Anlehnung an eine Idee von Bittner (1985), S. 259-
     260 und Orlick (1985), S. 99
27   in Anlehnung an Glover/Midura (1992), S. 39
28   abgewandelt nach Rohnke (1994) und Cavert (1999), S. 123
29   abgewandelt nach Glover/Midura (1995), S. 35
30   vgl. Snow (1997), S. 145
31   abgewandelt nach Glover/Midura (1995), S. 58
32   in Anlehnung an Rohnke (1984), S. 118, Glover/Midura (1992), S. 37,
     Gilsdorf/Kistner (1997), S. 101 und Senninger (2000), S. 187
33   vgl. Priest/Rohnke (2000), S. 77, Gilsdorf/Kistner (1997), S. 126 und
     Senninger (2000), S. 185
34   Senninger (2000), S. 52
35   vgl. Rohnke (1984), S. 133, Midura/Glover (1995), S. 40 und Gilsdorf/
     Kistner (1997), S. 87,
36   abgewandelt nach Glover/Midura (1995), S. 48
37   vgl. Huberich/Huberich (1979), S. 105
38   in Anlehnung an Meyer (1987), S. 372
39   die Übung habe ich bei Norm Green kennengelernt
40   vgl. Ebbens et al. (1997)
41   vgl. ebd
42   abgewandelt nach „Rund ums Spiel" (1997)
43   vgl. Lefevre/Strong (1994), S. 13
44   vgl. ebd., S. 31
45   vgl. ebd., S. 50
46   abgewandelt nach Senninger (2000), S. 152
47   diese Übung habe ich durch Stefan Wolfsteiner kennengelernt
48   vgl. Senninger (2000), S. 156
49   abgewandelt nach Sikes (1998) und Senninger (2000), S. 133
50   die Tipps stammen aus dem Heft: Bewegungskünste, Ein neuer sport-
     licher Akzent im Schullandheim
51   vgl. Sportjugend im LandesSportBund Nordrhein-Westfalen (1999),
     S. 81
52   in Anlehnung an Gudjons (1995), S. 115
53   vgl. Bauer (1998), S. 110-112 und Blumenthal (1993), S. 50
54   vgl. Baer (1997), S. 203
55   in Anlehnung an Völkening (1998), S. 64 und Reiners (1993), S. 94
56   vgl. Gilsdorf/Kistner (1997), S. 71

57   vgl. Senninger (2000), S. 145 und Gilsdorf/Kistner (1997), S. 72

58   in Anlehnung an Gilsdorf/Kistner (1997), S. 67

59   vgl. Senninger (2000), S. 146, Reiners (1993), S. 102 und Sportjugend im LandesSportBund Nordrhein-Westfalen (1999), S. 66

60   Sportjugend im LandesSportBund Nordrhein-Westfalen (1999), S. 66

61   vgl. Bayerisches Staatsministerium für Unterricht, Kultus, Wissenschaft und Kunst (1996): Handreichung zur Einführung in den Fachlehrplan Sport für die Hauptschule, S. 91

62   vgl. ebd. S. 92

63   diese Übung habe ich durch Stefan Wolfsteiner kennengelernt

64   abgewandelt nach Antons (1996), S. 115 und Walker (1995), S. 107

65   Anm.: Eine Schilderung der Begebenheit findet sich bei Adriani (1989), S. 50

66   in Anlehnung an Hanke/Hanke (1998), S. 2

67   abgewandelt nach einer Idee von Priest/Rohnke (2000), S. 21

68   abgewandelt nach einer Idee von Gilsdorf/Kistner (1997), S. 128

69   diese Reflexionsmethode habe ich mir bei Rudolf Schönauer abgeschaut

Literatur

Adriani, B. (1989): Hurra, ein Problem – Kreative Lösungen im Team, Wiesbaden

Antons, K. (1996): Praxis der Gruppendynamik – Übungen und Techniken, 6. Auflage, Göttingen/Toronto/Zürich

Baer, U. (1997): 666 Spiele – für jede Gruppe, für alle Situationen, 6. Auflage, Seelze-Velber

Batzner, A. et al. (1997): Mit eigenen Worten 7, Sprachbuch, Hauptschule Bayern, Braunschweig

Bauer, M. (1998): Der "Blindenparcours"; in: Sportunterricht, Monatsschrift zur Wissenschaft und Praxis des Sports mit Lehrhilfen, Heft 7, S. 110-112

Bayerisches Staatsministerium für Unterricht, Kultus, Wissenschaft und Kunst (Hrsg.) (1996): Lehrerfortbildung für den Sportunterricht in Bayern – Handreichung zur Einführung in den Fachlehrplan Sport für die Hauptschule, München

Beck, H. (1993): Schlanke Produktion – Schlüsselqualifikationen und schulische Bildung; in: Pädagogik, Heft 6, S. 14-16

Berthold, S. (1997): Reden lernen im Deutschunterricht, Übungen für die Sekundarstufe I und II, Essen

Besemer, I./Dürr, P./Frank, A./Gairing, F./Riedl, A./Weikinnis, H./Wenzel, H. (1998): TEAM(S)LERNEN, TEAM ARBEIT, Lernkonzepte für Gruppen- und Teamarbeit, Weinheim

Bierhoff, H. W./Müller, G. F. (1993): Kooperation in Organisationen; in: Zeitschrift für Arbeits- und Organisationspsychologie 37, Nr. 2, S.42-51

Bittner, G. (1985): Kooperation im Sport, Diss. Essen

Blumenthal, E. (1993): Kooperative Bewegungsspiele – Schriftenreihe zur Praxis der Leibeserziehung und des Sports, 2., erw. Auflage, Schorndorf

Böttger, G./Reich, A. (1998): Soziale Kompetenz und Kreativität fördern – Spiele und Übungen für die Sekundarstufe I, Berlin

Bürger, W. (1978): Teamfähigkeit im Gruppenunterricht – Zur Konkretisierung, Realisierung und Begründung eines Erziehungszieles, Weinheim

Cavert, C. (1999): Affordable Portables, A working book of initiative activities & problem solving elements, Oklahoma

Cicero, A./Kuderna, J. (2001): Clevere Antworten auf dumme Sprüche, Killerphrasen kunstvoll kontern, Powertalking in Aktion, Paderborn

Dann, H.-D./Diegritz, T./Rosenbusch, H.S. (1999): Gruppenunterricht im Schulalltag: Realität und Chancen, Erlangen

Decker, F. (1988): Gruppen moderieren eine Hexerei? Die neue Teamarbeit – Ein Leitfaden für Moderatoren zur Entwicklung und Förderung von Kleingruppen, München

Decker, F. (1994): teamworking, Gruppen erfolgreich führen und moderieren, München

Diegritz, T./Rosenbusch, H. S./Dann, H.-D. (1999): Neue Aspekte einer Didaktik des Gruppenunterrichts, in: Dann, H.-D./Diegritz, T./ Rosenbusch, H. S. (Hrsg.): Gruppenunterricht im Schulalltag, Realität und Chancen, Erlangen

Diegritz, T./Rosenbusch, H.S./Haag, L./Dann, H.-D. (1999): Intragruppenprozesse und Gruppenstrukturen in Schülerarbeitsgruppen, in: Dann, H.-D./Diegritz, T./Rosenbusch, H. S. (Hrsg.): Gruppenunterricht im Schulalltag, Realität und Chancen, Erlangen

Dietrich, G. (1974): Auswirkungen und Bedingungsfaktoren des kooperativen Lernens; in: Dietrich G. et al. (Hrsg.): Kooperatives Lernen in der Schule, Donauwörth

Dietzen, A./Kloas, P.-W. (1998): Stellenanzeigenanalyse – Eine effektive Methode zur Früherkennung des Qualifikationsbedarfes, in: Dietzen et al., Früherkennungssystem Qualifikationsentwicklung, Ergebnisbericht des Bundesinstitut für Berufsbildung, Berlin

Dörner, D. (1992): Die Logik des Misslingens, Strategisches Denken in komplexen Situationen, Hamburg

Ebbens, S./Ettekoven, S./van Rooijen, J. (1997): Samenwerkend leren: praktijboek, Walters-Noordhoff Groningen

Frey, K. (1995): Die Projektmethode, 6. Auflage, Weinheim

Gilsdorf, R./Kistner, G. (1997): Kooperative Abenteuerspiele – eine Praxishilfe für Schule und Jugendarbeit, 4. Auflage, Seelze-Velber

Glover, D. R./Midura, D. W. (1992): Team building through physical challenges, USA

Glover, D.R./Midura, D. W. (1995): More team building challenges, USA

Gmelch, A./Stein, R. (2002): Sozialkompetenz – Anforderung der Gesellschaft und Herausforderung für die Schule, in: Bayerische Schule (in Druck)

Gordon, T. (1977): Lehrer-Schüler-Konferenz. Wie man Konflikte in der Schule löst, München

Green, N. (2000): Skript : Problems – Projects and Cooperative Learning, Durham District School Board, Canada

Gudjons, H. (1993): Gruppenunterricht, Eine Einführung in Grundfragen, in: ders. (Hrsg.), Handbuch Gruppenunterricht, Weinheim/Basel

Gudjons, H. (1993): Neues aus der Gruppenforschung, in: ders. (Hrsg.), Handbuch Gruppenunterricht, Weinheim/Basel

Gudjons, H. (1995): Spielbuch Interaktions-Erziehung, 185 Spiele und Übungen zum Gruppentraining in Schule, Jugendarbeit und Erwachsenenbildung, 6. Auflage, Bad Heilbrunn/Obb.

Gudjons, H. (1998): Die Moderationsmethode in Schule und Unterricht, Hamburg

Hanke, C./Hanke, O. (1998): Kommunikationstraining und Gruppenarbeit, unveröffentlichtes siebenseitiges Trainingskonzept, München

Harjung, H. (1997): Abwechslungsreiches Aufwärmen in Schule und Verein – "Warmlaufspiele" und "Gruppenläufe", in: Turnen & Sport, Heft 11, S. 8-10

Heckhausen, H. (1989): Motivation und Handeln, 2. überarbeitete u. ergänzte Auflage, Berlin/Heidelberg/New York

Heimlich, R. (1988): Soziales und emotionales Lernen in der Schule – Ein Beitrag zum Arbeiten mit Interaktionsspielen, Weinheim/Basel

Horak, P. (1992): Kooperatives Lernen an der Hauptschule und Sonderschule für Lernbehinderte, Diss. Tübingen

Huber, G. (2001): Psychologie der pädagogischen Interaktion, in: Krapp, A./Weidenmann, B. (Hrsg.), Pädagogische Psychologie, Ein Lehrbuch, 4., vollständig überarbeitete Auflage, Weinheim

Huberich, P./Huberich, U. (1979): Spiele für die Gruppe, Heidelberg

Hurrelmann, K. (1971): Unterrichtsorganisation und schulische Sozialisation, Berlin/Basel

Informationsdienst des Instituts der deutschen Wirtschaft (1997): Schulabgänger – Für den Berufsstart schlecht gerüstet, Nr. 47, S. 6

Johnson, D. W./Johnson, R. T. (1994): Leading the Cooperative School, Minnesota

Keil, W./Piontkowki, U. (1973): Strukturen und Prozesse im Hochschulunterricht, Weinheim

Klafki, W. (1992): Lernen in Gruppen – ein Prinzip demokratischer und humaner Bildung in allen Schulen; in: Hesse, H./Fischer, A./Hoppe, R. (Hrsg.), Kommunikation und Kooperation im Unterricht, Hohengehren

Kliebisch, U./Rauh, G. (1996): Keine Angst vor Referaten, Ein Lern- und Trainingsbuch, Mühlheim an der Ruhr

Klippert, H. (1997): Schule entwickeln – Unterricht neu gestalten; in: Pädagogik, Heft 2, S. 12-17

Klippert, H. (1998): Teamentwicklung im Klassenraum – Übungsbausteine für den Unterricht, Weinheim/Basel

Knoll, J. (1993): Kleingruppenmethoden – Effektive Gruppenarbeit in Kursen, Seminaren, Trainings und Tagungen, Weinheim/Basel

Krapp, A./Weidenmann, B. (2001): Pädagogische Psychologie, Ein Lehrbuch, 4., vollständig überarbeitete Auflage, Weinheim

Lefevre, D./Strong, T. (1994): New Games – Fallschirmspiele, Mühlheim an der Ruhr

Lenzen, A. (1999): Präsentieren – Moderieren, Berlin

Meyer, H. (1987): Unterrichtsmethoden, 2. Praxisband, Frankfurt am Main

Mueller, E. F./Thomas, A. (1974): Einführung in die Sozialpsychologie, Göttingen

Nerdinger, F.W. (1997): Führung durch Gespräche, München

Newcomb, Th. (1959): Sozialpsychologie, Meisenheim

Niedermair, G. (1994): Von der Klasse zum Team – Teamentwicklung in berufsbildenden Schulen; in: Die berufsbildende Schule, Heft 9, S. 281-285

Nissen, P./Iden, U. (1995): Kurskorrektur Schule – Ein Handbuch zur Einführung der ModerationsMethode im System Schule für die Verbesserung der Kommunikation und des miteinander Lernens, Hamburg

Nissen, P. (1998): Die Moderationsmethode in der Schule, in: Gudjons (Hrsg.), Die Moderationsmethode in Schule und Unterricht, Hamburg

Oechsler, W. A. (1997): Personal und Arbeit – Einführung in die Personalwirtschaft unter Einbeziehung des Arbeitsrechts, 6., völlig überarb. und erw. Aufl., München/Wien

Orlick, T. (1985): Neue kooperative Spiele, Weinheim/Basel

Papst-Weinschenk, M. (1995): Reden im Studium, Ein Trainingsprogramm, Frankfurt am Main

Priest, S./Rohnke, K. (2000): 101 of the best CORPORATE TEAMBUILDING ACTIVITIES we now, Dubuque-Iowa

Reiners, A. (1993): Praktische Erlebnispädagogik, Neue Sammlung motivierender Interaktionsspiele, 3. Auflage, München

Reinmann-Rothmeier, G./Mandl, H. (2001): Unterrichten und Lernumgebungen gestalten, in: Krapp, A./Weidenmann, B. (Hrsg.), Pädagogische Psychologie, Ein Lehrbuch, 4., vollständig überarbeitete Auflage, Weinheim

Rohnke, K. (1984): Silver Bullets, a guide to initiative problems, adventure games, stunts and trust activities, Dubuque-Iowa

Rohnke, K. (1994): The Bottomless Bag Again, Second Edition, Dubuque-Iowa

Rosenbusch, H. S./Dann, H. D./Diegritz, Th. (1991): Neuere Untersuchungen zum Gruppenunterricht – Subjektive Theorien von Lehrern zum Gruppenunterricht und die beobachtbare Unterrichtsrealität; in: Meyer, E./Winkel, R. (Hrsg.), Unser Konzept: Lernen in Gruppen – Begründungen, Forschungen, Praxishilfen, Hohengehren

Rosenbusch, H. S./Dann, H.-D./Diegritz, Th. (1999): Gruppenunterricht – kooperatives Handeln in einer konkurrenzorientierten Umwelt, in: Dann, H.-D./Diegritz, T./Rosenbusch, H. S. (Hrsg.): Gruppenunterricht im Schulalltag, Realität und Chancen, Erlangen

„Rund ums Spiel" (1997): CD-ROM zur Spielpädagogik , AA-Verlag für Pädagogik, Köln, ISBN 3-931793-22-2

Sader, M. (1998): Psychologie der Gruppe, 6., überarb. Auflage, Weinheim/München

Schneider, W. (1995): Informieren und Motivieren, Eine Einführung in die Präsentationstechnik für Erwachsenenbildner, Hochschulrektoren und Oberstufenlehrer, Wien

Schuh, H./Watzke, W. (1983): Erfolgreich Reden und Argumentieren: Grundkurs Rhetorik, München

Senninger, T. (2000): Abenteuer leiten – in Abenteuern lernen, Methodenset zur Planung und Leitung kooperativer Lerngemeinschaften für Training und Teamentwicklung in Schule, Jugendarbeit und Betrieb, Münster

Seyfried, B. (1995): Team und Teamfähigkeit; in: ders. (Hrsg.), Stolperstein Sozialkompetenz, Bielefeld

Sikes, S. (1998): Executive Marbles & Other Team Building Acitivities, Tulsa

Sikora, J. (1976): Handbuch der Kreativmethoden, Heidelberg

Sjolund, A. (1973): Gruppenpsychologie für Erzieher, Lehrer und Gruppenleiter, Heidelberg

Snow, H. (1997): Indoor/Outdoor Team-Building Games for Trainers, Powerful Activities from the World of Adventure-Based Team-Building and Ropes Courses, New York

Sportjugend im LandesSportBund Nordrhein-Westfalen (1999): Praxismappe Abenteuer, Erlebnis, Duisburg

Stary, J. (1997): Visualisieren, Ein Studien- und Praxisbuch, Berlin

Stegmeier, B. (1997): Spielanleitung für kooperative Spiele, in: gruppe & spiel, Zeitschrift für kreative Gruppenarbeit, Heft Nr. 3, S. 17-18

Stein, R. (1999): „It's Team Time" – Ein Teamtraining für Hauptschüler der 7. Jahrgangsstufe, unveröffentlichte Zulassungsarbeit, Bamberg

Szymanski, K./Harkins, S. G. (1987): Social loafing and self-evaluation with social standards; in: J.Pers.Soc.Psychol., Nr. 53, S.891-897

Teml, H./Teml,H. (1993): Komm mit zum Regenbogen – Phantasiereisen für Kinder und Jugendliche; Entspannung – Lernförderung – Persönlichkeitsentwicklung, 3., Auflage, Linz

Thomson, R. (1995): Ich sehe was, was du nicht siehst, Abenteuer im Land der Illusion, München

Tillmann, K. J. (1993): "Leistung muß auch in der Schule neu definiert werden" – Ein neuer Reformdialog zwischen Pädagogik und Wirtschaft?; in: Pädagogik, Heft 6, S. 6-8

Trow, W. C. et al. (1970): Psychologie des Gruppenverhaltens – Die Klasse als Gruppe; in: Weinert, F. (Hrsg.), Pädagogische Psychologie, Köln

Völkening, M. (1998): Meine schönsten kooperativen Spiele, Köln

Vopel, K. W. (1994): Handbuch für Gruppenleiter/innen – Zur Theorie und Praxis der Interaktionsspiele, 7. Auflage, Salzhausen

Wahren, H.-K. E. (1994): Gruppen- und Teamarbeit in Unternehmen, Berlin/New York

Walker, J. (1995): Gewaltfreier Umgang mit Konflikten in der Sekundarstufe I – Spiele und Übungen, Frankfurt a. M.

Watzlawick, P./Beavin, J. H./Jackson, D. D. (1980): Menschliche Kommunikation, Bern/Stuttgart/Wien

Wellhöfer, P. R. (1993): Gruppendynamik und soziales Lernen, Theorie und Praxis der Arbeit mit Gruppen, Stuttgart

Widmaier, U./Sauerwein, R. G. (1996): „Warum es nicht wie geschmiert läuft" – Zum Problem der Diffusion von Gruppenarbeit im Maschinenbau; in: Zimolong, B. (Hrsg.), Kooperationssnetze, flexible Fertigungsstrukturen und Gruppenarbeit, Opladen

Wild, E./Hofer, M./Pekrum, R. (2001): Psychologie des Lerners, in: Krapp, A./Weidenmann, B. (Hrsg.), Pädagogische Psychologie, Ein Lehrbuch, 4., vollständig überarbeitete Auflage, Weinheim

Linkliste:

http://www.bibb.de/pm/pm98/pm040698.html

http://www.guterunterricht.de/Unterricht/Ergebnisse_prasentieren/
ergebnisse_prasentieren.html

http://htdig.nextra.at/14/05/14/scheibel/killerph.htm

http://www.rhetorik.ch/

http://www.rhetorik.ch/Killer/Killer.html

http://www.rhetorik.ch/Killer/Top10.html

http://www.rhetorik.ch/Redeangst/Redeangt.html

http://www.teachsam.de/arb/arb_praes_ref_as.htm

Mitwirkung im Modellprojekt

Das Modellprojekt „It's Team Time" konnte nur verwirklicht werden durch die Mitwirkung vieler Personen:

▶ Backofen, Martin (VS Hümmelsteiner Weg, Nürnberg)
▶ Barnhierl, Cilia (Fachoberschule für Sozialwesen und Gestaltung, München)
▶ Bauer, Josef (Schullandheimwerk Niederbayern-Oberpfalz)
▶ Baumann, Wolfgang (VS Edling)
▶ Becker, Ursula (VS Sulzbach)
▶ Bergmann, Ulrike (VS Schillingsfürst)
▶ Bloser, Andreas (Mannesmann VDO AG, Frankfurt/M.)
▶ Blos, Wolfgang (VS Effeltrich)
▶ Börner, Hannelore (Bayerisches Staatsministerium für Unterricht und Kultus)
▶ Börner, Hartmut (Landesverband der Schullandheime in Thüringen e.V.)
▶ Boldt, Dieter (FÖS Sonthofen)
▶ Bonora, Susanne (VS Zapfendorf)
▶ Bruchner, Georg (Universität Erlangen-Nürnberg)
▶ Bruckner, Klemens (Schullandheim Holzhausen)
▶ Deindl, Hermine (VS Rosenheim-Fürstätt)
▶ Denoix, Dr. Martin (Bayerische Akademie für Schullandheimpädagogik e.V.)
▶ Doll, Stefan (HS Bismarckschule, Nürnberg)
▶ Dresel, Wolfram (Zentralvolksschule Forchheim)
▶ Dumler, Ulrike (HS West, Ansbach)
▶ Dünzkofer, Annette (VS Knoblauchsland, Nürnberg)
▶ Engel, Monika (VS Ebensfeld)
▶ Fischer, Andreas (Heiligkreuz-Schule, Coburg)
▶ Frick, Elisabeth (HS Wenzenbach)
▶ Fröhlich, Felix (VS Schlössleinsgasse, Nürnberg)
▶ Fröhlich, Günther (Nürnberg)
▶ Fürbringer, Thomas (HS Marktredwitz)
▶ Gall-Koblofsky, Brigitte (HS Krumbach)
▶ Gamisch, Stefan (HS Marktleugast)

▶ Gerbl, Irmgard (VS St. Stephan, Straubing-Alberg)

▶ Glöckel, Prof. Dr. em. Hans (Universität Erlangen-Nürnberg)

▶ Gmelch, Dr. Andreas (Universität Bamberg)

▶ Göldner, Dr. Dieter (Bayerisches Staatsministerium für Unterricht und Kultus)

▶ Häberlein, Heinrich (Bayerische Akademie für Schullandheim-pädagogik e.V.)

▶ Henfling, Franz (Siemens AG, Amberg)

▶ Heller, Uli (Fachoberschule für Sozialwesen und Gestaltung, München)

▶ Haßler, Beate (Landesverband der Schullandheime in Thüringen e.V.)

▶ Hellinger, Frank (Leistritz AG, Nürnberg)

▶ Herczeg-Kothy, Maria (Methodik-Zentrum, Budapest)

▶ Heyer, Dr. Iris (Universität Regensburg)

▶ Hirsch, Elisabeth (Bayerisches Schullandheimwerk e.V.)

▶ Hoch, Dieter (VS Pottenstein)

▶ Hoffmann, Karl (Film und Videoclub Bamberg e.V.)

▶ Ipfling, Prof. Dr. Heinz-Jürgen (Universität Regensburg)

▶ Kaiser, Daniela (HS Burgebrach)

▶ Kaltschmidt, Ewa (VS Schillingsfürst)

▶ Karsten, Bernd (Landesverband der Schullandheime Mecklenburg-Vorpommern e.V.)

▶ Karwath, Armin (HS Windischeschenbach)

▶ Keim, Hans-Peter (FÖS Sonthofen)

▶ Kempinger, Andrea (Maria-Theresa-VS, Günzburg)

▶ Kirschnek, Rudolf (HS Selb)

▶ Klautke, Prof. Dr. Siegfried (Universität Bayreuth)

▶ Klee, Wolfgang (Siemens AG, Amberg)

▶ Kobr, Stefan (VS Immenstadt)

▶ Köbler, Stefanie (Fachhochschule Regensburg)

▶ Kolb, Willi (VS Seeackerstraße, Fürth)

▶ Kreiselmeier, Heinz (Staatliches Schulamt Ansbach)

▶ Krüger, Bärbel (Landesverband der Schullandheime Mecklenburg-Vorpommern e.V.)

▶ Kuntke, Hans-Georg (Staatliches Schulamt Nürnberg)

▶ Lochner, Horst (Regierung von Oberfranken, Bayreuth)

▶ Löffler, Roland (HS Michelau)

- Löffler, Werner (HS Pressig)
- Mangold, Kornelia (Schule zur individuellen Sprachförderung, Nürnberg)
- Matijevic, Bruno (Albert-Schweitzer-Schule, Bayreuth)
- Matthe, Gabriele (VS Sonnefeld)
- Merz, Tamara (VS Ottobeuren)
- Meyer, Berthold (Mannesmann VDO AG, Frankfurt/M.)
- Meynhardt, Frank (VS Heideck)
- Michel, Birgit (VS Haibach)
- Müller, Dr. Werner (Dr. Müller und Partner, München)
- Nebert, Diana (Alcatel SEL AG, Gunzenhausen)
- Novotny, Hans (Hermann-Gutmann-Stiftung, Weißenburg)
- Nodes, Alex (St. Severin Schule, Private Schule zur individuellen Lebensbewältigung, Passau)
- Nzirorera, Petra (Bayerische Akademie für Schullandheimpädagogik e.V.)
- Pfriem, Dr. Peter (Universität Würzburg)
- Philipp, Markus (VS Hummelsteinerweg, Nürnberg)
- Pleyer, Robert (Bartolomeo-Garelli-Schule, Private Schule zur Erziehungshilfe, Bamberg)
- Pschorn, Elisabeth (VS Pottenstein)
- Querndt, Ruth (VS Schillingsfürst)
- Ranninger, Stefan (VS St. Georgen, Bayreuth)
- Rauer, Birgit (THS II Roth)
- Reiß, Ottmar (Landesbildstelle Nordbayern, Bayreuth)
- Reitberger, Martin (VS Thurmansbang)
- Renner, Angela (Dorfen)
- Romir, Jane (FÖS Cadolzburg)
- Sacher, Prof. Dr. Werner (Universität Erlangen-Nürnberg)
- Sammetinger, Alfred (Schullandheimwerk Mittelfranken)
- Schäfer, Hermann (VS Ebensfeld)
- Scharfe, Astrid (HS Schnieglingerstraße, Nürnberg)
- Scharl, Albert (Schullandheimwerk Niederbayern-Oberpfalz.)
- Schmidt, Karl Heinz (Gottfried-Neukam-Hauptschule, Kronach)
- Schneider, Georg (Schulamt Kronach)
- Schönauer, Rudolf (Akademie für Lehrerfortbildung und Personalführung, Dillingen)

▶ Schuhmacher, Willi (Alcatel SEL AG, Gunzenhausen)

▶ Schulze, Andrea (VS Strullendorf)

▶ Schwarzer, Eva (Theresien-Gymnasium Ansbach)

▶ Simon, Marion (Schwan Stabilo, Heroldsberg)

▶ Stein, Maike (Schule für Gehörlose und Schwerhörige, Nürnberg)

▶ Stiehler, Heidrun (HS Wasserburg)

▶ Strohm, Dieter (FÖS Cadolzburg)

▶ Stürmer, Michael (Bayerische Akademie für Schullandheimpädagogik e.V.)

▶ Suttner, Rudolf (Bayerisches Schullandheimwerk e.V.)

▶ Tröster, Horst (Alcatel SEL AG, Gunzenhausen)

▶ Tschekan, Dr. Kerstin (Thüringer Institut für Lehrerfortbildung,
   Lehrplanentwicklung und Medien, Bad Berka)

▶ Ulbrich, Rainer (VS Litzendorf)

▶ Vogel, Ulrike (HS Windheim)

▶ Wagner, Erhard (Bartolomeo-Garelli-Schule, Private Schule zur Erziehungshilfe, Bamberg)

▶ Weigl, Robert (VS Röttenbach)

▶ Wilhelm, Johanna (VS Perlesreuth)

▶ Will, Wolfgang (VS Münnerstadt)

▶ Zier, Susanne (HS Bismarckstraße, Nürnberg)

▶ Zündorff, Günther (Bayerisches Schullandheimwerk e.V.)

Wir danken allen Beteiligten für ihr Engagement und ihren Einsatz.

Nachwort

Jedes Frühjahr und auch im Herbst sieht man die pfeilförmigen Flugformationen der Wildgänse am Himmel. Wissenschaftler haben hinsichtlich dieser Flugformation festgestellt, dass jeder einzelne Flügelschlag Aufwind für den nachfolgenden Vogel schafft. Durch das Fliegen in der Formation vergrößert sich die Flugleistung der Vögel hinsichtlich der Reichweite um mehr als siebzig Prozent. Das Projekt „It's Team Time" wurde ein Erfolg durch ein vergleichbares Engagement vieler Personen für eine gemeinsame Zielsetzung.

Allen Beteiligten möchte ich herzlich danken:

- dem Bayerischen Schullandheimwerk und der Bayerischen Akademie für Schullandheimpädagogik (hier insbesondere Wilhelm Kleiß und Dr. Jürgen Stammberger), die ermöglichten, was ich nicht zu hoffen gewagt habe
- dem Staatssekretär im Bayerischen Staatsministerium für Unterricht und Kultus, Herrn Karl Freller, für die Übernahme der Schirmherrschaft
- den Mitarbeitern des Projektteams Christine Hoffmann, Gerald Sailmann und Stefan Wolfsteiner für ihren Einsatz zur Realisierung des Projekts
- Dr. Andreas Gmelch für die vielen Beratungsgespräche und die nachhaltige Unterstützung
- den vielen engagierten Lehrerinnen und Lehrern, die sich mit ihren Klassen an den Trainingsdurchführungen beteiligt haben (Ohne sie wäre „It's Team Time" ein Konzept für die Schublade geblieben. Dafür und für die vielen interessanten Stunden im Schullandheim möchte ich danken.)
- den vielen Schülerinnen und Schülern, deren Kreativität, Lernbereitschaft und Begeisterung mich oft beflügelte
- den Schullandheimträgern im Bayerischen Schullandheimwerk, die ihre Häuser für „It's Team Time" öffneten
- Stefanie Köbler für die Durchführung einer empirischen Untersuchung im Rahmen ihrer Diplomarbeit

- der Akademie für Lehrerfortbildung und Personalführung Dillingen für die projektbegleitende Durchführung von Lehrgängen
- Rudolf Schönauer und Michael Stürmer für die tolle Teamarbeit während der Lehrerfortbildungen
- der Schulbehörde für die vielfältige Unterstützung auf allen Ebenen
- dem Bayerischen Staatsministerium für Unterricht und Kultus, der Hermann Gutmann Stiftung mit ihrem Vorsitzenden Herrn Hans Novotny und dem Verein Lehrerheim Nürnberg e.V. für die finanzielle Förderung
- Ute Wanninger für die sorgfältige Erstellung und professionelle Gestaltung des Lay-outs.
- allen, die sich dem Gedanken von „It's Team Time" verbunden fühlen.

Mein besonderer Dank gilt:

- meiner Frau Petra und meinen beiden Kindern Jule und Simon für ihre Geduld und ihr Verständnis
- Dr. Jürgen Stammberger für die umfassende redaktionelle Betreuung
- Christine Hoffmann, Herrmann Schäfer und Stefan Wolfsteiner für das zeitaufwendige Korrekturlesen und die vielen wichtigen Anregungen, die in die Veröffentlichung eingeflossen sind
- Thomas Kugelmeier für die Illustrationen und Zeichnungen
- Sun Microsystems, insbesondere Herrn Mark Münch, für die Autorisierung zur Nutzung der StarOffice Icons im erlebnispädagogischen Anhang.

Robert Stein